KB271618

주시경 문법의 연구 (2)

주시경 문법의 연구 (2)

최 낙 복 지음

　『주시경 문법의 연구(1)』(1991. 8 : 문성출판사)를 펴낸 지 꼭 12년 만에『주시경 문법의 연구(2)』를 펴내게 되었다. (1)이 형태론의 성립과 계승을 중심으로 살핀 것이라면 이번에 펴내는 (2)는 통어론을 중심으로 하고 거기에 (1)에서 미처 살피지 못한 것과 약간의 자료를 보탠 것이다.

　현대에는 너무나 많은 책들이 출판되어 나오기 때문에 '책의 공해'라는 말까지 생겨나게 되었는데, 이 책도 그 중의 하나일 것이라는 생각을 하면서도 굳이 출판하게 된 것은 지금까지 내가 공부한 것을 한데 묶어서 정리해 두고 또 혹시나 필요로 하는 단 한 사람에게라도 그 찾는 고통을 덜어주는 자료집 역할은 할 것이라는 생각에서이다.

　이 책은 그동안 쓴 논문과 자료를 모아서 모두 7장과 (부록)으로 엮었는데, 제1장과 제2장은 주시경 말본의 "짬듬갈"(월갈, 통어론)을 중심으로 살핀 것이고, 제3장은 "끗기"와 "잇기"에 나타난 때매김법을, 제4장은 주시경 말본의 각 씨에 나타난 높임법에 대하여 살피고 이것이 후계자들에게 어떻게 계승되었는가를 살폈다. 그리고 제5장과 제6장에서는 주시경의 두 말본책『말』과『국어문법』에 나타나는 낱말 만들기(조어법)에 대하여 <보기말>을 중심으로 하여 살핀 것이고, 제7장은『국어문법』에 나타나는 주시경의 말본 용어를 가려 사전식으로 풀이한 다음 원고본『국어문법』(1909)과『국어문법』(1910)에 나타나는 내용을 <보기글>로 보여서 읽는 사람의 이해를 돕게 했다. 끝으로 (부록)에서는 2003년 2월까지 발표된 주시경 말본에 대한 연구 논저 목록을 글쓴이를 중심으로 하여 연대순으로 배열하였다.

　　그런데 이 책은 처음부터 책으로 펴낼 것을 염두에 두고 쓴 논문들이 아니기 때문에 약간의 중복과 잘못 이해한 부분도 있을 것이다. 이러한 것들은 모두 나의 능력이 부족한 탓이므로 읽는이의 애정 어린 비판을 바란다.

　　이 책을 펴내면서, 이 책이 주시경 학문에 대하여 공부하는 사람들에게 조금이나마 도움을 주었으면 하는 생각을 하게 되었고, 또 그동안 멀리서 또는 가까이에서 걱정해 주시고 충고해 주신 여러 스승님과 선배, 동료 학자님들께 진심으로 감사를 드린다. 그리고 원고를 타자하느라 지루하고 싫증이나서 불평을 하면서도 까다로운 도표까지 하나도 빼지 않고 깔끔하게 정리해 준 딸 어진이와 항상 자기 일에 충실하여 내가 신경 쓸 일 없게 하는 아들 누림이, 오랜 세월 동안 묵묵히 뒷바라지 해 온 아내에게 이 한 권의 책으로 그 고마움에 대신한다.

　　끝으로 잘 안 팔리는 책인 줄 알면서도 기꺼이 출판해 주신 역락출판사 이대현 사장님과 사원님들께도 고맙다는 인사를 드린다.

2003년　8월 18일

승학산 기슭 연구실에서

최　낙　복

차 례

책의 머리에 / 5

제1장 주시경 말본의 월성분　11

1. 머리말　13
2. 여러 언어형식의 설정　14
3. 월성분의 설정　21
　3.1　주성분 / 21
　3.2　부속성분 / 26
　3.3　임자부와 풀이부 / 31
4. 마무리　33

제2장 주시경 말본의 월구조　37

1. 머리말　39
2. 월의 구조　40
　2.1　홑월 / 40
　2.2　겹월 / 43
　　2.2.1　안은겹월 / 43
　　2.2.2　이은겹월 / 47
　　2.2.3　안고 이은겹월 / 54
3. 마무리　57

제3장 주시경 말본의 때매김법 ———————————————————— 61

  1. 머리말 —————————————————————————————— 63

  2. 때매김법 ————————————————————————————— 64

    2.1 끗기(맺음씨)의 때 / 65

      2.1.1 단순 때매김 / 65

      2.1.2 복합 때매김 / 70

    2.2 잇기(이음씨)의 때 / 74

      2.2.1 단순 때매김 / 75

      2.2.2 복합 때매김 / 79

  3. 마무리 —————————————————————————————— 80

제4장 주시경 말본의 높임법 ———————————————————— 85

  1. 머리말 —————————————————————————————— 87

  2. 높임법 설정 ————————————————————————————— 88

    2.1 임기(이름씨)의 높임 / 89

    2.2 억기(어찌씨)의 높임 / 91

    2.3 잇기(이음씨)의 높임 / 95

    2.4 끗기(맺음씨)의 높임 / 98

    2.5 높임의 등분 / 104

  3. 높임법의 계승과 확립 ————————————————————————— 109

    3.1 김두봉 말본의 높임법 계승 / 109

3.1.1 움씨의 높임 / 109

3.1.2 겻씨의 높임 / 110

3.1.3 맺씨의 높임 / 113

3.2 최현배 말본의 높임법 확립 / 114

4. 마무리 ——————————————————————— 117

제5장 『말』에 나타난 낱말 만들기 ——————————— 121

1. 머리말 ——————————————————————— 123

2. 『말』에서의 낱말 만들기 ——————————————— 124

2.1 명호(이름씨) 만들기 / 124

2.2 형용(그림씨) 만들기 / 127

2.3 동작(움직씨) 만들기 / 129

2.4 형명(매김씨) 만들기 / 131

2.5 형성(어찌씨) 만들기 / 137

3. 마무리 ——————————————————————— 139

제6장 『국어문법』에 나타난 조어법 ——————————— 143

1. 머리말 ——————————————————————— 145

2. 『국어문법』의 조어법 ————————————————— 146

2.1 파생법(기 몸박굼) / 146

2.1.1 임기(이름씨)의 파생 / 147

2.1.2 엇기(그림씨)의 파생 / 150

2.1.3 움기(움직씨)의 파생 / 152

2.1.4 언기(매김씨)의 파생 / 155

2.1.5 억기(어찌씨)의 파생 / 159

2.2 합성법(기 몸헴) —————————————————— 161

2.2.1 임기(이름씨)의 합성 / 162

2.2.2 엇기(그림씨)의 합성 / 163

2.2.3 겻기(토씨)의 합성 / 164

3. 마무리 —————————————————————————— 164

3.1 파생법(기 몸박굼과 기 뜻박굼) / 165

3.1 합성법(기 몸헴) / 167

제 7 장 『국어문법』의 용어 풀이 ——————————————— 169

(부록) 한힌샘 주시경에 대한 연구 논저 목록 ——————— 257

찾아보기 ————————————————————————— 275

제1장 주시경 말본의 월성본

1. 머리말

2. 여러 언어형식의 설정

3. 월성분의 설정

   3.1 주성분

   3.2 부속성분

   3.3 임자부와 풀이부

4. 마무리

1. 머리말

주시경(1876~1914)은 대한제국 시대에 우리 국어 말본을 과학적으로 연구하고, 국어교육 및 한글운동에 한평생을 바친 사람이다. 그의 저서『국어문법』(1910)과 고친판『조선어문법』(1911, 1913)은 당시 중등학교 학생들과 조선어 강습원 수강생들에게 큰 영향을 미쳤을 뿐만 아니라 국어 말본의 형성에도 많은 영향을 미쳤다. 그러한 까닭으로 뒷날 국어 말본 연구가들은 주시경 학문에 대하여 많은 관심을 가지게 되었고, 또 지금까지 많은 논문 발표와 저서를 발간하여 그의 학문을 한층 높은 단계로 끌어 올려 놓았다.

그 연구 업적들 가운데는 주시경 말본의 월갈(문장론, 통어론) 분야를 대상으로 한 논문도 많이 발표되었으나[1] 그의 말본에서 월갈 분야에 대한 전반적인 이론이 밝혀진 것은 아니다.

그런데 그의 말본 저서에서 월갈에 대하여 기술한 부분은 최광옥(1908)이나, 김규식(1909), 최현배(1937)에 비교하면 비교적 많은 양을 차지하고 있다.[2] 이것은 주시경(1910)에서 이미 월갈의 중요성을 의식하고 있었음을 알 수 있다.

이 글은『국어문법』의 월갈 분야 가운데서 그가 월성분을 어떻게 설정하고

---

1) 홍양추(1980), 박영환(1983), 진말득(1984), 강기진(1985, 1987), 박태권(1986), 김석득(1988), 전수태(1989), 구연미(1992), 최규수(1997. ㄱ. ㄴ) 등을 들 수 있다.
2) 주시경(1910) 당시의 말본 책들과 최현배(1937)에 나타난 월갈 부분의 분량을 보이면 다음과 같다.

책	전체 분량(쪽)	월갈 분량(쪽)	비율(%)
최광옥(1908)	79	14	17.72
유길준(1909)	128	38	29.69
김규식(1909)	113	25	22.12
주시경(1910)	118	34	28.81
김희상(1911)	145	41	28.28
최현배(1937)	1200	227	18.92

있는가를 살펴서 이 다음 장에 이어질 주시경 말본의 월풀이 연구의 기초로 삼고, 아울러 주시경 말본의 월갈을 체계화하는 데 도움을 주고, 한 걸음 더 나아가 국어 말본 연구사의 체계를 세우는 데 그 기틀을 마련하고자 하는 것이 그 목적이다.

2. 여러 언어형식의 설정

주시경은 『국어문법』에서 여러가지 언어형식(linguistic form)의 설정에 앞서 오늘날의 월갈(문장론, 통어론, syntax)에 해당하는 용어로 "짬듬갈"을 설정하고, 그 뜻매김을 하고 있는데, 이것부터 먼저 보이면 다음과 같다.

(1) 짬듬갈의 쓰는 뜻
　　ㄱ. 짬 – 움기 짜에 ㅁ을 더한 임기니 짜는 것이라 함이요, 꿈임과 한뜻
　　　　이라.
　　ㄴ. 듬 – 말이 꿈이어지는 여러가지 法을 이르는 이름으로 씀이라.
　　ㄷ. 갈 – 우에 먼저 보인 뜻과 한가지니 여러 듬의 결에를 배홈을 이름
　　　　이라.

그러함으로 짬듬갈은 다 (짠 말을 이름이니, 뜻은 알에 말함)가 꿈이어지는 여러가지 法을 배호는 것이라 이름이라.

(『국어문법』: 36)

(1)의 뜻매김에 의하면, (1) ㄱ의 "짬"은 움직씨 <짜다>의 이름꼴로 구성, 조직의 뜻이요, (1) ㄴ의 "듬"은 임자씨에 토씨가 결합하거나, 풀이씨의 줄기에 씨끝이 결합되어 이루어진 것으로 어절에 접근되는 말로 보인다. 그러나 이 "듬"이 어디서 나온 말인지는 정확하게 밝혀져 있지 않다(허웅, 1971 : 47에서는 어디서 온 말인지 모르겠다고 하였다). 그리고 (1) ㄷ의 "갈"은 이미 주시경(1910 : 27)에서 "研의 뜻과 같은 말이니, 배호나 알아내의 뜻. 곳 學이나 硏究의 뜻과

한가지로 쓰어 각 기의 결에를 배홈을 이름이라"고 뜻매김을 하였기 때문에 여기서는 앞의 뜻매김에 미루었다. 이 뜻매김에 의하면 "갈"은 **"學"** 또는 **"論"**에 해당하는 것이다.

그러므로 (1)의 뜻매김에 의하면 "짬듬갈"이란 "다"를 구성하는, 또는 조직하는 **學** 또는 **論**이므로 월갈에 맞서는 용어이다. 이러한 용어에 대한 풀이는 주시경이 직접 만든 용어이므로 독자들의 이해를 돕기 위하여 하나하나 분석하여 풀이한 것으로 보인다.

이어서 『국어문법』에서 몇 가지의 언어형식을 설정하고 이에 대하여 뜻매김을 한 후 그 상·하위의 관계를 알 수 있도록 그림으로 보였는데, 이것을 정리해 보이면 다음과 같다.

(2) 말듬을 갈기에 없을 수 없는 이름을 만들고 그 뜻을 알에 말하노라.
    ㄱ. 말 : 뜻을 나타내는 소리니 낫말 곳 기나 짠말 곳 다를 다 이름이라.
    ㄴ. 기 : 낫말을 이름이니, 한낫 몬이나 일을 이름이라.
    ㄷ. 다 : 둘로부터 둘 더 되는 기로 짠 말을 다 이름이라.
    ㄹ. 모 : 한 짠 말에 남이(뜻은 알에 말함)가 없음을 다 이름이라.
    ㅁ. 드 : 한 짠 말에 남이가 잇어 다 맞은 말을 다 이름이라.
    ㅂ. 미 : 한 일을 다 말함을 다 이름이라.[3]

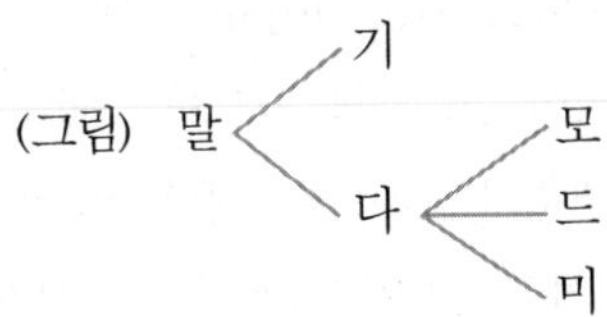

(『국어문법』 : 36~37)

일반적으로 언어학에서 언어형식이란 일정한 소리에 일정한 뜻이 맞붙어 있는 말의 덩이를 일컫게 되는데, 이에는 긴 것으로는 월에서 짧은 것은 형태소(morpheme)에 이르기까지 모두 언어형식인데, 이러한 언어형식은 모두 뜻을 가

---

3) 조선어문법(1911 : 39)에서는 "한 일을 다 말하여 길게 된 말을 다 이름이라"고 뜻매김하였음.

지고 있다(허웅, 1983 : 149).

그러므로 (2)ㄱ∼(2)ㅂ이 모두 언어형식에 해당하는 것들이다. 이것들을 하나 하나 살펴보면,

(2)ㄱ의 "말"은 그 뜻풀이로 보아 낱말과 "다"를 합하여 함께 이르는 것으로, 이것은 여러가지 언어형식 가운데 가장 큰 단위로 의식한 것으로 오늘날의 텍스트 개념과 거의 일치한다고 할 수 있다. 그런데 이 "말"이 언어형식에 해당한다는 견해는 이미 여러 학자들에 의해서 제기되었다.

허웅(1971 : 47)에서는 "말"은 언어형식에 해당한다. 다만 언어형식은 형태소를 포함하게 되어 있으나, 여기서 "말"은 낱말을 더 작게 쪼갠 형태소를 생각한 것 같지는 않다(낱말을 가장 작은 말의 낱덩이로 생각한 듯)고 하여 이 "말"은 형태소보다는 큰 언어형식을 모두 포함하는 것으로 인식하였다.4) 그러나 김석득(1979 : 122)에서는 표현이 이루어지는 단위를 크게 "말"의 단위로 보고 "말"은 단순히 씨(낱말)나 씨가 배합하여 이루어지는 "다"로 처리하였다. 여기서도 "말"은 낱말이나 낱말의 결합단위보다는 큰 단위로 인식하였다는 점에서는 같은 견해라 할 수 있다.

(2)ㄴ의 "기"는 그 뜻으로 보아 낱말 또는 씨(품사)에 해당하는 것으로 주시경(1911)에서부터는 "씨"로 나타나는데, 이것은 씨갈(품사론, 형태론)의 단위이지 월갈의 단위는 아니다. 그런데 이 "기"가 주시경(1910)에서는 뜻을 나타내는 가장 작은 단위로 의식하였으나,『말의 소리』(1914)의 "씨난의 틀" 단원에서는 소리와 뜻이 연결된 가장 작은 단위인 형태소에 접근되는 말로 "늣씨"를 의식하게 되었는데, 이것은 미국의 구조주의 언어학자 블룸필드(Leonard Bloomfield, 1887∼1949)가 『Language』(1933)에서 최소의미단위의 뜻으로 쓰기 시작한 "morpheme"보다는 약 20년 앞서 사용한 용어로 이는 국어학 연구사에서 높이 평가되고 있다(김민수, 1977 : 98∼101).

그러므로 이 "기"(>씨)는 형태소보다는 큰 언어형식인 낱말에 해당하는 것이다. 물론 이 "기"는 낱말이란 뜻으로만 쓰인 것이 아니다. 그런데 이 "기"는

---

4) 그외 박지홍(1978), 홍양추(1980)에서는 모두 단순한 언어형식으로만 의식하고, 그 범위에 대하여는 아무런 언급이 없었다.

"씨(품사)"의 뜻으로 더 많이 쓰이기는 하였으나, 낱말의 뜻으로도 "기"나 "씨"로 불렀던 것은 사실이다(허웅, 1971 : 47).

어떻든 이 "기"는 낱말이나 씨의 뜻을 나타내는 용어로 쓰였으나 씨갈의 단위이지 월갈의 단위는 아님을 알 수 있다.

(2)ㄷ의 "다"는 그 뜻풀이로 보아 둘 이상의 낱말로 짜여진 말은 다 이르는 것이므로, 이것은 이은말, 마디, 월들을 포함하는 용어로 어절보다는 큰 단위의 언어형식임을 알 수 있다.

그런데 주시경(1910 : 40~41)에서 완전한 월을 이루고 있는 월을 "다된 다"라고 하였는데, 이것을 간추려 보이면 다음과 같다.

(3) ㄱ. 아기가 자라오
     (알이) 이 말은 임, 남 두 듬으로 다된 다니라.
     다된 다는 아모리 적어도 이 두 듬은 잇나니라.
   ㄴ. 아기가 젓을 먹소
     (알이) 이 말은 임, 씀, 남 세 듬으로 다된 다니라.
     다된 다는 아무리 크어도 이 세 듬에 더함이 없나니라.

(『국어문법』 : 40~41)

(3)ㄱ의 월에서 "다된 다"는 임자말과 풀이말을 갖추고 있는 월을 이르는 것으로 이 "다된 다"는 아무리 작은 "다"라도 이 두 월성분을 갖추고 있다는 것이다. (3)ㄱ에서 <아기가>는 임자말이고, <자라오>는 풀이말이므로 완전한 월을 이루고 있는 것이다.

(3)ㄴ의 월에서 "다된 다"는 임자말, 부림말, 풀이말을 모두 갖추고 있는 월을 이르는 것으로 이 "다된 다"는 아무리 큰 "다"라도 이 세 월성분만은 갖추고 있다는 것이다. 역시 (3)ㄴ에서 <아기가>는 임자말이고, <젓을>은 부림말이고, <먹소>는 풀이말이므로 세 월성분을 갖추고 있는 완전한 월이다.

그러므로 (3)ㄱ은 "다된 다" 가운데 가장 작은 "다"이고, (3)ㄴ은 "다된 다" 가운데 가장 큰 "다"라는 뜻이므로 이 "다된 다"는 월성분들 가운데 주성분만으로 이루어진 완성된 월을 이르는 것이다. 곧 "다된 다"는 마침법으로써 끝나는 월임을 알 수 있으니, 완전한 월을 "다된 다"라고 하고 있는 것이다(박지홍, 1978 : 98).

(2)ㄹ의 "모"는 그 뜻풀이로 보아 "다"의 하위단위로 한 언어형식에서 풀이말이 없이 이루어진 언어형식을 이르는 것이므로 이것은 이은말에 해당하는 것이다.

이 "모"에 대한 내용을 더욱 확실하게 알 수 있는 대목은 주시경(1910 : 96)의 "잇기의 마듸" 단원에 나타나 있다. 이것을 정리해 보이면 다음과 같다.

(4) 모잇 : 모와 모를 잇는 것.
   (본) 힌 조히와 검은 먹
      와는 모 힌 조히에서 모 검은 먹을 잇는 것.

(『국어문법』 : 96)

(4)에서 <힌 조히>와 <검은 먹>이 "모"인데, 이것은 다음과 같은 기저형에서 도출된 표면구조이다.

(4)′ ㄱ. 힌 조히 ← 조히(가) 히(다)
     ㄴ. 검은 먹 ← 먹(이) 검(다)

그러므로 <힌 조히>와 <검은 먹>은 각각 하나의 사물에 대한 통일된 개념을 나타내는 "짠말"로 보고, 풀이씨의 매김꼴과 임자말이 결합한 구조로 이루어진 이은말을 가리키는 것이 "모"이다(홍양추, 1980 : 172). 그리고 허웅(1971 : 48)에서도 "남이"란 풀이씨의 줄기를 이르는 말이므로 "모"란 결국 풀이말이 없는 이은말에 해당한다고 하였으나, 박지홍(1978 : 98)에서는 『국어문법』(1910 : 96)에서 보인 "모"의 <보기말>인 <힌 조히>와 <검은 먹>은 관형변형으로써 "남이"(풀이말)는 매김말로 바뀌고, "임이"(임자말)만 있는 모자라는 월임을 알 수 있다고 하였는데, 이것도 역시 이은말이다.

어떻든 『국어문법』에서 의식한 이 "모"란 언어형식은 그 <보기말>에 따르면 임자말 앞에 풀이씨의 매김꼴로 이루어진 매김말이 놓여있는 구조로 이것은 이은말에 해당하는 언어형식임에 틀림없다고 하겠다.

　(2)ㅁ의 "드"는 역시 "다"의 하위단위로 그 뜻풀이로 보아 언어형식 가운데 풀이말을 가지는 언어형식을 이르는 것이므로 월을 이르는 것이다. 이 "드"는 『국어문법』(1910 : 96)의 "잇기의 마듸" 단원에서 보인 <보기말>을 보면 더욱 명확하게 알 수 있다. 이것을 정리해 보이면 다음과 같다.

　(5) 드잇 : 드와 드를 잇는 것.
　　ㄱ. 못맞은 드잇
　　　(본) 바람은 가볍고 구름은 히오.
　　　　　고는 못맞은 드, 곳 끗기가 없는 드
　　　　　바람은 가볍에서 드 구름은 히오를 잇는 것.
　　ㄴ. 맞은 드잇
　　　(본) 날이 춥다마는 나는 가겟다.
　　　　　마는은 맞은 드, 곳 끗기 다가 잇는 드
　　　　　날이춥다에서 드 나는 가겟다를 잇은 것

(『국어문법』: 96)

　(5)에서 "드"를 "맞은 드"와 "못맞은 드"로 구분하고 있는데, 이것은 "드"의 필수성분인 "남이"가 월을 끝맺는 경우와 끝맺지 못하는 경우로 구분한 것이다.

　(5)ㄱ에서 {-고}는 월을 끝맺지 못하고, 완성되지 않은 마디를 이어주기 때문에 <바람은 가볍>은 "못맞은 드"이고, (5)ㄴ에서 {-다}는 월을 끝맺어 주고 {-마는}에 의해서 다음 월과 이어 주므로 이것은 완성된 월을 잇기 때문에 <날이 춥다>는 "맞은 드"라고 하였다. 그러므로 허웅(1971 : 48)에서 "드"란 완성된 월은 물론이지마는 완성되지 못한 말일지라도 풀이말만 있으면 다 이에 포함시킨 것으로 생각된다. 따라서 <먹는다>도 상황에 따라 "드"가 되는 것이라고 하였다. 그러나 이 "드"의 기준은 "임이"와 "남이"의 결합에서 이루어진 언어형식으로서 '마디'에 해당됨을 알 수 있다(박지홍, 1978 : 99)고 하였는데, 여기서 '마디'는 구와 절을 포함한 것으로 추측된다.

　이와같이 이 "드"는 어떤 상황이 설정되고, 월의 주성분 가운데 풀이말만 있고, 나머지 다른 월성분이 생략된 언어형식도 모두 포함하는 용어임을 알 수 있다.

(2)ㄴ의 "미"도 "다"의 하위단위로 "한 일을 다 말함을 다 이름이라"고 뜻풀이를 한 것으로 보아 어떤 사물을 완전하게 묘사한 것으로 보이는데, 이렇게 되면 월보다는 긴 단위의 언어형식으로 보아야 할 것이다. 그렇다면 이것은 하나의 완전히 뭉뚱그려진 생각을 나타내는 "대목"(단락)에 접근되는 용어일 가능성이 있다. 그러나 <보기말>이 없기 때문에 정확하게 단정하기는 어렵다.

그래서 허웅(1971 : 48)에서는 실지 쓰인 예가 잘 보이지 않지만 설명만으로 볼 것 같으면, 아마 한 월을 일컫는 말이 아닐까 생각된다고 하였는데, 그렇게 되면 앞의 "드"와 큰 차이가 나지 않게 된다 .그리고 박지홍(1978 : 100)에서 "미란 속뜻(deep structure)을 전혀 가지지 않은 다를 이르는 것이다" 속뜻을 모두 겉으로 드러내면 말이 길어지니 주시경 선생은 이 특징을 잡아서 설명한 것이라고 하였다가 그후 박지홍(1999)에서는 "미"를 완전월 즉 반드시 갖추어야할 월성분을 다 갖춘월(?)이라고 하면서 의문부호를 붙이고 있다. 여기서도 앞의 "드"와 의미상 별 차이가 나지 않는다.

또 홍양추(1980 : 175)에서는 "미"가 "다"의 최대형으로 하나의 이야깃 거리가 담겨져 있는 발화(utterance) 단위로 추측할 수 있다고 하여 월보다는 긴 언어형식임을 암시하고 있다.

그러므로 이 "미"는 "다"의 하위단위 언어형식 가운데 가장 긴 발화형태로 대목 또는 단락에 접근되는 언어형식으로 보는 것이 타당할 것 같다.

지금까지 주시경의 『국어문법』(1910) "짬듬갈"에 나타나는 여러가지 언어형식을 살펴보았는데, 이 언어형식 가운데 가장 긴 형식을 "말"이라 하고, "말"은 다시 "기"와 "다"로 나누었는데, 이 "기"(>씨)는 낱말 또는 씨(품사)를 나타내는 것으로 월갈의 단위가 아니고 씨갈의 단위이다. 그리고 "다"는 이은말, 마디, 월들을 포함하는 용어로 어절보다는 큰 언어형식이다. 그런데 이 "다"는 다시 "모, 드, 미"로 하위분류하였는데, "모"는 언어형식에서 풀이말이 없는 이은말에 해당하는 것이고, "드"는 풀이말을 가지는 완전한 월을 이르는 것이고, "미"는 <보기말>이 없어서 정확한 것은 알 수 없으나 "드"보다는 긴 언어형식임에는 틀

림이 없다. 그렇다면 이 "미"는 한 생각이 단락 지워진 단위인 대목 또는 단락
에 접근되는 용어로 봄 직하다.

3. 월성분의 설정

월은 몇 개의 어절로 짜여져 있는데, 이 어절들은 그것이 월에서 하는 구실
에 따라 몇 갈래로 나눌 수 있다. 이때 이 어절들을 그것이 월에서 하는 구실에
따라 나눈 것을 월성분(elements of the sentence, constituents)이라 한다(박지홍,
1999 : 262). 즉 한 월을 구성하는 요소들을 월성분이라 한다.

일반적으로 월성분에는 그 쓰임과 중요성의 다름을 따라 주성분(주요성분,
으뜸조각)과 부속성분(종속성분, 붙음조각)과 독립성분(홀로조각)으로 나눈다.
그리고 주성분 앞에 부속성분이 놓여 더 큰 단위의 월성분으로 구성되어 있는
것을 구비성분(갖은 월조각)이라 하는 말본 학자도 있다.[5]

그러면 이러한 월성분이 주시경(1910)에는 어떻게 설정되어 있는가를 주성
분, 부속성분, 임자부와 풀이부로 나누어 살펴보기로 한다.

3.1 주성분의 설정

월성분 가운데 주성분은 월의 성립에 필수적인 월성분으로 월의 골격을 이
루는데, 그것이 빠지면 불완전한 월이 된다. 일반적으로 국어 말본에서 월의 주
성분에는 임자말(주어), 부림말(목적어), 풀이말(서술어), 기움말(보어)로 나누고
있다.

그런데 주시경(1910 : 37)에서는 국어 말본의 주성분에는 임자말, 부림말, 풀
이말이 있음을 의식하고, 이들을 각각 "임이, 씀이, 남이"로 설정하고, 이 주성분
에 결합하는 토를 각각 "임이빗, 씀이빗, 남이빗"이 있음을 의식하고, 이 "빗"은

---

5) 최현배(1937), 『우리말본』, 연희 전문학교 출판부, 1013~1014쪽 참조.

제 홀로는 쓰이지 못하고 반드시 "이"[語]와 결합하여야만 월성분의 구실을 할 수 있음을 의식하여 앞의 각 "이"에 "빗"이 결합된 것을 각각 "임이듬, 씀이듬, 남이듬"이라 하고 있는 것으로 보아 기움말(보어)은 설정하지 않았음을 알 수 있다.

이제 주시경(1910 : 37)에서 설정한 월의 주성분에 해당하는 "임이, 씀이, 남이"의 뜻매김을 정리해 보이면 다음과 같다.

(6) ㄱ. 임이 : ① 임 : 主와 한 뜻
　　　　　　② 이 : 者와 한 뜻
　　ㄴ. 씀이 : ① 씀 : 움기 쓰이의 이를 덜고 ㅁ을 더하여 임기되게 한 것.
　　　　　　② 이 : 우에 말한 것과 한가지니 알에도 다 이러함.
　　ㄷ. 남이 : ① 남 : 움기 나에 ㅁ을 더하여 임기되게 한 것.

(『국어문법』 : 37)

(6)ㄱ에서 "임이"는 "주자"(主者)[6]이므로 이 말은 월의 임자가 되는 조각으로 임자말(주어)에 해당하는 월갈의 용어이다.

그런데 이 임자말의 성립은 임자씨(체언)나 임자씨의 기능을 하는 말에 임자자리토씨(주격조사)가 붙어서 성립되는 것이 일반적인 방법인데, 여기서는 임자말로 쓰인 임자씨만을 "임이"이라 하였다. 그 <보기말>을 보이면 다음과 같다.

(7) 소가 풀을 먹소.　　　　　　　　　　　　　　　　(『국어문법』 : 41)

(7)에서 <소>만이 "임이"(임자말)에 해당하는 것인데, 이 <소>가 "기난갈"(씨갈, 품사론)에서는 "임"에 해당하고, "짬듬갈"(월갈, 문장론)에서는 "임이"라 하였으므로 오늘날 이르는 임자말 (주어)과는 그 차원을 조금 달리한 것이라 하겠다. 그러므로 주시경(1910)에서 이르는 "임이"는 월의 임자가 되는 임자말에

---

6) 주시경(1910 : 39)에서 "임이"는 주자(主者), "씀이"는 물자(物者), "남이"는 설자(說者)라 이르고 있음.

해당하지만 그 범위는 임자말로 쓰인 임자씨만을 가리키는 용어이다.

(6)ㄴ에서 "씀이"는 "물자"(物者)인데, 그 뜻매김에서 "씀"은 움직씨 <쓰이>에서 {-이}를 덜어내고 {-ㅁ}을 더하여 이름씨되게 한 것이라 하였다. 이 "씀이"는 남움직씨(타동사)가 월의 풀이말이 될 적에 그 움직임이 사용하는 또는 지배하는 목적물을 나타내는 말로 쓰인 부림말(목적어)을 이르는 월갈의 용어이다.

그런데 이 부림말의 성립은 임자씨나 임자씨 구실을 하는 말에 부림자리토씨(목적격조사)인 {-을/-를}이 결합하여 성립되는 것이 일반적인 방법인데, 여기서의 "씀이"는 사용되는 사물을 나타내는 임자씨만을 가리키고 있다. (7)에서 <풀을>이 부림말인데, 여기서는 <풀>만이 "씀이"에 해당한다. 이 역시 <풀>이 씨갈에서는 "임"에 해당하고, 월갈에서는 "씀이"에 해당하는 것이다.

(6)ㄷ의 "남이"는 "설자"(說者)인데, 그 뜻매김에서 "남"은 움직씨줄기 {-나}에 {-ㅁ}을 더하여 이름씨가 되게 한 것이라 하였다. 이 "남이"는 임자말의 행위나 상태, 성질 등을 풀이하는 풀이말(서술어)을 이르는 월갈의 용어이다.

그런데 이 풀이말의 성립은 움직씨, 그림씨, 또는 임자씨나 임자씨 구실하는 말에 {-이다}가 결합하여 성립되는 것이 일반적이다. 그러나 여기서 "남이"는 임자말로 된 움직임과 성질과 종족의 어떠함을 나타내는 풀이씨의 줄기만을 가리키는 것인데, 이것은 주시경 말본의 씨가름에서 풀이씨의 줄기와 가지를 각각 독립된 씨로 설정한 데서 비롯된 것이다. 그 <보기말>을 보면, 월(7)에서 <먹다>의 {먹-}만이 "남이"에 해당하는 것이므로 움직씨의 줄기만을 가리키는 월갈의 용어이다. 그러나 풀이씨의 줄기만으로는 월에서 풀이말의 구실을 하지 못한다.

지금까지 (6)ㄱ~(6)ㄷ에서 살핀 "임이, 씀이, 남이"는 월갈의 주성분으로 오늘날의 임자말, 부림말, 풀이말에 해당하는 월갈의 용어인데, "임이"는 월에서 임자말로 쓰인 임자씨만을 가리키고, "씀이"는 월에서 부림말로 쓰인 임자씨만을 가리키고, "남이"는 월에서 풀이말로 쓰인 풀이씨의 줄기만을 가리킨다. 결국 주시경 말본의 월갈에서 주성분으로 쓰인, "임이, 씀이, 남이"는 오늘날의 임자말, 부림말, 풀이말과는 그 가리키는 대상의 범위가 꼭 일치하지는 않는다.

또 주시경(1910 : 37)에서는 월의 주성분인 "임이, 씀이, 남이"가 되게 하는 표를 "빗"으로 의식하고 이것을 각각 "임이빗, 씀이빗, 남이빗"이라 하였다. 이것을 정리해 보이면 다음과 같다.

> (8) ㄱ. 임이빗 : 빗 - 보람과 한 뜻이니, 임이빗은 곳 임이의 직권표(職權表)
>   라 함과 한 뜻이요, 알에도 다 이러함.
>   ㄴ. 씀이빗 :
>   ㄷ. 남이빗 :
>
> (『국어문법』 : 37)

(8)에서 "임이빗"의 뜻매김에서 "빗"의 뜻을 유추해 보면, 그 "빗"은 "직권표"이므로, 이것은 표 또는 표지(marker)의 뜻으로 쓰였음을 알 수 있다.

(8)ㄱ의 "임이빗"은 "임이의 직권표"라 뜻매김하였으므로 이것은 월에서 임자노릇하는 사물을 나타낸 임자씨를 그 월의 임자노릇하는 자리(임자자리, 주격)에 서게 하는 표가 되는 토씨를 이르는 것이므로 곧 임자자리토씨(주격조사)에 해당하는 용어이다. 그 <보기말>을 보면, 월(7)의 임자말 <소가>에서 <소>는 "임이"이고, {-가}는 "임이빗"이다.

(8)ㄴ의 "씀이빗"은 (8)ㄱ의 "임이빗" 뜻매김에서 "씀이빗, 남이빗"도 다 갔다고 하였으므로, "씀이빗"은 "씀이의 직권표"가 된다. 이것은 월에서 부림이 되는 사물을 나타내는 임자씨가 월의 부림말의 자리(부림자리)에 서게 하는 표가 되는 토씨를 이르는 것으로, 곧 부림자리토씨(목적격조사)에 해당하는 것이다. 그 <보기말>을 보면, 월(7)의 부림말 <풀을>에서 <풀>은 "씀이"이고, {-을}은 "씀이빗"이 된다.

(8)ㄷ의 "남이빗"은 "남이의 직권표"이므로 이것은 월에서 풀이씨가 풀이말이 되게하는 토를 이르는 것으로, 곧 풀이씨의 여러가지 씨끝에 해당하는 것이다. 그 <보기말>을 보면, 월(7)의 풀이말 <먹소>에서 {먹-}은 "남이"이고, {-소}가 "남이빗"이 된다.

그러므로 (8)에서 살펴본 "빗"은 임자말, 부림말, 풀이말이 되게 하는 토를 이르는 것이지만 월갈의 용어는 아니다. 그리고 주시경(1910)에서 월의 주성분을 "이[語]"와 "빗"으로 분리하여 다같이 월갈의 용어로 의식한 것은 그의 분석적 태도에 의한 씨가름 이론에서 비롯된 것으로 보인다.

　어떻든 월의 주성분을 "이"와 "빗"으로 분리하여 월성분을 설명한 것은 잘된 처리로 보기는 어렵지만 그의 이론에서는 조리정연한 설명이다. 그리고 다음 단계로 "이"와 "빗"이 결합하여 어울린 것을 "듬"이라하며 다시 월성분 단위를 설정하게 된다. 주시경(1910 : 37~38)에서 월의 주성분에 해당하는 "임이, 씀이, 남이"와 그 주성분이 되게 하는 표지에 해당하는 "임이빗, 씀이빗, 남이빗"이 어울린 것을 각각 "임이듬, 씀이듬, 남이듬"이라 하였는데, 이것이 오늘날의 임자말, 부림말, 풀이말과 일치하는 용어이다. 이것을 정리해 보이면 다음과 같다.

(9) ㄱ. 임이듬 : 듬 - 格과한 뜻이니, 임이듬은 임이되는 格이라 함이요, 알
　　　　　　　에도 다 이러함.
　　ㄴ. 씀이듬
　　ㄷ. 남이듬

(『국어문법』 : 37~38)

　(9)에서 "듬"은 "格과 한 뜻"이라 하였는데, 이때 "格"은 "자격"의 뜻으로 쓰인 것이다. 그리고 이 "듬"은 오늘날 어절 단위의 월성분과 같은 단위로 월갈 용어로 쓰인 것이다.

　(9)ㄱ의 "임이듬"은 "임이"에 "임이빗"이 결합하여 한 단위를 이룬 것이므로 이 "임이듬"은 "임이"(임자말)가 되는 자격을 뜻하므로 오늘날의 임자말에 일치하는 용어이다. 월(7)의 <보기월>에서 임자말은 <소가>인데 여기서 <소>는 "임이"요, {-가}는 "임이빗"이요, <소가>는 "임이듬"이 되므로 이것은 오늘날의 임자말과 일치하는 용어임을 확실하게 알 수 있다.

　(9)ㄴ의 "씀이듬"은 (9)ㄱ의 "임이듬"의 뜻풀이로 미루어 "씀이 되는 格"인데, 이 "씀이듬"은 "씀이"(부림말)가 되는 자격을 뜻하는 것으로, "씀이"에 "씀이빗"이 결합하여 한 단위를 이룬 것이므로, 오늘날의 부림말(목적어)과 같은 뜻으로 쓰인 월갈 용어이다. 월(7)의 <보기월>에서 부림말은 <풀을>인데, 여기서 <풀>은 "씀이"요, {-을}은 "씀이빗"이요, <풀을>은 "씀이듬"이 되므로 이것은 오늘날의 부림말과 일치하는 월갈 용어이다.

(9)ㄷ의 "남이듬"도 (9)ㄱ의 "임이듬"의 뜻풀이로 미루어 "남이 되는 **格**"인데, 이 "남이듬"은 "남이"(풀이말로 쓰인 풀이씨의 줄기)에 "남이빗"(풀이씨의 씨끝)이 결합하여 한 단위를 이룬 것으로 오늘날의 풀이말(서술어)과 일치하는 월갈 용어이다. 역시 월(7)의 <보기월>에서 풀이말은 <먹소>인데, 여기서 {먹-}은 "남이"요, {-소}는 "남이빗"이고, <먹소>가 "남이듬"이 되므로 오늘날의 풀이말과 일치함을 알 수 있다.

지금까지 살핀 월을 구성하는데 주성분에 해당하는 것들을 <보기월> (7)로써 그림으로 나타내 보이면 다음과 같다.

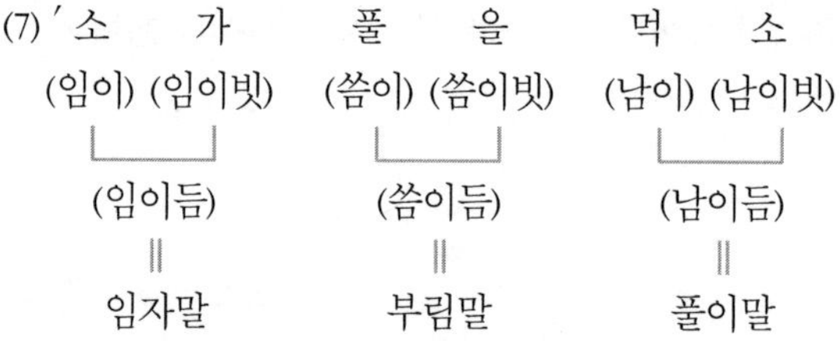

여기서 특히 주목할 만한 것은 월갈의 단위가 아닌 "빗"을 월갈에서 설정하였는가에 대해서는 정확하게 알 수 없지만 씨갈의 단위와 월갈의 단위와의 정확한 경계를 설정하지 못한 데서 비롯된 것으로 보인다. 어떻든 "이"와 "빗"이 결합한 "듬"이 오늘날 월의 주성분 단위임을 알 수 있다.

3.2 부속성분

월성분 가운데서 월의 골격을 이루는 데는 아무 기여를 하지 못하고, 다른 월성분에 딸려 있는 월성분을 부속성분 또는 종속성분이라 한다. 부속성분은 월 성립에 필수적으로 요구되는 것이 아니므로 수의적 성분이라고도 하는데, 이 부속성분에는 매김말(관형어), 어찌말(부사어)이 있다(고영근, 1993 : 236).

이 부속성분의 주된 기능은 다른 월성분을 꾸며주는 것인데, 주시경(1910 : 38)에서도 다른 월성분을 꾸며주는 부속성분에 해당하는 월성분을 설정하였다.

즉 주성분인 임자말, 부림말, 풀이말을 꾸며주는 부속성분에 해당하는 것을 각
각 "임이금, 씀이금, 남이금"이라 하고 그 뜻매김을 하였는데, 여기서 주성분을
꾸며주는 부속성분의 용어를 각각 달리한 것이 그 특색이다. 이제 이것을 정리
해 보이면 다음과 같다.

(10) ㄱ. 임이금 : 금 - 금낸다[7]하는 금이니, 가르치의 뜻과 한가지로 씀이요,
              알에도 다 이러함 엇더한 (임이)이라 함을 이름이라.
     ㄴ. 씀이금 : 엇더한 (씀이)이라 함을 이름이라.
     ㄷ. 남이금 : 엇더한(남이)이라 함을 이름이라.
              (엇더한은 엇더하게와 한가지로 씀이라)

(『국어문법』 : 38)

월성분 가운데 임자씨로 된 임자말, 부림말, 기움말과 같은 월성분 앞에 붙
어서 이들 월성분을 꾸며주는 말을 매김말(관형어)이라 하는데, 이 매김말은 없
어도 월이 성립할 수 있으므로 이 매김말은 수의적 성분이다(고영근, 1993 :
265).

그런데 주시경(1910 : 38)에서는 이 매김말이 임자말을 꾸미는 것과 부림말
을 꾸미는 것을 구별하여 각각 "임이금"과 "씀이금"으로 설정하였지만, 실제로
는 임자말과 부림말을 꾸미는 매김말이 구별되어 쓰이지 않는다. 다만 놓이는
자리가 임자말 앞에 놓이느냐 부림말 앞에 놓이느냐에 따라 용어를 다르게 했
을 뿐이다.

또 "금이"의 뜻매김을 보면, 주시경(1910 : 38)에서 "여러 금을 각각 이름이
라"하였다. 그러므로 여기서 "금이"는 "임이, 씀이, 남이"를 꾸미는 말을 묶어서
"금이"라는 용어를 사용하고 있는 것으로 보아 이 용어는 꾸밈말(매김말, 어찌
말)을 포괄하는 용어임을 알 수 있다.

(10)ㄱ에서 "임이금"은 그 뜻매김으로 보아 "임이"(임자말의 임자씨)를 꾸며
주는 말을 이르는 것임을 알 수 있다. 그 <보기월>을 보이면 다음과 같다.

---

7) 주시경(1911, 1913)에는 "금나인다"로 표기되어 있음.

(11) 저 소가 푸른 풀을 잘 먹소   .(『국어문법』 : 41)

월(11)의 <저 소가>에서 <저>가 "임이금"인데, "임이"인 <소>를 꾸며주는 말로 오늘날의 매김말에 해당하는 것이지만, 실제로 "임이금"은 "임이"인 <소>만을 꾸미는 것이 아니고, "임이듬"인 <소가>를 꾸며주는 것이다. 주시경(1910)에서 "임이금"이 "임이"만을 꾸며주는 것으로 의식한 것은 월갈에서 "임이"와 "임이빗"을 분석하고, 또 그 결합을 "임이듬"이라고 의식한 데서 비롯된 것이다. 이것은 월갈의 단위와 씨갈의 단위를 완전하게 분리하지 못한 데서 비롯된 것으로 보인다.

(10)ㄴ에서 "씀이금"은 그 뜻매김으로 보아 "씀이"(부림말의 임자씨)를 꾸며주는 말을 이르는 것임을 알 수 있다. 월(11)의 <푸른 풀을>에서 <푸른>이 "씀이금"인데, "씀이"인 <풀>을 꾸며주는 말로 의식한 것으로 오늘날의 매김말(관형어)에 해당하는 말이다. 여기서도 "씀이금"은 "씀이"에 해당하는 <풀>을 꾸며주는 것이 아니고, "씀이듬"에 해당하는 <풀을>을 꾸며주는 것이다.

이처럼 주시경(1910)에서는 임자말과 부림말을 꾸며주는 월성분을 각각 "임이금"과 "씀이금"으로 구별하여 설정하고 있으나, 실제로는 "임이금"과 "씀이금"은 모두 임자씨를 꾸며주는 공통적인 구실을 갖고 있기 때문에 굳이 구별하여 따로 월성분을 구별할 필요가 없다. 그러므로 오늘날은 임자말, 부림말, 기움말을 꾸며주는 말을 모두 묶어서 '매김말'이라 한다. 이러한 사실을 주시경(1910)에서는 의식하지 못한 것 같다.

(10)ㄷ에서 "남이금"은 그 뜻매김으로 보아 "남이"(풀이말의 풀이씨 줄기)를 꾸며주는 말을 이르는 것임을 알 수 있다. 월(11)의 <잘 먹소>에서 <잘>이 "남이금"인데, "남이"인 {먹-}을 꾸며주는 말로 오늘날의 어찌말(부사어)에 해당하는 말이다. 여기서도 "남이금"은 "남이"인 {먹-}을 꾸며주는 것이 아니고, "남이듬"인 <먹소>를 꾸며주는 것이다. 이 "남이금" 앞의 "임이금"이나 "씀이금"과는 그 꾸며주는 대상이 다름을 알 수 있다.

그러므로 주시경(1910 : 38)에서 월의 부속성분으로는 "임이금, 씀이금, 남이금"이 있는 것으로 의식하였는데, 이들은 모두 주성분을 꾸며주는 성분으로 그 주성분의 이름을 따라 구분하여 설정한 것이다.

　이제 지금까지 살펴본 주시경 말본의 월갈에서 주성분과 부속성분에 해당하는 것을 월(11)의 <보기월>을 통하여 그림으로 그려 보이면 다음과 같다.

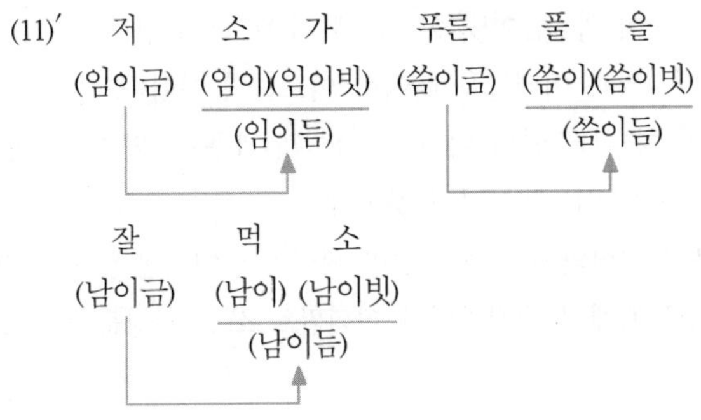

　이어서 주시경(1910 : 38)에서 "금이"에도 "빗"과 "듬"이 있음을 의식하고, 이들을 설명하고 있는데, 이것들을 정리해 보이면 다음과 같다.

(12)　ㄱ. 금이빗 : 빗 - 금이되게 하는 빗을 이름이니, 곳 임이나 쏨이나 남이
　　　　　　　 를 금이가 되게 하는 빗을 이름이라. 이러함으로 금이
　　　　　　　 빗은 금이되는 빗이라 함이라.
　　　ㄴ. 금이듬 : 임이나 쏨이나 남이가 제 빗을 가지지 못하고 금이되는 빗
　　　　　　　 을 가지어 금이 됨을 이름이니, 금이듬이라 함이 곳 금이
　　　　　　　 라 함과 한 가지라.

(『국어문법』 : 38)

　주시경(1910)에서 "빗"은 이미 앞의 (8)에서 밝힌 바와 같이 "직권표"(職權表)이다. 이것은 표 또는 표지에 해당하는 것으로, 여기서 "금이빗"은 "금이"가 되게 하는 표 또는 표지이므로 오늘날의 매김말이나 어찌말을 만들어주는 풀이씨의 매김꼴 씨끝과 어찌꼴 씨끝을 아울러 이르는 말이다.

　(12)ㄱ의 "금이빗"은 "금이 되게 하는 빗"이라 뜻매김하였는데, 이것은 금이(꾸밈말)을 만들어 주는 표 또는 표지를 이르는 것이다.

월(11)에서 "씀이금"인 <푸른>을 형태소 분석을 하면 {푸르-}와 {-ㄴ}으로 분석된다. 이때 {-ㄴ}은 풀이씨의 줄기 {푸르-}에 결합하여 꾸밈말이 되게 하는 표지인데 이것을 "금이빗"으로 의식한 것인데, 오늘날의 풀이씨의 매김꼴 씨끝이나 어찌꼴 씨끝에 해당하는 용어이다.

(12)ㄴ의 "금이듬"은 "금이"와 "금이빗"이 결합되어 더 큰 월성분 단위를 형성한 것으로 오늘날의 매김말과 어찌말을 묶어서 이르는 용어이다.

월(11)에서 <푸른>이 "씀이금"인데 이것은 "금이"인 {푸르-}와 "금이빗"인 {-ㄴ}이 결합한 <푸른>은 "금이듬"이 되는 것이다.

그러므로 "금이듬"은 풀이씨의 줄기에 매김꼴 씨끝이나 어찌꼴 씨끝이 결합하여 이루어진 월성분으로 월에서 매김말이나 어찌말로 쓰인 월성분을 이르는 것이다.

지금까지 살핀 바와 같이 주시경(1910 : 38)에서 월성분의 종류와 그 뜻매김을 끝내고 이것을 다시 분류하여 단계적으로 설명한 후에 체계를 세웠다.

첫째 단계로 월의 주성분을 이루는 "임, 씀, 남"을 "줄기"(莖 或 原體)라 하고, 이 줄기에 결합하는 말본소인 "빗"과 줄기를 꾸며주는 요소인 "금"은 "가지"(枝 或 枝葉)라 하고, 줄기도 가지도 아니고 독립되어 이어주는 말을 "잇이"로 설정한 후 그 "잇이"는 "잇는 것이라"고 뜻매김하였다. 여기서 이르는 "잇이"는 바로 이음말(접속어)를 이르는 용어이다.

둘째 단계로 월성분을 다시 나누어 체계를 세웠는데, 월의 주성분인 "임이, 씀이, 남이"는 "줄기결"(莖部 或 原體部) 또는 "웃듬결"(으뜸겨레)이라 하고, 이 "줄기결"에 붙는 말본소인 "빗"과 "줄기결"을 꾸며주는 "금"은 "가지결"(枝部 或 枝葉部) 또는 "붙이결"이라 한다고 하였는데, 이것은 월성분을 주성분과 부속성분으로 구분하고 있음을 알 수 있다.

셋째 단계로 "가지결"은 다시 나누어 세 빗 (임이빗, 씀이빗, 남이빗)은 "만이결"(關係部 곳 職權部)이라 하고 세 금(임이금, 씀이금, 남이금)은 "엇더함이결"(如何部)이라 하고 이것들을 그림으로 그려 보였는데, 이것을 보충하여 다시 그림표로 나타내 보이면 다음과 같다.

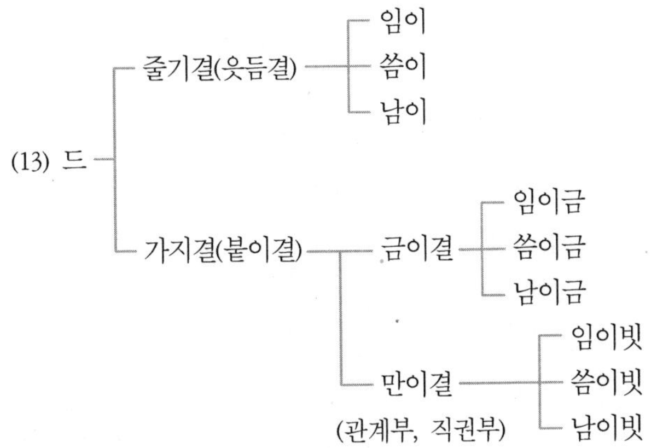

3.3 임자부와 풀이부(주어부와 서술부)

한 월을 양분하면 크게 임자부(주어부)와 풀이부(서술어부)로 나누어지는데, 임자부는 두 성분 이상 즉 매김말과 임자말이 한덩이를 이루어 임자말의 구실을 하는 부분이고, 풀이부는 두 성분 이상 즉 임자말을 제외한 주성분과 부속성분이 한덩이를 이루어 풀이말이 되어 임자부와 호응하고 있는 부분이다.

그러므로 월성분을 크게 임자부와 풀이부로 나눌 때 임자부에는 임자말과 그 임자말을 꾸며주는 매김말이 속하고, 풀이부에는 주성분인 부림말, 기움말, 풀이말과 이들을 꾸며주는 부속성분인 매김말과 어찌말이 속하게 되는데, 임자부를 제외한 나머지는 모두 풀이부에 속하게 된다.

이처럼 월성분 가운데 주성분과 부속성분이 한데 어울려 더 큰 단위를 형성한 것을 주시경(1910 : 39)에서는 "붙이"라는 용어를 사용하고 있다.

이 "붙이"는 "임이, 씀이, 남이"에 각각 "빗"과 "금이"가 붙어서 월성분보다 더 큰 단위를 형성한 것을 이르는 것인데, 이것은 곧 "듬"에 "금이"가 결합되어 형성된 것이다. 그리고 이 "붙이"는 주성분을 기준으로 형성된 것으로 여기에는 "임이붙이"(主者部 或 主者屬), "씀이붙이"(物者部 或 物者屬), "남이붙이"(說者部 或 說者屬)가 있음을 의식하고 이것을 그림으로 그렸다. 이것을 보이면 다음과 같다.

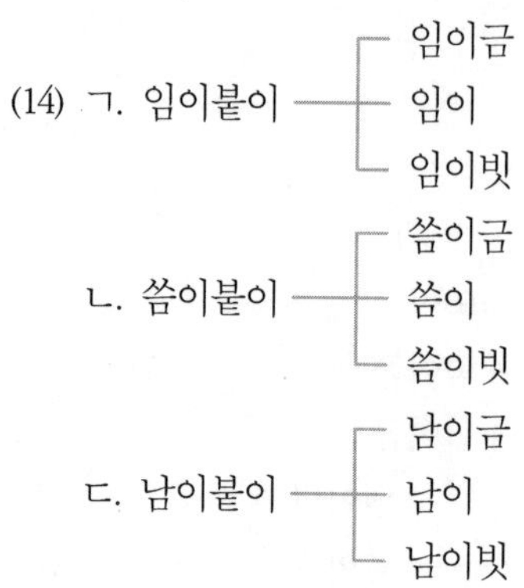

(14) ㄱ. 임이붙이 ── 임이금 / 임이 / 임이빗

ㄴ. 씀이붙이 ── 씀이금 / 씀이 / 씀이빗

ㄷ. 남이붙이 ── 남이금 / 남이 / 남이빗

(『국어문법』: 39)

(14)ㄱ의 "임이붙이"는 "임이"에 "임이빗"과 "임이금"이 결합되어 이루어진 월조각을 이르는 것으로, 이것은 오늘날 임자말과 매김말이 어울린 임자부(주어부, 갖은임자말)에 해당하는 것이고, (14)ㄴ의 "씀이붙이"는 "씀이"에 "씀이빗"과 "씀이금"이 결합하여 이루어진 월조각을 이르는 것으로, 이것은 오늘날의 부림말과 매김말이 어울린 부림부(목적어부, 갖은부림말)에 해당하는 것이다. (14)ㄷ의 "남이붙이"는 "남이"에 "남이빗"과 "남이금"이 결합하여 이루어진 월조각으로 이것을 오늘날의 풀이말과 어찌말이 어울린 풀이부(서술부, 갖은풀이말)에 해당하는 것이다. 이제 이들 세 조각을 앞의 월(11)에 적용시켜 그림으로 그려 보이면 다음과 같다.

(11)′   저   소   가   푸른   풀   을
     (임이금) (임이) (임이빗) (씀이금) (씀이) (씀이빗)
            (임이듬)   (씀이듬)
          (임이붙이)   (씀이붙이)

      잘   먹   소
   (남이금) (남이) (남이빗)
          (남이듬)
        (남이붙이)

이러한 월조각의 의식은 월이 계층적으로 짜여져 있음을 의식한 것인데, 오늘날 변형 생성 말본에서 즐겨 쓰고 있는 나뭇가지 그림은 이미 주시경(1910)에서 싹튼 것으로 서양 말본보다 훨씬 앞서 있음을 알 수 있다. 그러나 주시경(1910)에서는 세 "붙이"보다 더 큰 단위는 의식하지 못한 것 같다. 즉 "씀이붙이"와 "남이붙이"가 결합된 오늘날의 풀이부는 의식하지 못한 것 같다.

이러한 주시경(1910)에서의 "붙이"는 최현배의 『우리말본』(1937)에 그대로 계승되어 있다.

『우리말본』에서는 으뜸조각이 각각 그 꾸밈말을 갖춰 있는 것은 갖은월조각(구비성분)이라하야 그 꾸밈말을 갖훈 임자말을 갖은임자말(구비주어), 그 꾸밈말을 갖훈 부림말을 갖은부림말(구비객어), 그 꾸밈말을 갖훈 기움말을 갖은기움말(구비보어), 그 꾸밈말을 갖훈 풀이말을 갖은풀이말(구비설명어)이라 일컫느니라(최현배, 1937 : 1013) 하고 그 <보기월>을 보였는데 이것을 보이면 다음과 같다.

(15) 약한   사람이   무거운   짐을   멀리   지고 간다
     (어떤)   (임자)   (어떤)   (부림)   (어찌)   (풀이)
       (갖은 임자말)   (갖은 부림말)   (갖은 풀이말)

이것은 앞의 주시경(1910 : 39)의 설명과 비교하면 용어만 다를 뿐 설명 내용과 <보기월>의 그림이 모두 같음을 알 수 있다. 다만 주시경(1910)에서는 월의 주성분에 기움말을 설정하지 않음이 다를 뿐이다.

4. 마무리

지금까지 살핀 내용을 간추려 보면 다음과 같다.

1) 주시경(1910)에서는 월갈(문장론)에 맞서는 통어론 "짬듬갈"을 사용하고,

이것을 풀이한 후 여러가지 언어형식을 설정하고 뜻매김을 하였다.

이 언어형식들 가운데 가장 큰 단위를 "말"이라 하였는데, 이것은 오늘날 텍스트 개념에 접근되는 언어형식이다. "말"은 다시 "기"와 "다"로 나누었는데, "기"는 씨 또는 낱말에 해당하는 용어로 월갈의 단위가 아니고, "다"는 이은말, 마리, 월을 포함하는 언어형식이다. 이 "다"는 다시 "모, 드, 미"로 하위분류하였는데, "모"는 풀이말이 없는 이은말이고, "드"는 풀이말을 가지는 월을 이르는 것이고, "미"는 "드"보다는 긴 언어형식을 이르는 것이다.

2) 월성분은 크게 주성분과 부속성분만을 의식하였는데, 주성분으로는 "임이(임자말의 임자씨), 씀이(부림말의 임자씨), 남이(풀이말의 풀이씨 줄기)"의 세 성분만을 설정하였고, 부속성분으로는 이 주성분을 꾸미는 것을 각각 "임이금, 씀이금, 남이금"이라 하였다. 그러나 기움말(보어)이나 홀로말(독립어)은 설정하지 않았고, 임자말과 부림말을 꾸미는 매김말을 각각 "임이금, 씀이금"으로 나누어 설정하였는데, 이것은 주성분과 부속성분과의 관계를 일치시키려는 의식에서이고, 또 "잇이"(이음말)을 설정한 것은 아주 앞선 생각이다.

3) 월성분을 "이[語]"라 하고, 월성분이 되게하는 말본소를 "빗"이라 하였는데, "이"와 "빗"이 결합된 것을 "듬"이라 하였다. 이 "임이, 씀이, 남이"에 "임이빗, 씀이빗, 남이빗"이 결합한 것을 각각 "임이듬, 씀이듬, 남이듬"이라 하였는데 이것은 오늘날의 임자말, 부림말, 풀이말에 해당하는 용어이다. 그리고 "빗"은 형태론적 단위가 통사론적 단위로 쓰인 것이다.

4) 한 월은 크게 임자부와 풀이부로 나누어지는데, 이 "부"에 맞서는 용어로 "붙이"를 설정하고, "임이금＋임이듬"을 "임이붙이"라 하고 "씀이금＋씀이듬"을 "씀이붙이"라 하고 "남이금＋남이듬"을 "남이붙이"라 하였는데, 이들은 각각 임자부, 부림부, 풀이부에 해당하는 용어이다.

이와같은 월성분의 상위단위를 의식한 것은 직접 성분 분석의 기초가 된 것으로 서양 말본보다 훨씬 앞선 것으로 국어 말본 연구사에서 높이 평가 되어야 할 것이다.

5) 그 외 "드"를 다시 분류하여 주성분인 "임이, 씀이, 남이"를 "줄기결(읏듬결)"이라 하고, "줄기결"에 붙는 말본소인 "빗"과 "줄기결"을 꾸며주는 "금"은

"가지결" 또는 "붙이결"이라 하여 체계를 세웠는데, 이것은 월성분을 주성분과 부속성분으로 체계 세우는 기초가 되었다.

참고문헌

강기진(1985), 「주시경의 통사 이론 (Ⅰ)」, 국어국문학 93, 국어국문학회
강기진(1987), 「주시경의 통사 이론(Ⅱ)」, 한국어학과 알타이어학, 효성여대 출판부
고영근 · 남기심(1993), 『개정판 표준 국어 문법론』, 탑출판사
구연미(1992), 「주시경『국어 문법』의 짬듬갈 연구」, 부산 한글 11, 한글학회 부산지회
김규식(1909), 『유인 대한문법』, (역대 한국문법대계 Ⅰ-5, 탑출판사, 1977)
김민수(1977), 『주시경 연구』, 탑출판사
김석득(1979), 『주시경 문법론』, 형설출판사
김석득(1988), 「한힌샘 주시경에 대한 연구-통어론」, 한힌샘 연구 1, 한글학회
김형주(1997), 『우리말 연구사』, 세종출판사
김희상(1911), 『조선어전』, (역대 한국 문법 대계 Ⅰ-7, 탑출판사, 1977)
박영환(1983), 「주시경의 구문론」, 한남어문학 9 · 10, 한남대학 국어국문학회
박지홍(1978), 「주시경의 국어문법」, 한글 161, 한글학회
박지홍(1997), 『현대 우리말본 강의안』
박태권(1986), 「주시경의 '짬듬갈'에 대하여」, 백민 전재호박사 환갑기념 논문집, 형설출
        판사
유길준(1909), 『대한문전』, 동문관
전수태(1989), 「『국어문법』'짬듬갈'의 의미 연구」, 주시경학보 3, 탑출판사
주시경(1910), 『국어문법』, 박문서관
주시경(1911, 1913), 『조선어문법』, 신구서림
주시경(1914), 『말의 소리』, 신문관
진말득(1984), 「주시경 선생의 통어론에 관한 연구」, 두메 박지홍 선생 회갑기념 논문집,
        문성출판사
최광옥(1988), 『대한문전』, (역대 Ⅰ-2, 탑출판사, 1979)
최규수(1997.ㄱ), 「주시경 통어론의 계승관계」, 우리말 연구 7, 우리말 연구회
최규수(1997.ㄴ), 「주시경 문법의 통어론적 연구」, 한글 238, 한글학회
최낙복(1988), 「주시경 말본의 형태론 연구」, 동아대 대학원 박사 학위 논문
최낙복(1991), 『주시경 문법의 연구』, 문성출판사

최현배(1937), 『우리말본』, 연희전문학교 출판부

하치근(1999), 『우리말본의 이해』, 한국문화사

허 웅(1971), 「주시경 선생의 학문」, 동방학지 12, 연세대 동방학 연구소

허 웅(1983), 『국어학』, 샘문화사

허 웅(1999), 『20세기 우리말의 '통어론』, 샘문화사

홍양추(1980), 「주시경의 「국어문법」론」, 어문학교육 2·3, 부산 국어 교육학회

(발표 : 『부산한글』 19집, 한글학회 부산지회, 2000)

2장 | 주시경 말본의 월구조

1. 머리말
2. 월의 구조
  2.1 홀월
  2.2 겹월
    2.2.1 안은 겹월
    2.2.2 이은 겹월
    2.2.3 안고 이은 겹월
3. 마무리

1. 머리말

주시경의 『국어문법』(1910)에는 오늘날의 월갈(문장론, 통어론, syntax)에 해당하는 용어로 "짬듬갈"을 만들어 사용하고 있는데, 『국어문법』의 "짬듬갈" 단원(36~64)에서는 월갈에 해당하는 내용이 기술되어 있다.

그는 먼저 "짬듬갈"의 용어를 풀이한 다음에 "말듬을 갈기에 없을 수 없는 이름을 만들고 그 뜻을 알에 말하노라(36쪽)" 하고 여러가지 언어형식의 용어를 만들어 풀이하고 있다.[1]

그 다음에는 (본드)라 하여 10개의 <보기월>과 (버금본드)라 하고 11개의 <딸림보기월>을 제시하고 (그림)을 그려 그 월들을 하나하나 풀이하였다.

(본드1)에서 (본드3)까지는 (기난), (듬난)을 보인 다음에 (그림)을 그리고, 그 (그림)에 대한 설명을 하고, 꼭 알아야 할 것은 (알이)라 하여 보충 설명을 하였다. 또 (본드4)에서 (본드10)까지와 (버금본드1)에서 (버금본드10)까지는 (그림)을 그리고 설명을 붙인 후 꼭 알아야 할 것은 (알이)아 하고, 맘에 가지어 두어야 할 것은 (잡이)라 하여 보충 설명을 하고 있다.

이 글은 주시경 지은 『국어문법』의 "짬듬갈" 단원에 나타나는 10개의 (본드)와 11개의 (버금본드)를 어떻게 풀이하고 있는가를 살피고, 그것들이 오늘날의 관점에서 볼 때 어떻게 짜여져 있는가를 알아내어 국어 말본 연구사의 체계를 세우는데 도움을 주고자 하는 것이 그 목적이다.

---

1) 최낙복(2000), "주시경 문법의 월성분 연구", 『부산한글 19집』, 265쪽~288쪽 참조.

2. 월의 구조

월의 종류는 그 짜임새에 따라 홀월(단순한 월)과 겹월(복잡한 월)로 나뉘는데, 겹월은 다시 안은겹월(포유문)과 이은겹월(접속문)으로 나뉜다. 또 이은겹월은 다시 벌임이은겹월(대등접속문)과 딸림이은겹월(종속접속문)으로 나뉘는데, 이러한 월들을 주시경의 『국어문법』 "짬듬갈"(39~64)에서는 모두 21개의 <보기월>을 보이고 (그림)으로 그려서 설명하였다.

이제 그 21개의 월이 어떻게 짜여져 있는가를 살피기 위하여 월의 짜임새에 따라 나누어 살펴보기로 한다.

2.1 홑 월

모든 월은 반드시 풀이말(서술어)과 임자말(주어)를 갖추어야 하는데, 임자말과 풀이말의 관계가 한 번만 나타나고, 풀이말이 풀이씨의 마침법으로 된 월을 "단순한 월"(홑월)이라 한다(허웅, 1983 : 257). 이러한 홑월을 주시경의 『국어문법』에 나타나는 <보기월>에서 찾아서 보이면 다음과 같은 것들이 있다.

(1) 아기가 자라오   (본드1 : 39)
(2) 아기가 젖을 먹소   (본드2 : 40)
(3) 이것이 먹이다   (버금본드1 : 51)
(4) 먹는다   (버금본드2 : 52)
(5) 그 말이 들로 뛰어 가더라   (버금본드3 : 53)

(1)~(4)는 주성분으로만 짜여진 홑월이고, (5)는 부속성분인 꾸미는 성분이 들어있는 홑월이다.

(1)과 (3)은 <임이듬(임자말)+남이듬(풀이말)>의 구조로 이루어진 가장 기본이 되는 월의 구조이다. (1)의 (알이)에서 (본드1)은 "임, 남 두 듬으로 '다된

다'2)라 하고 이 '다된 다'는 아모리 적어도 이 두 듬은 잇나니라(40쪽)" 하였으므로, 이것은 아무리 단순한 월일지라도 임자말과 풀이말이 있어야 월이 성립되는 것으로 의식한 것이다. 그리고 (3)은 {-이다}가 그 앞의 임자씨와 더불어 하나의 풀이말을 이루고 있는데, 임기(임자씨) <것>은 언기(매김씨) <이>와 더불어 <이것>이 되어야 어떠한 뜻을 나타내므로 이 <것>이 언기를 임기로 바꾼다고 의식하였다. 또 (알이)에서 이 "<것>을 '언붙이임'이라 하니 홀로는 쓰임이 없고 늘 언에 붙어야 말이 됨을 이름이라(52쪽)" 하였는데, 이것은 매김말 아래 쓰이는 매인이름씨(의존명사)를 의식한 것으로 보인다. 또 <이것>의 설명에서 "이것은 곳 먹이요, 먹은 곳 이것이니라(52쪽)" 한 것은 <이것>이 가리키는 대상이 바로 <먹>임을 의식한 것이다.

(2)는 <임이듬+쓸이듬(부림말)+남이듬>으로 이루어진 홑월을 보인 것인데, 앞의 (1), (3)과는 달리 남움직씨(타동사)가 풀이말이 되었을 때에는 그 움직임의 대상을 나타내는 월성분인 부림말(목적어)이 필요로 함을 보인 월이다. 그리고 (알이)에서 (본드2)는 "임, 쓸, 남의 세 듬으로 '다된 다'라 하고, '다된 다'는 아모리 크어도 이 세 듬에 더함이 없나니라(41쪽)" 하였는데, 이것은 풀이말이 남움직씨인 경우에는 부림말을 필요로 하지만 아무리 월이 확대되더라도 월의 주성분은 더 이상 필요로 하지 않음을 의식한 설명이다.3)

(4)는 임자말과 부림말이 숨어 있는 홑월을 보인 것인데, <먹는다>가 남움직씨이기 때문에 임자말과 부림말을 필요로 하는 두 자리 풀이말이지만 여기서는 둘 다 숨어있다고 보았다. 그것은 임자말은 들을이의 이해에 지장이 없을 때에는 밖으로 나타나지 않는 경우가 있으나, 말할이의 마음속에는 항상 숨어있는 것이다(허웅, 1983 : 262). 이 숨어있는 뜻을 표시하는 부호로 주시경(1910)에서는 모두 "ㅅ"을 사용하였다.4) 이와 같은 처리 방법은 변형 생성 말본에서 심층

---

2) '다된 다'는 임자말과 풀이말을 갖추고 있는 월을 말함. 자세한 것은 최낙복(2000 : 269~270) 참조.

3) 월(1)~(3)의 (그림)은 다음과 같이 그려 설명하였다.

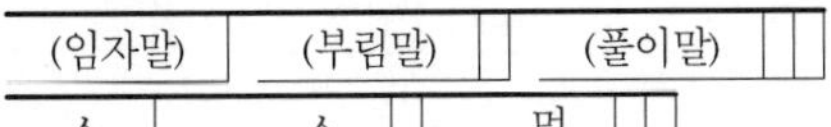

(임자말)		(부림말)		(풀이말)		

4)

ㅅ		ㅅ		먹		
ㅅ		ㅅ		는다		

구조에 있던 임자말과 부림말을 삭제변형에 의하여 생략시켜서 표층구조를 형성한 것이다(전수태, 1998 : 118). 이처럼 현대언어학에서 속뜻 또는 숨은 뜻에 대한 이론은 이미 주시경(1910)에서 의식된 것으로 이것은 서양 말본 이론보다는 무려 40~50년 이상 앞선 이론이므로 국어 말본 연구사에서 높이 평가되어야 한다.

(5)의 구조는 (1)~(4)의 구조와는 약간 다른 구조로 짜여진 월인데, (5)의 심층구조에 있던 두 개의 월이 하나의 표층구조로 나타난 월이다.

(5)′ ㄱ. 그 말이 들로 가더라
ㄴ. 그 말이 뛰어 가더라
➡ 그 말이 들로 뛰어가더라.

(5)′ ㄱ, ㄴ에서 같은 임자말 <그 말이>와 같은 풀이말 <가더라>가 겹쳐져 있으므로 하나씩 줄여 없애고 두 월을 이으면 <그 말이 들로 뛰어 가더라>가 되는데, 이것은 <들로>라는 남이금(어찌말)과 <뛰어>라는 남이금이 <가더라>라는 남이(풀이말)를 꾸미는 것으로 의식하였다.

그리고 (알이)에서 "{뛰-}와 {가-}를 한 낯의 일로 보아 알에 처럼 그림도 좋으니라(54쪽)" 하였는데, 이것은 <뛰어가더라>가 이음법의 씨끝 {-아/-어}로 이어진 합성어적인 통어적 짜임새로 그 뜻이 어느 정도 긴밀히 녹아붙은 것은 하나의 풀이말로 볼 수 있다고 의식한 것이다.

이와같은 처리 방법은 대단히 수준 높은 처리 방법이라 할 수 있는데, (5)에서 <가더라>라는 풀이말을 꾸미는 <들로>와 <뛰어>를 나누어 "뭇남이금"(풀이씨를 꾸미는 어찌말의 겹침)으로 처리할 수도 있고, 또 <뛰어가>를 하나의 풀이말로 처리할 수도 있음을 의식한 것으로 이것도 홑월이라 할 수 있다. 이와같은 이론은 국어 말본 연구사에서 대단히 앞선 이론으로 평가되어야 할 것이다.

2.2 겹 월

2.2.1 안은겹월

겹월은 한 월 안에서 임자말과 풀이말의 관계가 두 번 이상 이루어져 있는 월을 이른다. 그 가운데서 어떤 월이 다른 월 속에 하나의 월성분 구실을 하며 들어가 안겨 있는 월을 "안은겹월"(포유문)이라 한다(하치근, 1999 : 257).

이와같은 겹월이 주시경의 『국어문법』 "짬듬갈" 단원에서는 어떻게 기술되고 있는가를 <보기월>에서 찾아 보이면 다음과 같다.

(6) 저 소가 푸른 풀을 잘 먹소　　　　　　　　　　(본드3 : 41)
(7) 저 붉은 봄꽃이 곱게 되오　　　　　　　　　　(본드8 : 48)
(8) 이마가 붉은 두름이가 소리가 길게 울더라　　　(본드9 : 49)
(9) 그 사람이 맘이 착하오　　　　　　　　　　　(본드10 : 50)
(10) 좋은 사람은 뜻이 없이 잇을 때가 없나니라　　(버금본드9 : 59)
(11) 달빗이 히기가 눈 같으오　　　　　　　　　(붙음본드 : 60)[5]

(6)은 <임자말+부림말+풀이말>의 구조로 짜여진 월인데, 각 월성분의 앞에는 주성분을 한정하거나 꾸미는 부속성분이 놓여 있는 월을 보인 것이다. 이러한 부속성분을 주시경(1910 : 42)에서는 (그림)으로 풀이할 때에 모두 굵은 선 위에 놓이도록 그렸다.[6]

그런데 (6)의 심층구조는 다음과 같은 두 개의 월로 구성되어 있었으나 표층구조에서는 하나의 월로 나타난 것이다.

---

5) 국어문법(1910)에서는 (버금본드10)으로 되어 있으나, 조선어문법(1911)에는 (붙음본드)로 되어 있고, 조선어문법(1913)에는 (붙음보기드)로 되어 있다. (버금본드10)의 중복을 피하기 위하여 1911년을 따랐음.

6)

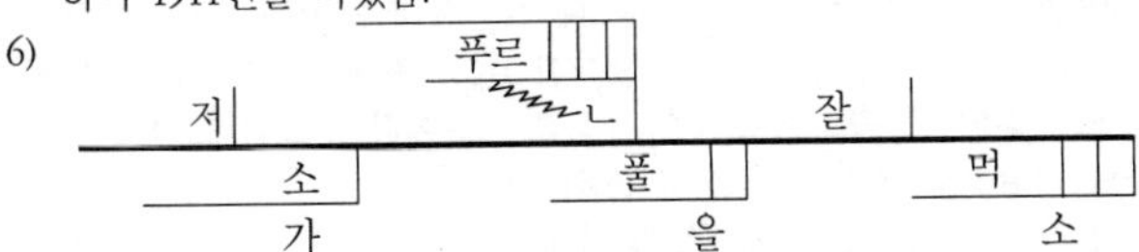

(6)′ ㄱ. 저 소가 잘 먹소

ㄴ. 풀이 푸르다.(→ 푸른 풀)

➡ 저 소가 푸른 풀을 잘 먹소.　　　　　　　　　　(본드3)

(6)의 <푸른 풀>은 (6)′ㄴ의 <풀이 푸르다>에서 "빠져나간 매김마디"인[7] <푸른 풀>로 바뀐 것에 부림자리토씨인 {-을}이 결합되어 부림말로 쓰인 것이다. 그러므로 (6)은 <풀이 푸르다>라는 월을 안고 있으므로 안은겹월이다.

그런데 박지홍(1978 : 104~105)에서는 이 <푸른>의 {-ㄴ}을 금이빗으로 보지 않고 금이를 만들어 주는 빗이라 하여 뒷가지처럼 처리한 것은 매김꼴 씨끝에 해당하는 {-ㄴ}과 같은 형태소는 한문에서는 '之'가 되며, 아무런 뜻이 없으므로 <푸른>을 하나의 금이(꾸밈말)로 처리한 것이다. 그리고 (그림풀이)에서 <푸른>에 세 줄을 그어 남이(풀이말)를 겸해 있음을 나타내고 있다고 하였다. 이러한 변형이론의 의식도 촘스키의 변형 생성 말본 이론보다는 40~50년 이상 앞선 이론이므로 국어 말본 연구사에서 높이 평가되어야 한다.

(7)은 임자말로 쓰인 <꽃>을 <저>, <붉은>, <봄(의)>[8]이 한정하고 있는 것을 보인 월이다. 이때 <꽃>을 주시경(1910 : 49)에서는 "뭇금이임"[9]이라 하고, <저>, <붉은>, <봄>은 언기(매김씨)로 금함이 잇음을 이름이라 하였다. 그러므로 (7)의 심층구조에 있던 다음과 같은 월들이 하나의 표층구조로 나타난 안은겹월이다.

(7)′ ㄱ. 저 봄꽃이 붉다.

ㄴ. 저 봄꽃이 곱다.

ㄷ. 저 봄꽃이 피다.

➡ 저 붉은 봄꽃이 곱게 피오　　　　　　　　　　(본드8)

---

7) 허웅(1983), 국어학, 샘문화사, 273쪽 참조.

8) 주시경(1910 : 49)의 (알이)에서 두 임이 우알에로 잇을 때에는 몬저 임기는 나종 임기의 언기 노릇을 하나니 이 말에 <봄>은 임기로되 그 <꽃>이 어느 때에 <꽃>이라고 말하는 언기가 되느니라. 이러함으로 {-의}를 속뜻으로 두어 <봄의 꽃>이라고 풀어 그림도 좋으니라 한 것은 임자씨는 홀로 매김말로 쓰일 수 있음을 보인 것이다.

9) 임자씨를 꾸미는 매김말의 겹침을 이르는 말(衆限定者名詞).

(7)′ ㄱ은 임자말이 뒤로 자리를 옮기면서 <붉다>가 <붉은>으로 꼴이 바뀐 것인데, 이것은 속뜻으로 있는 월의 한 성분이 뒤로 자리를 옮기면서 풀이말이 매김꼴로 바뀐 빠져나간 매김마디가 된 것이다. (7)′ ㄴ은 <(저 봄꽃이) 곱게>가 되어 어찌마디가 된 것이고, (7)′ ㄷ은 <저 봄꽃이 피오>로 <임자말＋풀이말>의 구조로 짜여진 월이다.

그러므로 (7)은 (7)′ ㄷ의 <임자말＋풀이말>의 짜임으로 이루어진 월에 (7)′ ㄱ이 빠져나간 매김마디로 안기고, (7)′ ㄴ이 어찌마디로 안겨있는 안은겹월이다.

또 (잡이)에서 "<붉은>과 <곱게>는 (본드3)의 <푸른>에 견주어 볼 것이라(49쪽)" 하고, (그림)에서도 가로 세 줄을 그어 풀이말이 될 수 있음을 보였는데, 이것은 {붉-}과 {곱-}이 각각 본래는 풀이말이었던 것이, 꼴을 바꾸어 매김말로 쓰였음을 보인 것이다. 이것은 풀이씨가 한편으로 풀이말의 기능을 하면서 다른 한편으로는 다른 씨처럼 기능하는 두 기능법(허웅, 1975 : 627)을 의식한 것으로 이 두 기능법의 기반은 이미 여기서 싹튼 것임을 알 수 있다.

그리고 (알이)에서 "<꽃>을 뭇금이임이라 하니, <저>와 <붉은>과 <봄>의 언기로 금함이 잇음을 이름이니라(49쪽)" 한 것은 매김말로 쓰인 <저>와 <붉은>과 <봄>이 모두 <꽃>을 꾸미고 있음을 뜻하는 것이다. 여기서 "뭇금이임"이라 한 것은 임자씨를 꾸미는 매김말의 겹침구조를 뜻하는 것이다. 아울러 이 세 매김말은 놓이는 차례가 없으므로 자리를 바꾸어도 뜻에는 변함이 없음을 밝히고 있는 것은 이들이 각각 독립적으로 <꽃>을 꾸미고 있음을 의식한 것이다.

(8)의 심층구조는 다음과 같은 세 개의 월로 구성되어 있었으나 표층구조에는 하나의 월로 나타난 것이다.

(8)′ ㄱ. 이마가 붉은 (← 이마가 붉다)
   ㄴ. 소리가 길게 (← 소리가 길다)
   ㄷ. 두름이가 울더라.
   ➡ 이마가 붉은 두름이가 소리가 길게 울더라.   (본드9)

(8)은 (8)′ ㄷ의 <두름이가 울더라>라는 어미월(matrix sentence)에 (8)′ ㄱ의 <이마가 붉다>라는 월에서 짜임새를 바꾸지 않고 그 의향법의 씨끝만을 매김법 씨끝으로 만든 "완전한 매김마디"(허웅, 1983 : 273)가 된 <이마가 붉은>과 (8)′ ㄴ의 <소리가 길다>라는 월에서 풀이씨 <길다>의 활용에 의하여 어찌마디가 된 <소리가 길게>가 안겨있는 안은겹월이다.

이것을 주시경(1910 : 50)에서는 <이마가 붉은>은 금이드(꾸밈월) 또는 언드(매김월)라 하였는데, 이것은 임자말 <두름이>를 한정하는 것으로 의식한 것이므로 매김마디이며, <소리가 길게>는 "금이드" 또는 "억드"(어찌월)라 하였는데, 이것은 풀이말 {울-}을 꾸미는 것으로 의식한 것이므로 어찌마디이다. 결국 (8)의 월은 (8)′ ㄷ 속에 (8)′ ㄱ과 (8)′ ㄴ이 안겨있는 안은겹월이다.

(9)는 <임자말+풀이말>의 구조로 짜여진 한 월이 마디가 되어 다른 월의 한 성분으로 쓰인 것을 보인 것이다. 즉, (9)의 풀이말의 자리를 <맘이 착하오>라는 풀이마디(서술절)가 풀이말로 쓰인 것이므로 (9)는 풀이마디를 안은 안은겹월이다.

(10)의 심층구조에는 다음과 같은 네 개의 월이 표층구조에서는 하나의 월로 나타난 것이다.

(10)′ ㄱ. 사람은 때가 없나니라.
     ㄴ. 사람이 좋다(→ 좋은 사람)
     ㄷ. 뜻이 없다(→ 뜻이 없이)
     ㄹ. 그 사람이 잇다(→ 그 사람이 잇을)
       ➡ 좋은 사람은 뜻이 없이 잇을 때가 없나니라   (버금본드9)

(10)′ ㄱ의 월 속에는 <때가 없나니라>라는 풀이마디가 풀이말로 안겨있는 안은겹월이고, (10)′ ㄴ은 <사람이 좋다>라는 월이 <좋은 사람>이라는 "빠져나간 매김마디"가 된 것이고, (10)′ ㄷ은 <뜻이 없다>라는 월이 <뜻이 없이>라는 어찌마디가 되어 줄어진 임자말 <그 사람>을 꾸미는 구실을 하는 것이고, (10)′ ㄹ은 <(그 사람이) 잇다>에서 <(그 사람이) 잇을>이라는 "완전한 매김마디"가 되어 임자말 <때가>를 한정하는 구실을 한다. 그러므로 (10)은 두 개의

매김마디와 두 개의 풀이마디와 한 개의 어찌마디를 안고 있는 안은겹월이다.
(11)의 심층구조에는 다음과 같은 월들이 숨어있는 것으로 의식한 것이다.

(11)′ ㄱ. 달빛이 히다(→ 달빛이 히기)
     ㄴ. (달빛이) 눈 같으오
      ➡ 달빛이 히기가 눈 같으오   (붙음본드)

(11)′ ㄱ은 <임자말+풀이말>의 구조로 짜여진 월인데, 그 풀이말이 <히기>로 바뀌어 <달빛이 히기>라는 임자마디를 만들고, 이 임자마디는 토씨 {-가}가 결합되어 임자말 노릇을 하게 하고, (11)′ ㄴ은 임자말인 <달빛이>가 줄어지고 <눈 같으오>가 풀이말로 쓰인 것인데, (11)-50
    ㄱ은 (11)′ ㄴ에 대한 임자말이 되어 있다. 그러므로 (11)은 임자마디를 안은 안은겹월이다.
    주시경(1910 : 61)에서 "<달빛이 히기>를 다 '임이' 자리에 둠은 이 말이 다 한덩이 임기로 {같-}의 임이로 쓰어짐을 보임이라" 한 것은 바로 <달빛이 히기>가 임자마디가 되어 임자말로 쓰였음을 보이는 것이다. 그리고 (그림)에서 <달ㅅ빗>의 "ㅅ은 속뜻으로 잇는 {-의}를 보임이요(61쪽)" 라 한 것은 <이름씨＋이름씨 → 이름씨>가 된 합성어의 경우에 앞의 이름씨가 매김말 노릇함을 의식하여 <달빗>을 <달의 빗>으로 의식하고 그린 (그림)이다. 이러한 의식은 앞말이 뒷말에 대한 꾸밈기능을 가지고 있다고 느껴질 때 {-의}가 속뜻으로 있다고 할 수 있다(홍양추, 1980 : 175).

2.2.2 이은겹월

    이은겹월은 몇 개의 월이 다른 월과 나란히 이어지는 것으로, 앞에 놓이는 월의 풀이말이 이음씨끝으로 씨끝바꿈을 한 꼴에 다른 월이 이어진 겹월을 이은겹월(접속문)이라 한다(하치근 1999 : 257). 이 이은겹월은 다시 벌임이은겹월(대등접속문)과 딸림이은겹월(종속접속문)으로 나뉜다.

☐ 벌임이은겹월

이은겹월 가운데 이음씨끝 {-고, -지만, -으나, -면서} 등에 의하여 이어지고 두 마디 사이의 관계가 뜻으로 보아 벌임으로 이어진 월을 벌임이은겹월(대등접속문)이라 한다. 이와같은 월을 주시경의 『국어문법』 "짬듬갈" 단원에 나타나 있는 <보기월> 가운데서 찾아 보이면 다음과 같은 월들이 있다.

(12) 이 소는 누르고 저 말은 검다　　　　　　　　　　　　　(본드4 : 43)
(13) 저 사람이 노래하면서 가오　　　　　　　　　　　　　　(본드5 : 44)
(14) 소와 말이 풀을 먹소　　　　　　　　　　　　　　　　　(본드6 : 46)
(15) 내가 소와 말과 닭과 오리와 거위를 기르오　　　　　　　(본드7 : 47)
(16) 한 사람이 낙시를 들고 내에 와서 고기를 잡으오　　　(버금본드7 : 57)

(12)~(16)은 모두 벌임이은겹월에 해당하는 월들인데, (12)는 두 개의 마디가 잇기(잇이) {-고}로 이어진 월로, 심층구조에 있는 다음과 같은 두 개의 월이 표층구조에서는 대등한 관계로 이어진 벌임이은겹월이다.

(12)′ ㄱ. 이 소는 누르다
　　　 ㄴ. 저 말은 검다
　　　　　➡ 이 소는 누르고 저 말은 검다　　　　　　　　　　(본드4)

(12)′ ㄱ, ㄴ을 임자말은 임자말끼리, 풀이말은 풀이말끼리 모아서 이은월을 만들면 <이 소는 저 말은 누르고 검다>가 된다. 이것을 다시 두 임자말을 이음토씨로 이으면 <이 소와 저 말은 누르고 검다>가 된다.

그러나 이 두 월이 벌임법의 대등관계로 이어지면 <이 소는 누르고, 저 말은 검다>가 되어 표층구조로 나타난 것이다. 그리고 (알이)에서 <이 소가 누르>를 윗마디, <저 말은 검다>는 아래 마디라 하고, 이 두 마디는 {-고}가 잇고 있는데 윗마디의 남이는 남이빗이 없고, {-고}가 아울러 가짐으로 "다못일운 마듸"라 하고, 아래 마디의 남이는 남이빗이 있기 때문에 "다된 마듸"라 하였다.

이것은 맺음씨끝이 있느냐 없느냐에 따라 구별한 것으로 보인다.

또 이 마디는 먼저와 나중의 구별이 없다는 것을 의식하여 <저 말은 검고 이 소는 누르다>라 하여도 한가지라 하였으므로, 이 월은 사건의 차례에 따라 이루어진 월이 아님을 밝히고 있는데 이 월은 이은겹월 가운데 벌임겹월에[10] 해당하는 것이다.

(13)은 심층구조에 있는 두 개의 월이 잇기 {-면서}에 의하여 이어져 표층구조로 나타난 이은겹월이다.

(13)′ ㄱ. 저 사람이 노래하오
    ㄴ. 저 사람이 가오
     ➡ 저 사람이 노래하면서 가오   (본드5)

(13)′ ㄱ, ㄴ이 벌임법으로 이어져 한 월이 되면 <저 사람이 노래하면서 저 사람이 가오>가 된다. 이것을 주시경(1910 : 45)의 (잡이)에서 둘째 (그림)은 첫째 (그림)에서 숨어있는 임자말을 ( )속에 나타내어 다시 그린 (그림)임을 밝히고 있다.

그런데 두 월이 이어질 때에 같은 월성분이 겹쳐지면 그 가운데 하나는 줄어 없어지는 일이 있는데, 이것을 이음과 줄여 없앰이라 한다(허웅, 1983 : 266). 그러므로 이 월도 임자말 <저 사람이>가 겹쳐져 있으므로 둘째 임자말을 줄여 없애고 표층구조로 나타낸 것이 <저 사람이 노래하면서 가오>이다. 그리고 (그림)에서 <노래하> 곁의 남이빗 자리에서 잇기 {-면서}로 이어진 점줄은 잇기 {-면서}가 남이빗을 아우름을 표시한 것이다(구연미, 1992 : 52)라 하였는데, 이것은 (12)의 {-고}와 같은 구실을 한 것으로 처리한 것이다. 또 주시경(1910 : 45)의 셋째 (그림)은 잇기 "{-면서}가 두 남이를 잇어 한덩이의 남이 몸을 이루게 함을 보임이라" 한 것은 두 개의 풀이말이 연결되어 하나의 풀이말이 됨을 보인

---

10) 주시경(1910)에서 벌인겹월의 기본 그림은 다음과 같이 그렸다.

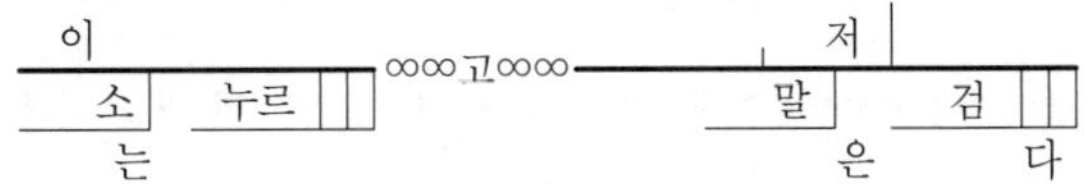

것이다. 이것을 넷째 (그림)의 (잡이)에서는 풀남이드(풀이말의 겹침)[11]라 하고 둘 이상의 남이가 한 덩이의 남이 노릇함을 이르는 것이라 밝히고 있다. 이것도 앞마디와 뒷마디의 차례가 바뀌어도 한가지가 되는 것은 <가는 것>과 <노래 하는 것>이 한 때에 되는 일인 까닭이라 하였다(주시경, 1910 : 46).

그러므로 이것은 {-면서}에 의하여 동시에 일어나는 일이 연결된 것임을 알 수 있으며, 차례가 바뀌어도 한가지가 되는 것은 어떤 일이 사건의 차례에 따라 이루어진 월이 아님을 알 수 있다. 즉 일의 차례와는 관계없이 동시에 이루어진 일을 이르는 벌임이은겹월이다.

(14)도 심층구조에 있는 두 개의 월이 이어져 표층구조로 나타난 이은겹월이다.

(14)′ ㄱ. 소가 풀을 먹소
     ㄴ. 말이 풀을 먹소
       ➡ 소와 말이 풀을 먹소   (본드6)

(14)의 월이 표층구조로 나타나는 과정을 살펴보면 다음과 같다.

먼저 (14)′ ㄱ, ㄴ이 대등한 관계로 이어지면 <소가 풀을 먹고 말이 풀을 먹 소>가 되는데, 이것은 풀이말인 <풀을 먹소>가 겹쳐져 있으므로 하나를 줄이 면 <소가, 말이 풀을 먹소>가 된다. 이 경우에 두 임자말을 이음토씨 {-와}로 이어서 <소와 말이 풀을 먹소>로 바꾼 것인데, 이것은 이음과 줄여 없앰에 의 하여 만들어진 이은겹월이다.

이와같이 한 풀이말에 대해서 두 임자말이 이음토씨 {-와}에 의하여 이어진 것을 주시경(1910 : 46)의 (알이)에서는 "풋임이드"(임자말의 겹침)라 하고, "둘로 둘 더되는 임이가 덩이지어 한몸의 임이 노릇함을 이름이라" 뜻매김을 하였다. 이 경우에도 <소>와 <말>이 이 말에 일로는 먼저와 나중이 없다고 하였으므로 이것도 어떤 일이 일어나는 차례에 따라 이루어진 월이 아니므로 임자말의 차 례를 바꾸어도 월의 의미에는 아무런 차이가 없음을 의식한 벌임이은겹월이다.

---

11) 전수태(1989 : 113)에서는 풀이말이 <으뜸풀이씨＋으뜸풀이씨>의 형태로 된 월을 연결서술 문이라 하였다.

(15)의 월은 심층구조에 있는 (15)′와 같은 다섯 개의 월이 이어져 표층구조로 나타난 이은겹월이다.

(15)′ ㄱ. 내가 소를 기르오.
     ㄴ. 내가 말을 기르오.
     ㄷ. 내가 닭을 기르오.
     ㄹ. 내가 오리를 기르오.
     ㅁ. 내가 거위를 기르오.
     ➡ 내가 소와 말과 닭과 오리와 거위를 기르오   (본드7)

(15)′ㄱ~(15)′ㅁ의 월이 대등한 관계로 이어져 한 월이 되면 <내가 소를 기르고, 내가 말을 기르고, 내가 닭을 기르고, 내가 오리를 기르고, 내가 거위를 기르오>가 된다. 여기에는 임자말 <내가>가 겹쳐져 있으므로 (15)′ㄴ~(15)′ㅁ의 임자말을 줄여 없애면 <내가 소를 기르고, 말을 기르고, 닭을 기르고, 오리를 기르고, 거위를 기르오>가 된다. 또 풀이말 <기르오>도 겹쳐져 있으므로 이것도 줄이고, 부림말은 이음토씨 {-와/-과}로 이으면 <내가 소와 말과 닭과 오리와 거위를 기르오>라는 월이 만들어진 것인데, 이것도 이음과 줄여 없애기의 과정을 거쳐 만들어진 이은겹월이다.

이와같은 월은 부림말을 가지는 풀이말은 반드시 남움직씨(타동사)이어야 하는데 부림말이 겹쳐지는 드 즉 "뭇씀이드"(부림말의 겹침) 구조는 임자말과 풀이말이 동일하여야 한다(홍양추, 1980 : 180). 이처럼 부림말이 겹쳐져 쓰인 월을 주시경(1910 : 48)에서는 "뭇씀이드"라 하였는데, 이것은 둘 이상의 부림말이 이음토씨에 의하여 이어진 월을 이르는 것이다.

그리고 (15)의 월도 어떤 행위의 대상이 시간적으로 어떤 차례를 가지지 않고 나란히 이어진 것이므로 차례를 바꾸어도 월의 뜻에는 아무런 변동이 없는 것으로 의식하여 "그 몬저와 나종은 엇더하든지 관계함이 없나니라(48쪽)" 하였다. 그러므로 (15)는 심층구조에 있는 다섯 개의 월에서 같은 임자말과 같은 풀이말은 각각 하나씩만 남기고 모두 줄여 없애고 부림말만을 이음토씨로 이은 벌임이은겹월이다.

(16)의 월도 심층구조에는 다음과 같은 세 개의 월이었는데, 이것이 이어져 표층구조로 나타난 이은겹월이다.

(16)′ ㄱ. 한 사람이 낚시를 들다
　　　 ㄴ. 한 사람이 내에 오다
　　　 ㄷ. 한 사람이 고기를 잡으오
　　　　➡ 한 사람이 낚시를 들고 내에 와서 고기를 잡으오　　(버금본드7)

(16)′ㄱ～(16)′ㄷ의 세 월이 이어질 때 임자말 ＜한 사람이＞가 겹쳐져 있으므로 (16)′ㄴ, ㄷ의 임자말은 줄여 없애고, 벌임법에 의하여 이은 것이 (16)의 월이다. 이것은 대등관계로 이어진 이은겹월인데, 이때 줄여 없앤 임자말은 (그림)에서 (　)속에 넣었다.

그리고 이 월은 이음씨끝 {-고}와 {-아서}에 의하여 이어진 월인데, (잡이)에서 "이 말은 우알에 마듸가 일의 몬저와 나중이 잇으므로 이렇게 우알에로 그림이 옳으니라(58쪽)" 하였으므로, 이 월은 앞-뒤마디가 나타내는 일의 차례가 있는 경우를 의식한 것이므로 앞 뒤 차례를 바꿀 수 없다. 만약 앞-뒤마디의 차례를 바꾸면 그 움직임의 차례가 달라져서 말의 뜻이 달라지게 된다. 그러므로 (16)의 월은 "차례벌임"에 의한 벌임이은겹월이다.

② 딸림이은겹월(종속관계)

이은겹월 가운데 이음씨끝 {-니, -아서, -매, -면} 등에 의하여 이어지고 두 마디 사이의 관계가 뜻으로 보아 앞마디가 원인, 이유, 조건 등으로 뒷마디에 이어진 월을 딸림이은겹월(종속적 접속문)이라 한다(하치근, 1999 : 267～268).
이러한 이은겹월을 주시경의 『국어문법』 "짬듬갈" 단원에 나타나는 ＜보기월＞에서 찾아 보이면 다음과 같은 월들이 있다.

(17) 바람이 불매 배가 가오　　　　　　　　　　　　　(버금본드5 : 55)
(18) 비가 자조 오니 풀이 잘 자라오　　　　　　　　　(버금본드6 : 56)

(17)은 두 개의 마디가 잇기(잇이) {-매}에 의하여 이어진 월인데, 그 심층구조에 있는 다음과 같은 두 개의 월이 표층구조로 나타나면서 딸림관계로 이어진 이은겹월이다.

(17)′ ㄱ. 바람이 불다
　　　ㄴ. 배가 가오
　　　➡ 바람이 불매 배가 가오　　　　　　　　　　　　　　　(버금본드5)

(17)의 (그림2)[12]는 (17)′ ㄱ, ㄴ의 두 월을 (17)′ ㄱ의 원인, 이유, 조건이 사실인 것으로 인정되는 '사실'(참일)로 이은 것이다. 이것을 주시경(1910 : 56)에서는 "우에 마듸는 {-매}로 말미암아 알에 마듸의 까닭을 이르는 것이라 할 수도 있나니라" 하였으므로 이것은 딸림(종속)적인 이음으로 의식한 것이다.

그리고 (알이)에서 "<배가 바람이 불매 가오>라 하여노 한가시의 일이라(ɔɔ쪽)" 한 것은 (17)′ ㄱ, ㄴ을 이음에 의하여 이은 것을 다시 자리옮김에 의하여 앞마디(ㄱ)를 뒷마디(ㄴ)의 가운데로 옮긴 것이다. 그러므로 이것은 이음이 일어난 뒤에 자리옮김에 의하여 자리가 바뀌어도 월이 나타내고자 하는 뜻에는 아무런 차이가 없음을 의식한 것으로 대단히 정확한 월의 분석과 해석이라 할 수 있다.

(18)의 월도 두 개의 마디가 잇기(잇이) {-니}에 의하여 이어진 월인데, 심층구조에 있는 다음과 같은 두 개의 월이 표층구조로 나타나면서 딸림관계로 이어진 딸림이은겹월이다.

(18)′ ㄱ. 비가 자조 오다
　　　ㄴ. 풀이 잘 자라오
　　　➡ 비가 자조 오니 풀이 잘 자라오　　　　　　　　　　　(버금본드6)

---

12) 주시경(1910 : 55)에 나타난 (그림2)를 보이면 다음과 같다.

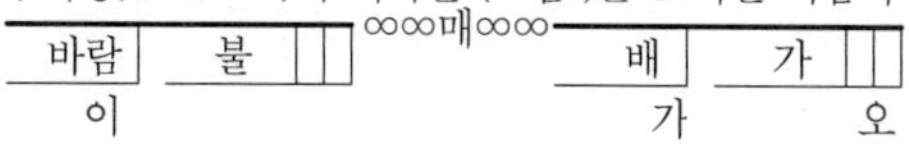

바람	불			∞∞매∞∞	배	가		
이					가			오

(18)′ ㄱ, ㄴ의 두 월도 (18)′ ㄱ의 원인, 이유, 조건이 사실인 것으로 인정하는 마땅함법의 '사실'(참일)로 이은 것이 (18)의 월이다. 이 (18)을 주시경(1910 : 56)에서는 두 개의 (그림)으로 그려 풀이하고 있는데, (그림1)에서는 "<잘>이 <자라>의 정도를 금하고, <비가 자조 오>는 <자라>의 까닭을 금하는 금이드 곳억드"라 하였는데, 이것은 <비가 자조 오>를 어찌월로 처리한 것이다. (그림2)에서는 <비가 자조 오니>가 <잘>을 금하는 것으로 의식하여 그린 (그림)인데, (잡이)에서 어찌씨는 어찌씨를 꾸밀 수 있기 때문에 (그림2)도 바른 풀이가 됨을 의식한 것이다.

그러므로 앞의 (17)과 같이 (18)도 딸림관계로 이어진 딸림이은겹월에 해당하는 월이다. 그러나 (18)에서는 (17)에서와 같이 <풀이 비가 자조 오니 잘 자라 오>도 한가지의 뜻이라는 설명은 찾아볼 수 없다. 아마 (17)에 미루어 짐작할 수 있으리라 믿었기 때문일 것이다.

2.2.3 안고 이은겹월

겹월 가운데서 어떤 월이 다른 월 속에 하나의 월성분 구실을 하며 들어가 안겨있는 월과 몇 개의 월이 다른 월과 나란히 이어진 월이 섞여서 하나의 겹월을 이루는 것을 안고 이은겹월이라 한다. 이와같은 구조로 짜여진 월을 주시경의 『국어문법』 "짬듬갈" 단원에 나타나는 <보기월>에서 찾아 보이면 다음과 같은 월들이 있다.

(19) 그 소가 푸른 풀을 먹으면서 천천히 가오 (버금본드4 : 54)
(20) 내가 빠르게 가는 말을 타고 큰 재를 넘어 왔소 (버금본드8 : 58)
(21) 공긔가 움즉이면 바람이라고 하나니라 (버금본드19 : 62)

(19)는 심층구조에서는 다음과 같은 두 개의 월이었는데, 이것이 표층구조에서는 하나의 월로 나타난 것이다.

(19)′ ㄱ. 그 소가 푸른 풀을 먹는다.
      ㄴ. 그 소가 천천히 가오

➡ 그 소가 푸른 풀을 먹으면서 천천히 가오   (버금본드4)

(19)´ ㄱ, ㄴ이 잇기(잇이)인 {-면서}에 의하여 벌임(대등)관계로 이어져 하나의 월이 되면, <그 소가 푸른 풀을 먹으면서 (그 소가) 천천히 가오>가 된다. 이때 임자말 <그 소가> 겹쳐져 있으므로 둘째 임자말은 줄여 없앨 수 있다. 또 <푸른 풀>의 <푸른>은 속으로는 <풀>을 임자말로 가지고 있다. 곧 이 말은 <풀이 푸르다>에서 임자말이 뒤로 자리를 옮기면서 <푸르다>가 <푸른>으로 꼴이 바뀐 것이다. 그러므로 그 속뜻으로 보면 <푸른>도 하나의 월이다. 이처럼 <푸른 풀>과 같이 속뜻으로 있는 월의 한 성분이 뒤로 자리를 옮기면서 풀이말이 매김꼴로 바뀐 것을 앞에서 "빠져나간 매김마디"라 하였는데, 이것은 안긴마디의 한 성분이 한정받는 자리로 빠져나갔다는 뜻이다. (19)에서는 매김마디에 부림자리토씨 {-을}이 결합되어 부림말로 쓰인 것이다.

그러므로 (19)는 (19)´ ㄱ, ㄴ이 이음과 안음으로 짜여진 겹월임을 알 수 있다. 이러한 짜임을 주시경(1910 : 54)에서는 풀이말의 겹침(뭇남이드)으로 의식하여 두 개의 풀이말 <먹다, 가다>에서 <먹다>는 남움직씨로 부림말 <풀을>을 가지고 있으나, <가다>는 제움직씨로 부림말을 가지지 않음을 의식하여 풀이한 것이다.

(20)도 심층구조에는 다음과 같은 세 개의 월이던 것이 안고 이음에 의하여 표층구조에서는 하나의 월로 나타난 것이다.

(20)´ ㄱ. 내가 빠르게 가는 말을 타다
      ㄴ. 내가 큰 재를 넘다
      ㄷ. 내가 왔소
      ➡ 내가 빠르게 가는 말을 타고 큰 재를 넘어 왔소.   (버금본드8)

(20)´ ㄱ~(20)´ ㄷ의 월을 이으면 임자말 <내가>가 겹쳐져 있기 때문에 (20)´ ㄴ, ㄷ의 임자말을 줄여 없애고, 이음씨끝 {-고}와 {-어}에 의하여 이으면 (20)과 같은 월이 만들어진다.

그러나 (20)´ ㄱ, ㄴ의 심층구조에는 다음과 같은 월이 각각 두 개씩 들어 있는 월이다.

    (20)′ ㄱ은 ① 내가 말을 타다
          ② 말이 빠르게 가다
    (20)′ ㄴ은 ① 내가 넘다
          ② 재가 크다

    (20)′ ㄱ의 <빠르게 가는 말>은 (20)′ ㄱ의 ②와 같이 <말이 빠르게 가다>에서 빠져나간 매김마디가 된 <빠르게 가는 말>에 부림자리토씨 {-을}이 결합되어 부림말로 안겨있는 것이고, (20)′ ㄴ의 <큰 재>는 (20)′ ㄴ의 ②와 같은 월 <재가 크다>에서 빠져나간 매김마디가 된 <큰 재>가 되어 역시 부림자리토씨 {-를}이 결합되어 부림말로 안겨있는 것이다.

    그러므로 (20)은 이음과 안음에 의하여 이루어진 겹월이다.

    (21)은 주시경의 (그림풀이)로 보아 심층구조에는 다음과 같은 두 개의 월이었으나 안고 이음에 의하여 표층구조에서는 하나의 월로 나타난 것이다.

    (21)′ ㄱ. 공긔가 움즉이다
                      고 하나니라.
        ㄴ. (공긔가) 바람이라
        ➡ 공기긔가 움즉이면 바람이라고 하나니라   (버금본드10)

    (21)′ ㄱ, ㄴ의 두 월을 이음씨끝 {-이면}에 의하여 '가정'(마땅함법)의 뜻으로 이으면 <공긔가 움즉이면 (공긔가) 바람이라>가 되는데, 여기서 임자말 <공긔가>는 겹쳐져 있으므로 둘째 임자말은 줄여 없애고, 따옴마디는 이음에 의하여 두 월이 이어진 것이다. 그러므로 (21)은 이어진 겹월이 따옴마디로 안겨있는 안은겹월이므로 이음과 안음으로 짜여진 겹월이다.

    그런데 주시경(1910 : 62)에서는 "<바람>은 임기요 <이라>는 끗기니 남이 듬이라. 그러하나 이 말에는 한 임기처럼 쓰이엇으므로 한 임기로 치고 씀이로 그림이라" 하여 <바람이라>가 풀이말이지만 부림말로 쓰였음을 의식한 것이다. 또 "임이 자리에 <ㅅ>은 속뜻으로 잇는 <사람>을 보임이라(63쪽)" 한 것은 큰 월 전체의 임자말이 <사람>이라는 뜻으로 보인 것이라 할 수 있다.

그러므로 (21)에서 <(사람이) "공긔가 움즉이면 바람이라"고 하나니라>가 되는 것이다. 이러한 의식은 국어 말본의 속뜻 의식을 일찍이 의식한 것으로 국어 말본 연구사에서 높이 평가되어야 할 것들이다.

3. 마무리

지금까지 살펴본 내용을 간추려 보이면 다음과 같다.

1) 주시경의 『국어문법』(1910) "짬듬갈" 단원에 나타나는 21개의 <보기월>은 우리 국어 말본에서 가능한 월의 짜임이 거의 다 나타나 있다. 그 21개의 월을 그 짜임새에 따라 나누어 보면, 한 월 안에서 임자말과 풀이말의 관계가 한 번만 나타나는 홑월과 두 번 이상 이루어지는 겹월이 나타나 있는데, 겹월은 안은겹월, 이은겹월, 안고 이은겹월이 다 나타나 있다.

첫째, 홑월에 해당하는 것은 (본드1), (본드2), (버금본드1), (버금본드2), (버금본드3)이다. 여기서는 가장 단순한 월은 <임자말+풀이말>의 구조로 되어있고, 아무리 확대하더라도 <임자말+부림말+풀이말>이상의 구조로 확대될 수 없음을 밝혔는데, 이것은 주성분만으로 짜여진 월의 최소형식과 최대형식의 구조를 의식한 것이다.

둘째, 겹월 가운데 한 월이 어떤 월을 안고 있는 안은겹월에 해당하는 것은 (본드3), (본드8), (본드9), (본드10), (버금본드9), (붙음본드)이다. 여기서는 임자마디, 풀이마디, 매김마디, 어찌마디를 안은 월들이 나타나 있어 안긴마디의 종류에는 여러가지가 있음을 알 수 있게 한다.

셋째, 겹월 가운데 이은겹월이 벌임(대등)관계로 이어진 것은 (본드4), (본드5), (본드6), (본드7), (버금본드7)이다. 여기서는 앞월과 뒤월이 이음씨끝으로 이어진 것과 임자말의 겹침, 부림말의 겹침 등이 나타나 있는데, (버금본드7)을 제외하고는 모두 앞-뒤마디의 차례, 임자말 끼리의 차례, 부림말 끼리의 차례는 서로 바꾸어도 월이 전하고자 하는 뜻에는 아무런 차이가 없음을 밝히고 있어 우리말의 어순에 대한 의식도 잘 나타나 있다.

넷째, 겹월 가운데 이은겹월이 딸림(종속)관계로 이어진 것은 (버금본드5), (버금본드6)이다. 여기서는 이음씨끝 {-매, -니}에 의하여 이어진 두 마디 사이의 관계가 뜻으로 보아 앞마디가 원인, 이유, 조건 등으로 뒷마디에 이어진 월을 의식한 것인데, 특히 앞마디가 자리를 옮겨 뒷마디 사이에 들어가도 뜻에는 차이가 없음을 의식한 것은 대단한 것으로 평가되어야 한다.

다섯째, 겹월 가운데는 안은겹월과 이은겹월이 섞여있는 것을 의식한 것은 (버금본드4), (버금본드8), (버금본드10)이다. 여기서는 매김마디를 안고 벌임관계로 이어진 것과 매김마디와 어찌마디를 안고 벌임관계로 이어진 것, 따옴마디를 안고 딸림관계로 이어진 것을 의식한 것으로 대단히 복잡하게 짜여진 월도 있음을 의식한 것이다.

2) 월을 풀이하는 방법은 여러가지가 있을 수 있으나 여기서는 모든 월을 (그림)으로 그려서 설명하는 방법을 취했는데, 이와같은 (그림풀이) 방법은 최현배(1937)에 그대로 계승되어 있으며, 국어 말본에서 (그림풀이) 방법의 기반이 되었다.

3) 월 풀이 과정에서 의식한 속뜻 의식과 변형이론에 의한 두 기능법의 의식은 서양 말본의 변형 생성 말본 이론보다 무려 40~50년 이상 앞선 이론이므로 국어 말본 연구사에서 높이 평가되어야 한다.

참고문헌

강기진(1985), 「주시경의 통사 이론 (Ⅰ)」, 국어국문학 93, 국어국문학회
강기진(1987), 「주시경의 통사 이론 (Ⅱ)」, 한국어학과 알타이어학, 효성여대 출판부
고영근·남기심(1993), 『개정판 표준 국어 문법론』, 탑출판사
구연미(1992), 「주시경 『국어 문법』의 짬듬갈 연구」, 부산한글 11, 한글학회 부산지회
김규식(1909), 『유인 대한문법』, (역대 한국문법대계 Ⅰ-5, 탑출판사, 1977)
김민수(1977), 『주시경 연구』, 탑출판사

김석득(1979), 『주시경 문법론』, 형설출판사

김석득(1988), 「한힌샘 주시경에 대한 연구-통어론」, 한힌샘 연구 1, 한글학회

김형주(1997), 『우리말 연구사』, 세종출판사

김희상(1911), 『조선어전』, (역대 Ⅰ-7, 탑출판사, 1977)

박영환(1983), 「주시경의 구문론」, 한남어문학 9·10, 한남대학 국어국문학회

박지홍(1978), 「주시경의 국어문법」, 한글 161, 한글학회

박지홍(1997), 『현대 우리말본 강의안』

박태권(1986), 「주시경의 '짬듬갈'에 대하여」, 백민 전재호 박사 환갑기념 논문집, 형설출판사

유길준(1909), 『대한문전』, 동문관

전수태(1989), 「『국어문법』 '짬듬갈'의 의미 연구」, 주시경 학보 3, 탑출판사

주시경(1910), 『국어문법』, 박문서관

주시경(1911, 1913), 『조선어문법』, 신구서림

주시경(1914), 『말의 소리』, 신문관

진말득(1984), 「주시경 선생의 통어론에 관한 연구」, 두메 박지홍 선생 회갑기념 논문집, 문성출판사

최광옥(1988), 『대한문전』, (역대 Ⅰ-2, 탑출판사, 1979)

최규수(1997.ㄱ), 「주시경 통어론의 계승관계」, 우리말 연구 7, 우리말 연구회

최규수(1997.ㄴ), 「주시경 문법의 통어론적 연구」, 한글 238, 한글학회

최낙복(1988), 「주시경 말본의 형태론 연구」, 동아대 대학원 박사 학위 논문

최낙복(1991), 『주시경 문법의 연구』, 문성출판사

최낙복(2000), 「주시경 문법의 월성분 연구」, 부산한글 19, 한글학회 부산지회

최현배(1937), 『우리말본』, 연희전문학교 출판부

하치근(1999), 『우리말본의 이해』, 한국문화사

허 웅(1971), 「주시경 선생의 학문」, 동방학지 12, 연세대 동방학 연구소

허 웅(1975), 『우리옛말본』, 샘문화사

허 웅(1983), 『국어학』, 샘문화사

허 웅(1999), 『20세기 우리말의 통어론』, 샘문화사

홍양추(1980), 「주시경의 「국어문법」론」, 어문학 교육 2·3, 부산국어교육학회

(발표 : 『동남어문논집』 11집, 동남어문학회, 2000)

3장 주시경 말본의 때매기법

1. 머리말

2. 때매기법

  2.1　끗기(맺음씨)의 때

    2.1.1 단순 때매김

    2.1.2 복합 때매김

  2.2　잇기(이음씨)의 때

    2.2.1 단순 때매김

    2.2.2 복합 때매김

3. 마무리

1. 머리말

  (1) ㄱ. 철수는 책을 읽는다.

      ㄴ. 철수는 책을 읽었다.

      ㄷ. 나는 내일 가겠다.

  (1)은 언어 내용 전달 과정에서 시간과 관련을 맺는 말본 범주로 발화시를 기준으로 하여 사건시의 시간적 위치를 나타내는 것이다.

  (1)ㄱ은 발화시를 기준으로 해서 사건시와 발화시가 일치하는 경우인데, 이를 "현재(present)"라 하고, (1)ㄴ은 사건시가 발화시에 앞서는 경우인데, 이를 "과거(past)"라 하고, (1)ㄷ은 사건시가 발화시에 뒤서는 경우인데, 이를 "미래(future)"라 한다.

  이와 같이 발화시에 대한 사건시의 시간적 위치를 나타내는 말본 범주를 때매김(시제, tense)이라 하고, 발화시에 대한 사건의 일어나는 모습을 양상(aspect)이라 하고, 일의 시간과 관련한 화자의 심리적인 태도를 양태(modality)라 한다 (권재일, 1992 : 134~137).

  그런데 우리말에서는 이러한 것들이 따로따로 구분되어 나타나는 것이 아니고, 한 월 속에 동시에 나타나기 때문에 그 나타내는 뜻을 파악하기란 쉬운 일이 아니다.

  이 글은 이러한 시간과 관련을 맺는 말본적인 관념이 주시경의 말본에서는 어떻게 기술되어 있는가를 살펴서 주시경 말본 형태론을 체계화하는 데 도움을 주고, 나아가 우리 말본 연구사에서 차지하는 그의 위치를 밝히는 데 그 목적이 있다.

2. 때매김법

우리 국어 말본에 대한 주시경의 여러 저서 가운데서 "때매김법"이 설정되어 있는 것은 원고본 『국어문법』(1909), 『국어문법』(1910), 『조선어문법』(1911, 1913) 뿐이다.[1]

그런데 주시경의 『국어문법』에서 때매김은 "끗기"와 "잇기"의 두 "기(>씨)"에서 다루고 있는 것으로 보아 주시경은 때매김을 두 기가 다 담당하고 있는 것으로 의식하였던 것이다. 그러나 이 때매김에 대한 기술은 "잇기"에서보다는 "끗기"에 더 상세하게 그리고 구체적으로 기술되어 있다.

이처럼 주시경이 때매김을 "끗기"와 "잇기"가 똑같이 맡고 있다고 의식하게 된 것은 때매김을 나타내는 형태소를 다른 형태소와 같이 "끗기"나 "잇기"의 한 부분으로 처리하였기 때문이다. 그래서 움직임이나 상태에 관한 사실들이 그것을 나타내는 "움기"나 "엇기"에서는 설명되지 않고, 움직임이나 상태와는 관련이 적은 "끗기"나 "잇기"에서 다루어졌다는 것은 근본적으로 그의 씨가름의 잘못에서 온 것이다(허 웅, 1971 : 41). 즉, 낱말을 씨가름할 때 "늣씨"[2]를 의식하여 지나친 분석적인 태도를 취한 데서 온 잘못이라 하겠다. 만약 "끗기"나 "잇기"를 독립된 씨로 설정하지 않고, 풀이씨의 씨끝에 넣어 처리하였더라면 똑 같은 때매김 문제를 반복하여 설명하지 않아도 되었을 것이다. 그러나 그의 씨가름 체계 안에서는 조리정연한 처리로 조금도 모순이 생기지 않는다.

이제 주시경의 『국어문법』 "끗기"와 "잇기"에 나타나는 우리말의 때매김에 대하여 살펴 보기로 한다.

---

1) 이 세 종류의 책은 내용이 거의 같은 것으로, 원고본 『국어문법』은 필사본으로 『국어문법』을 인쇄하기 위한 원고이고, 『조선어 문법』은 『국어문법』을 고친 것으로 몇 용어를 제외하고는 내용이 거의 같기 때문에 이 글에서는 『국어문법』을 주된 자료로 이용한다. 그리고 이하 『국어문법』은 모두 1910년에 간행한 것을 말한다.

2) 이 "늣씨"는 고름소리 "으"를 "늣씨"로 처리한 것 외는 거의 "형태소"에 접근하는 말이다. 이 "늣씨"에 대한 자세한 설명은 김민수(1971 : 98~121)와 최낙복(1991 : 20)을 참조.

2.1 끗기(맺음씨)의 때

　주시경의 『국어문법』 99쪽에서 101쪽까지에 나타나는 "끗기"의 때매김을 보면, 주시경은 "끗기의 때" 단원에서 때매김을 "이때, 간때, 올때"의 셋으로 나누어 기술하고 있으나 그 속에는 "간때"의 겹침, "간때"와 "올때"의 겹침도 나타나 있음을 알 수 있다. 이것은 주시경이 "끗기"의 때매김을 단순(기본) 때매김과 복합 때매김이[3] 있음을 의식하고 있었다는 뜻으로 해석할 수 있겠다. 그리고 "끗기의 때"를 "이때, 간때, 올때"로 세 등분한 것은 영어 말본의 영향을 받은 것으로 보아진다.

　이 무렵의 우리 나라 서울에서 나온 영어 말본책으로는, 1911년에 이기룡의 『중등영문전』과 윤치호의 『영어문법첩경』의 두 종류가 전해오고 있는데, 이 두 종류는 모두 때매김을 "현재, 과거, 미래(장래)"로 세 등분하고 있는[4] 것으로 보아 쉽게 짐작할 수 있다.

2.1.1 단순(기본) 때매김

　『국어문법』의 "끗기의 때"에서 단순 때매김에 해당하는 것으로는 "이때, 간때, 올때"로 구분하여 기술한 것을 차례로 살펴 보기로 한다.

1 이때(현재)

　"끗기의 때"에서 설명한 "이때"란 발화시를 기준으로 해서 사건시와 발화시가 일치하는 경우를 보인 것으로 일반적으로 "현재(present)"에 해당하는 것이다.[5]

---

3) 단순 때매김과 복합 때매김에 대하여는 허웅(1982), "한국말 때매김법의 걸어온 발자취", 『한글』, 제178호, 한글학회, 42쪽~46쪽 참조.
4) 이기룡(1911), 중등영문전, 보급서관, 72쪽(역대 II-29,1983)
　　윤치호(1911), 영어문법첩경, 26쪽(역대 II-29,1983)
5) Jespersen(1924)은 언어에 있어서 시제를 자연 시간의 흐름에 두고, 발화의 시점을 현재라하여 시간폭이 없는 영(zero)적인 점으로 정의한 바 있다(이환묵외, 1987 : 347).

주시경은 "이때"의 뜻매김을 "그 남이가 이때에 되어가는 것"이라 하고 (알이)에서는 "그 남이의 되고 못됨으로 말하면, 이때라 함은 그 남이가 이때에 되어가는 것이니, 되는때라 할 것이요"라고 했으므로(주시경, 1910 : 100) "이때"는 곧 "되는때"를 뜻하는 것이라 하겠다.

김석득(1979)은 이것을 <이때=되는때>이고, 이 "되는때"는 곧 <이때(현재)+ 되어가는 것(지속)>의 구조이므로 <되는때+현재지속>으로 파악하여 "이때"의 내용 속에는 현재라는 "시간(tense)"과 되어가는(지속)이라는 "상(aspect)"이 이원적으로 들어 있음을 보인 것으로 파악한 바 있다(1979 : 109).

그렇다면 그때에 이미 주시경은 우리말의 때매김법을 발화시에 대한 사건의 시간적 위치를 나타내는 때매김과 발화시에 대한 사건의 일어나는 모습을 나타내는 상의 개념을[6] 동시에 의식하고 있었으므로 이는 우리 국어학 연구사에서 대단히 높이 평가 받을 만한 탁견이라 할 수 있다.

이제 주시경이 보인 "이때"의 <보기말>을 보이면 다음과 같다(1910 : 99).

(2) ㄱ. 말이 뛰오.
   ㄴ. 그 말이 검다.
   ㄷ. 이것이 먹이다.

(2)ㄱ에서 " {-오}는 "끗기"니, 그 남이 (서술어에 접근되는 말 : 필자) {뛰-} 가 "이때"에 되어가는 것이라" 했으니, 이는 "움기" {뛰-}와 "끗기" {-오}가 결합되어 현재를 나타낸 꼴을 보인 것이다. 이는 {뛰-}와 {-오} 사이에 현재를 나타내는 무형의 형태소 {-∅-}가 있다는 것을 의식하였던 것이다. 즉 <뛰+{∅}+오>의 구조로 의식한 것이다. (2)ㄴ에서도 " {-다}가 "끗기"니, 그 남이 {검-}이 "이때"에 들어나아 가는 것이라" 했으니, 이는 "엇기" {검-}에 "끗기" {-다} 가 결합되어 현재를 나타내는 꼴을 보인 것으로, 이것도 <검+{∅}+다>의 구조를 의식하여 현재를 나타내는 무형의 형태소 {-∅-}가 들어 있음을 의식한 것

---

6) 박지홍은 "때매김"은 눈에 보이지 않은 시간에 금을 매기어, 『현재, 과거, 미래』로 인위적으로 지어 놓은 제도이요, "시상"은 때의 동작성(움직임의 모습)을 갈래 세워 놓은 것이다(1986 : 155~156).

이다. (2)ㄷ에서는 " {-이다}가 "끗기"니, 그 남이 <먹>이 "이때"에 잇어가는 것
이라" 했으니, 여기서는 이름씨인 <먹>에 잡음씨 {-이다}가 결합되어 서술로
쓰인 것인데, 현재를 나타내는 무형의 형태소 {-∅-}가 그 사이에 들어 있음을
의식한 것이다. 즉 <먹+{∅}+이다>의 구조로 되어 있음을 의식하였다.

이와 같이 주시경이 "끗기의 때"에서 "이때(현재)"를 나타낼 때에는 무형의
형태소를 의식하고 있었다. 그 증거는『국어문법』101쪽의 (잡이)에도 나타나
있는데, 이것을 보이면 다음과 같다.

(3) 그 사람이 가오.

(3)에서 " {-오}는 "이때"를 아우른 "끗기"니, 이는 이러하게 풀어 말할 것이
요"라 했다. 여기서 {-오}는 "이때"를 아우른 "끗기"라 했으니, "-오"는 바로 <{-
∅-}+오〉의 구조로 이루어져 있음을 의식하였던 것이다.

이와 같이 주시경이 때매김에서 현재를 나타낼 때에는 형태소가 없는 것이
아니라 무형의 형태소가 있다는 것을 의식하여 우리 말본을 기술한 것은 국어
학 연구사에서 대단한 공적으로 평가되어야 하겠다.

그러나 현재를 나타낼 때에도 형태소가 있는 것이 있다.

(4) ㄱ. 나는 밥을 먹는다.
    ㄴ. 나는 간다.

(4)에서 {-는/ㄴ-}이 현재를 나타내는 형태소인데 주시경은 현재를 나타낼 때
이러한 형태소가 있음을 의식하지 못한 것 같다. 이러한 문제는 자연히 뒷날 후
계자들에 의하여 다듬어지게 되었다.

[2] 간때(과거)

"끗기의 때"에서 설명한 "간때"란 일반적으로 사건시가 발화시에 앞서는 시
간을 나타내는 과거를 뜻하는 말이다. 그런데, 주시경의『국어문법』100쪽 "끗

기의 때" 단원에서 "간때"의 뜻매김을 보면 "그 남이가 이때에 다 되어 있는 것"과 "그 남이가 되었다가 없어진 것"의 두 가지로 구성되어 있음을 알 수 있다. 전자를 나타내는 형태소에 {-앗-}이 있고, 후자를 나타내는 형태소에는 {-엇엇-}이 있음을 의식하고 뜻매김한 것이다. 즉 전자는 "간때"의 단순 때매김에 해당하는 것이고, 후자는 복합 때매김에 해당하는 뜻매김이다.

그러면 "간때"의 단순 때매김을 보이면 다음과 같다(주시경, 1910 : 100).

(5) 그 사람이 가앗다.

(5)에서 " {-앗다}가 끗기니 {-앗-}은 "간때"의 보임이라" 했는데, 남이 <가앗다>는 "움기"인 {가-}에 "간때"를 나타내는 형태소 {-앗-}과 "끗기"인 {-다}가 딸려 있는 것이다. 즉 <가+{앗}+다>의 구조로 되어 있는 것이다.

여기서 주시경이 {-앗다}를 "끗기"로 처리하게 된 것은 "움기"와 "끗기"의 사이에 끼어드는 형태소 {-앗-}을 앞의 "움기"에 소속시키지 않고, "끗기"에 소속시킨 것이다. 이것은 {-앗-}이 실질적인 뜻을 나타내는 실질 형태소보다 말본적인 뜻을 나타내는 형식 형태소에 더 가깝다고 의식하여 "끗기"의 파생 앞가지로 처리한 것이다(최낙복, 1991 : 235).

또 "끗기의 때" 단원 (알이)에서는 "간때라 함의 <가앗다>라 하는 {-앗-}과 같은 것은 그 남이가 다 맞아잇는 것이니, "이때맞음"이라 하든지 "맞아잇음"이라 할 것이요" (주시경, 1910 : 100)라 했으니, 이는 <간때의 {-앗-}=이때맞음 또는 맞아잇음>을 뜻하는 것이므로 "간때"와 "이때맞음"과 "맞아잇음"을 나타내는 것은 그 꼴이 똑 같음을 의미하는 것이다. 이것은 최현배에 의하여 그대로 계승되어 "이제마침(현재완료)"은 그 꼴이 "지난적(과거)" 꼴과 꼭 같음을 보이고 있다(1937 : 598).

그리고 김석득은 "이때맞음"은 <이때(현재)+맞음(완료)>을 나타내고, "맞아잇음"은 『완료지속』을 의미한다고 하였다(1979 : 110).

그러므로 주시경은 "끗기의 때"에서 "간때"를 나타내는 형태소에는 {-앗-}이 있고, 이 "간때"는 다시 (알이)에서 "이때맞음" (현재완료) 또는 "맞아잇음" (완료지속)을 나타내는 것이다. 즉, 지나간 시간과 동작이 끝난 완료를 나타낸 것으로 기술하고 있으니, 이도 역시 때(tense)와 상(aspect)의 개념을 이미 의식하고 설명한 것이다.

③ 올때(미래)

주시경의 『국어문법』 "끗기의 때" 단원에 나타나는 "올때"란 일반적으로 발화시를 기준으로 해서 시건시가 뒤서는 경우를 나타내는 때매김을 뜻하는 것으로 "미래(future)"를 의미하는 것이다. 이 "올때"의 뜻매김을 보면 "그 남이가 이 담때에 될 것이라" 했는데(주시경, 1910 : 100), 여기서 말하는 "이 담때"란 바로 "미래(장래)"를 뜻하는 것으로 그 남이가 장래에 될 것을 나타내는 것이다. 이 장래를 나타내는 형태소를 {-겟-}이라 하였다.

그러면 『국어문법』의 "끗기의 때"에 나타나는 "올때"의 <보기말>을 보이면 다음과 같다.

(6) 비가 오겟다.

(6)에서 주시경은 "{-겟다}가 "끗기"니, {-겟-}은 "올때"의 보임이라. 이는 그 남이 {오-}가 "이 담때(장래)"에 될 것을 보이는 것이라" 하였다(1910 : 100).

여기서 주시경이 "-겟다"를 "끗기"로 처리한 것은 "움기"인 {오-}와 "끗기"인 {-다} 사이에 끼어드는 형태소 {-겟-}을 "끗기"의 앞가지로 의식하여 뒤의 "끗기"인 "-다"에 결합하여 하나의 씨(품사)로 처리한 것이다. 주시경은 이 {-겟-}도 앞 장에서 살핀 {-엇-}과 같이 바로 앞의 기에 소속시키지 않고, 뒤의 기에 소속시킨 것은 이것이 실질적인 뜻을 나타내는 형태소보다 말본적인 뜻을 나타내는 형태소에 더 가깝다고 의식하였기 때문이다.

그런데 이 {-겟-}은 미래의 때매김만 나타내는 것이 아니고, 다음과 같은 뜻을 나타낼 때도 있다.

(7) ㄱ. 영이가 일등을 하겠다.
ㄴ. 제가 그 일을 하겠습니다.

(7)ㄱ의 {-겟-}은 "추측"의 뜻을 나타내고, (7)ㄴ은 "의도"를 나타낸 것이다. 주시경은 이러한 뜻을 나타내는 것은 의식하지 못한 것 같다.

그러나 "끗기의 때"의 (알이)를 보면 {-겟-}이 단순히 "올때(미래)"의 때만 나타내는 것이 아니라는 것을 알 수 있다.

"올때라 함의 <오겟다>라 함에 {-겟-} 같은 것은 그 남이 {오-}가 이 담때
에 될 것이니, 올때됨이라 할 것이라. 그러하나 이는 {오-}가 되리라고 뜻하
는 것이니, 또한 거짓 뜻하는 때라 할 것이라" 하였다.

(주시경, 1910 : 100)

여기서 말하는 "이 담때"는『미래 때매김』을 나타내고, "올때됨"은『장래에 이루어짐』을 나타내고, "거짓 뜻하는 때"는『가상시』를 나타내는 것이므로 이 "올때"는 시간과 상의 이원적인 것으로 이해하고 있음을 알 수 있다(김석득, 1979 : 114).

이와 같이 주시경이 "끗기의 때"에 "올때"의 표로 의식한 {-겟-}은 단순하게 미래의 때매김만 나타내는 것이 아니라, 미래의 때매김은 물론 상(aspect)의 개념까지 의식하고 있었던 것으로 보아 이것도 탁견으로 국어학 연구사에서 높이 평가되어야 하겠다.

2.1.2 복합 때매김

주시경의『국어문법』"끗기의 때" 단원에서 복합 때매김에 관한 의식을 발견할 수 있는데, 이 복합 때매김에 해당하는 것으로는 "간때"와 "간때"의 겹침과 "간때"와 "올때"의 겹침의 두 가지에 대하여 의식하고 있었음을 알 수 있다.

① 간때와 간때의 겹침

주시경이『국어문법』의 "끗기의 때" 단원에서 "간때"를 나타내는 형태소 {-엇-}이 겹쳐쓰인 {-엇엇-}에 대하여 기술하고 있는데, 이것을 필자는 복합 때매김이라 하고, "간때"와 "간때"의 겹침이라 한다. 이것을 보이면 다음과 같다.

(7) 그 마당을 씰엇엇다.

(7)에서 "{-엇엇다}가 "끗기"니 {-엇엇-}은 "간때"의 보임이라. 이는 남이 {씰-}이 다 되어 그 {씰-}을 함의 다 됨이 깨끗함으로 잇다가 다시 더럽게 되어 {씰-}을 함의 들어남이 없어진 것이니, 몬저 {-엇-}은 {씰-}이 다 됨을 보임이요, 알에 {-엇-}은 그것이 없어짐을 보이는 것이라" 했다(주시경, 1910 : 99).

여기서 주시경이 {-엇엇다}를 "끗기"라 한 것은 "움기"인 {씰-}과 "끗기"인 {-다} 사이에 끼어들어 지난때를 나타내는 형태소 {-엇엇-}을 "끗기"인 {-다}와 결합하여 {-엇엇다}를 하나의 씨 "끗기"로 처리한 것이다.

그런데 주시경은 이 {-엇엇-}을 {-엇-}과 {-엇-}이 겹쳐진 구조로 보고 앞의 {-엇-}은 움기 {씰-}의 쓰는 동작, 즉 움직임이 끝남을 나타내 보이는 형태소이고, 뒤의 {-엇-}은 그 씰은 것이 다시 없어진 것을 보이는 것이라 했으니, 이는 곧 그 움직임이 끝난 결과가 다시 없어짐을 보이는 형태소이다. 이것을 허웅은 <씰엇다>하면, 씰은 결과로 깨끗하게 된 것을 말하는 것이고, <씰엇엇다>고 하면, 그 깨끗하게 되었던 것이 다시 무효가 되었다는 것으로 해석하고, 이것은 주시경의 탁견이라고 하였다(1971 : 41).

또 주시경은 "끗기의 때" 단원의 (알이)에서 "<씰엇엇다>라 하는 {-엇엇-}과 같은 것은 그 남이 {씰-}이 다 맞아잇다가 없어진 것이니, "간때맞음"이라 하든지 "맞아지남"이라 할 것이요"라고 하여(주시경, 1910 : 100) 이 {-엇엇-}이 단순하게 지난때만을 나타내는 때매김 형태소가 아님을 시사하였다.

이것을 김석득은 <씰엇엇다>에서 {-엇엇-}은 남이인 {씰-}이 다 맞아잇다가(완료되고 나서) 없어진 것이니, "간때맞음"은 『과거완료』, 또는 "맞아지남"은 『완료과거』라고 하고, {-엇엇-}은 <간때(과거)＋맞은(완료)>이라 하였다(1979 : 111). 그러므로 주시경의 {-엇엇-}은 과거를 나타내는 형태소 {-엇-}이 겹쳐진 구조임이 분명하다.

이러한 주시경의 이론은 최현배의 『우리말본』에 풀이씨의 베풂꼴 바로 때매김법의 "지난적 마침"(과거완료)에 그대로 적용되어 계승되고 있다(1937 : 599).

그런데 남기심(1972)은 {-았었-}은 과거완료나 대과거가 아니라 완료된 상태의 단속(斷續)을 보이는 것으로 단속상(斷續相)으로 처리하였고(1972 : 221), 역시 남기심(1978)에서는 {-었-}이 겹쳐서 {-었었-}으로 나타나는 것이라면 당연히 {-겠겠-}, {-더더-} 등이 나타나야 할 것이라고 주장하면서 {-었었-}을 분석하지 않고 단일한 형태소임을 주장하였다(1978 : 106). 그렇게 되면 모든 때매김 형태소의 겹침을 하나의 형태소로 처리하여야 할 것이다. 이는 형태소의 정의에도 어긋날 뿐만 아니라 말본을 더욱 복잡하게 처리하는 결과를 가져오게 된다.

어떻든 오늘날까지도 의견이 통일되지 않는 {-엇엇-}을 주시경은 이미 1910년에 {-앗-}과 {-엇엇-}을 구별하였고, 또 {-엇엇-}의 겹침에서 앞의 {-엇-}과 뒤의 {-엇-}을 구별하여 기술한 것은 우리말 때매김 연구사에서 획기적인 사실로 평가되어야 하겠다.

② 간때와 올때의 겹침

주시경이 "끗기의 때" 단원(알이)에서 보인 "간때"와 "올때"의 겹침 <보기말>을 보이면 다음과 같다(주시경, 1910 : 100).

(8) 꽃이 피엇겟다.

(8)에서 "{-엇겟-}은 "간때표" {-엇-}에 "올때표" {-겟-}이 더한 것이니, {피-}가 되엇다고 거짓뜻함이라. 이를 "간올때"라 하든지 "거짓 맞은때"라 할 것이니, 한자로 삭이면 "과거장래(過去將來)"라 하든지 "과거가상시(過去假想時)"라 할 것이라" 하였다 (주시경, 1910 : 101).

여기서 주시경이 {-엇겟다}를 "끗기"로 처리한 것은 "움기"인 {피-}와 "끗기"인 {-다} 사이에 "간때"를 나타내는 형태소 {-엇-}과 "올때"를 나타내는 형태소 {-겟-}이 결합되어 {-엇겟-}으로 된 형태소가 "끗기"인 {-다}와 결합된 꼴 {-엇겟다}를 "끗기로 처리한 것인데, 이는 주시경의 씨가름 의식의 잘못에서 비롯된 것이다(최낙복, 1991 : 235). 김석득은 이 {-엇겟-}을 "간때"에 "올때"가 붙은 복합 시·상에 관계되는 배합형이라 하고, 주시경이 그 당시에 이미 시·상의 개

넘을 가지고 있었다는 것을 거듭 주장하고, 이 {-엇겟-}을 분석하여 <엇겟=엇(간때표)+겟(올때표)>가 되고, 따라서 {-엇겟-}은 "간올때(과거장래)" 혹은 "거짓 맞은때(과거가상시)"라 한 것은 시·상을 밝혀주는 것인데, 이를 풀면 완료된(맞은) 과거(때)를 가상(거짓)하는 것이 된다(1979 : 114)고 하여 주시경의 때매김 의식을 한층 높이 평가하기도 하였다.

그런데 주시경의 이 "간때"와 "올때"의 겹침인 {-엇겟-}은 뒷날 최현배에 이르러 풀이씨의 베풂꼴 바로 때매김법의 "올적마침(미래완료)"에 그대로 계승되었으며(최현배, 1937 : 599~600), 허웅에 이르러서는 이 {-었겠-}을 이미 끝난 것으로 미루어 보는 때매김법으로 이를 복합 때매김법의 "완결추정법"으로 정착시켰다(1982 : 46).

이처럼 주시경에 의하여 의식된 때매김법의 겹침은 현대 말본에서도 그대로 계승되어 발전시켜 나갔다.

지금까지 살핀 내용을 요약하고 표로 보이면 다음과 같다.

본래 때매김은 사물의 동작이나 상태에 관한 것인데, 주시경은 풀이씨의 굴곡현상을 의식하지 못하고 의미소와 말본소를 각각 독립된 씨(품사)로 설정하였기 때문에 때매김이 "움기"나 "엇기"에서 설명되지 않고, 동작이나 상태와는 전혀 상관이 없는 "끗기"나 "잇기"에서 설명하게 되었다.

"끗기의 때"에서는 먼저 단순(기본) 때매김에 해당하는 "이때, 간때, 올때"로 나누어 기술하였다. 이는 영어 말본의 영향이다. 또 복합 때매김에 해당하는 때매김의 겹침은 "간때"와 "간때"의 겹침과 "간때"와 "올때"의 겹침이 나타나 있는데, 이는 각각 "간때"와 "올때"의 항목에서 기술하고 있다.

주시경은 "이때(현재)"를 나타내는 형태소에 무형의 형태소 {-∅-}가 있음을 의식하였고, "간때(과거)"를 나타내는 형태소는 {-엇-}과 {-엇엇-}의 구별이 있음을 의식하였다. 또 "올때(미래)"를 나타내는 형태소는 {-겟-}이 있음을 의식하고, "'간올때"의 겹침을 나타내는 형태소에 {-엇겟-}이 있음을 밝히고 있다. 특히 {-엇-}과 {-엇엇-}의 구별은 때매김 연구사에서 대단한 탁견으로 높이 평가받고 있다. 또 그 당시에 주시경은 이미 우리말의 때매김 뿐만 아니라 상(aspect)의 개념을 의식하고 있었다는 것도 높이 평가되어야 할 것이다.

이러한 주시경의 때매김 의식은 최현배의 『우리말본』에 계승되어 풀이씨 베풂꼴의 바로 때매김에 12때매김 체계로 발전되었다.

이제 "끗기의 때"에서 보인 주시경의 때매김 의식을 표로 보이면 다음과 같다.

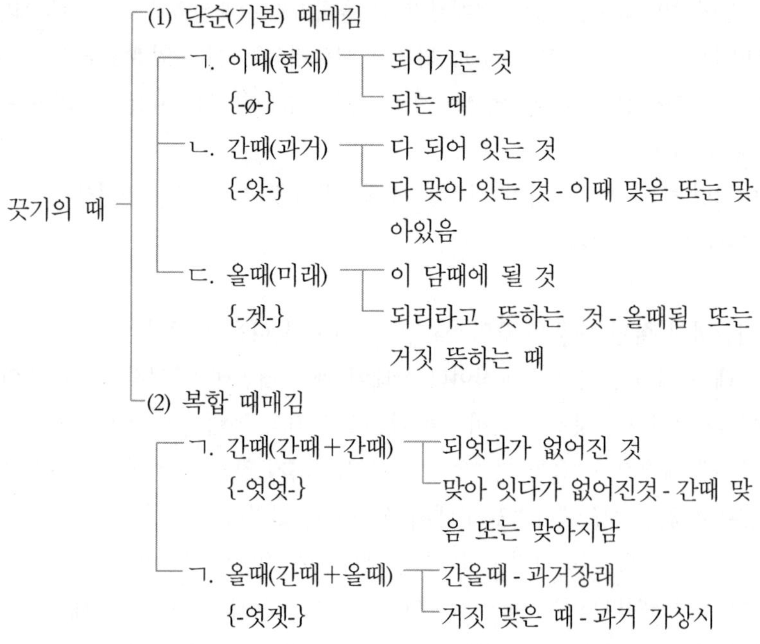

2.2 잇기(이음씨)의 때

주시경은 『국어문법』 "잇기의 때" 단원에서도 "끗기의 때"에서와 같이 우리 말의 때매김을 "이때, 간때, 올때"의 셋으로 나누어 기술하였다. 그러나 그 세 때의 뜻매김은 하지 않고 <보기말>만 보였다.

『국어문법』의 97쪽 "잇기의 때" 단원에서 보인 "잇기의 때" 기술과 99쪽에서 101쪽까지의 "끗기의 때" 기술을 비교해 볼 때 특기할 만한 것은 "잇기의 때” (잡이)에서 지나간 때의 “회상”을 나타내는 형태소 {-더-}에 대한 설명이 나타난다. 이것은 주시경이 단순(기본) 때매김에 “회상 때매김”을 하나 더 의식하게 되었다는 것을 알 수 있다. 그리고 “잇기의 때”에서는 “끗기의 때”와는 달리 단순 때매김에 해당되는 것만 나타날 뿐 복합 때매김에 관계되는 내용은 나타나 있지 않다.

2.2.1 단순(기본) 때매김

『국어문법』 97쪽 “잇기의 때” 단원에서 단순 때매김에 해당하는 것으로는 “이때, 간때, 올때, 회상”의 네 가지가 나타나 있다. 이것을 차례로 살펴보면 다음과 같다.

① 이때(현재)

“잇기의 때” 단원에서는 “이때”의 뜻매김은 하지 않고 <보기말>만 보였다. 이것을 다시 정리해 보이면 다음과 같다(주시경, 1910 : 97).

> (9) 이때 : (본) 가니, 가는데, 먹으니, 먹는데.
>   “-니”와 “-으니”와 “-는데”는 다 “이때”의 잇기라.
>   (잡이) “-니”와 “-으니”와 “-는데” 와 같은 잇기들의 때를 밝게 다
>   시 말하면 이때에 되는 것이요

(9)의 <보기말>에서 {-니}와 {-으니}와 {-는데}는 다 “이때 (현재)”의 “잇기”라 했으니, “이때”를 나타내는 “잇기”에서도 무형의 형태소 {-ϕ-}가 있음을 의식했다는 것을 알 수 있다. 즉, <가니, 가는데, 먹으니, 먹는데>가 “이때” 를 나타내기 위해서 각각 <가+{ϕ}+니, 가+{ϕ}+는데, 먹+{ϕ}+으니, 먹+{ϕ}+는데>의 구조로 되어 있다고 의식하였던 것이다. 그 증거는 다음 장에서 설명할 “간때”나 “올때”를 보면 확실히 알 수 있다. 곧 “간때”와 “올때”는 각각 그것을 나타내 주는 표(형태소)가 있음을 밝히고 있다.

② 간때(과거)

"잇기의 때" 단원에서 "간때"도 뜻매김은 하지 않고 <보기말>만 보였다. 이것을 다시 정리해 보이면 다음과 같다.(주시경, 1910 : 97)

> (10) 간때 : (본) 가앗으니, 가앗는데, 먹엇으니, 먹엇는데, {-앗으니}와 {-앗
> 는데}와 {-엇으니}와 {-엇는데}는 다 "간때"의 잇기니, {-앗
> -}이나 {-엇-}은 다 간때를 보임이라.
> (잡이) {-앗으니}와 {-앗는데}와 {-엇으니}와 {-엇는데}와 같은
> 잇기들은 때를 밝게 다시 말하면 다 되어 잇는 것이요.

(10)에서 "간때"를 나타내는 형태소에는 {-앗-}과 {-엇-}이 있음을 분명히 밝히고 있다. 그리고 그 <보기말>들의 짜임을 보면, <가+{앗}+으니, 가+{앗}+는데, 먹+{엇}+으니, 먹+{엇}+는데>와 같이 짜여 있음을 알 수 있다.

이는 움기인 {가-, 먹-}에 "간때"를 나타내는 형태소 {-앗/엇-}과 "잇기"인 {-으니, -는데}가 결합된 것인데, 주시경은 이 {-앗/엇-}을 "잇기"에 붙는 파생의 앞가지로 의식하여 {-앗으니, -엇는데}를 독립된 씨 "잇기"로 처리한 것이다.

그런데 이 {-앗/엇-}이 "잇기"와 결합하면, "잇기"가 되고, "끗기"와 결합하면, "끗기"가 되는 모순을 안고 있다. 이는 주시경의 씨가름 의식의 잘못에서 비롯된 것이지만 그의 체계 안에서 보면 무리없는 처리로 보아야 할 것이다. 그것은 이미 "끗기의 때"에서 밝힌 바와 같이 "간때"를 나타내는 형태소 {-앗/엇-}을 "움기"에 붙는 파생의 뒷가지로 보고 {가앗-, 먹엇-}을 "움기"로 처리하지 않은 것은 이 {-앗/엇-}이 실질 형태소보다 말본적인 형식 형태소에 가깝다는 것을 의식했기 때문이다. 이러한 문제는 자연히 다음 시대에 가서 다듬어지게 되었다.

그리고 주시경은 "간때"를 나타내는 형태소가 앞 "움기"가 양성음절이냐 음성음절이냐에 따라 각각 {-앗-}과 {-엇-}을 구별하여 결합시킨 것은 이미 변이형태(allomorph) 의식을 가지고 있었다는 것을 알 수 있다. 김민수는 이러한 변이

형태의 발견·기술은 분명히 나이다(E. A. Nida : 1949)에 앞선 것이며, 역사적으로도 평가되어야 한다고 밝힌 바 있다.[7]

그리고 (잡이)에서 말한 "다 되어 잇는 것"이란 움직임이 이제 막 마쳤어 그 결과가 방금 들어나 있음을 보이는 때매김(현재완료)을 의미하는 것으로 보아진다.

③ 올때(미래)

주시경은 "잇기의 때" 단원에서 "올때" 도 뜻매김은 하지 않고 <보기말>만 보였다. 이것을 다시 정리해 보이면 다음과 같다.(주시경, 1910 : 97)

(11) 올때 : (본) 가겟으니, 가겟는데, 먹겟으니, 먹겟는데, {-겟으니}와 {-겟
는데}가 다 "올때"의 "잇기"니 {-겟-}은 "올때"를 보임이라.
(잡이) {-겟으니-}와 {-겟는데}와 같은 "잇기"들은 때를 밝게 말
하면 이 담때에 될 것이니, 곳 되리라고 거짓 뜻하는 것
이요.

(11)의 <보기말>에서 보인 말들의 짜임을 보면, "움기"인 {가, 먹-}에 "올때"를 나타내는 표 {-겟-}과 "잇기"인 {-으니, -는데}가 결합되어 각각 <가+{겟}+으니, 가+{겟}+는데, 먹+{겟}+으니, 먹+{겟}+는데>로 짜여져 있다. 이것은 <{-겟}+잇기=올때의 잇기>이다.

그러므로 "올때"를 표시하는 형태소 {-겟-}도 "움기"와 "잇기" 사이에 끼어드는 형태소인데, 주시경은 이것을 "잇기"의 파생의 앞가지로 의식하여 {-겟으니, -겟는데}를 "올때의 잇기"로 처리한 것이다. 이것도 비록 주시경의 씨가름 의식의 잘못에서 비롯된 것이지만 풀이씨의 굴곡현상을 의식하지 못하고 "끗기"나 "잇기"를 각각 독립된 씨로 처리한 그의 씨가름 체계에서는 당연한 처리법이다. 그러나 이러한 것은 뒷날 풀이씨의 굴곡현상의 발견으로 인하여 자연히 수정되게 되었다.

---

7) 김민수(1977), 『주시경 연구』, 탑출판사, 134쪽 참조.

그리고 "끗기의 때"에서도 이미 밝힌 바와 같이 (잡이)에서 "이 담때에 될 것"은 『장래』(미래)를 의미하는 것이고, "되리라고 거짓 뜻하는 것"은 『장래 가상시』를 의미하는 것이므로 여기서도 때매김과 상 의식이 나타나 있음을 알 수 있다.

④ 회상 때매김

주시경은 "잇기의 때" 단원(잡이)에서 회상 때매김을 나타내는 형태소에 {-더-}가 있음을 의식하고 다음과 같이 기술하고 있다.(주시경, 1910 : 97)

(12) (잡이) "가더니"의 {-더-}는 지난 때에 맞지
     안이한 것이니, 지난때에 되어가는 것이라.

(12)에서 보인 <가더니>의 짜임을 보면 "움기"인 {가-}에 회상을 나타내는 형태소인 {-더-}와 "잇기"인 {-니}가 결합되어 <가+{더}+니>로 짜여진 것인데, 이 {-더니}를 "잇기"로 처리한 것이다.

이 {-더-}는 지난때에 겪은(있던) 일을 회상하면서 서술하는 때매김을 나타내는 표지인데, 지난때에 끝나버린 것이 아니라 그때에 되어가고 있는 일을 말하는 것이란 뜻으로 쓰인 것인데, 이것은 탁견이라 할 만하다. 그런데 "잇기의 때"에서는 {-더-}에 대한 설명이 나타나는데, "끗기"에서는 이에 대한 설명이 보이지 않는다. 즉, <가더라, 갔더라, 가겟더라> 따위의 어형에 대한 설명은 되어 있지 않다고 하였다(허웅, 1971 : 41). 또 김석득은 주시경이 설명한 {-더-}를 지난때에 되어가는 것(지속)으로 보았다고 전제하고, 이 {-더-}는 "간때"를 나타내고, "되어가는 것"은 『과거지속』을 나타내는 것으로 보았다(1979 : 114~115).

그렇다면 회상을 나타내는 형태소 {-더-}는 단순 때매김만을 나타내는 형태소가 아니고, 이미 상(aspect)의 개념도 나타내는 형태소라는 것을 주시경은 의식하고 있었다는 해석이 가능하다.

개화기 말본의 하나인 김규식(1908 ?)에서는 이 {-더-}를 "단순시"가 아닌 "복합시"로 처리하고, 현재와 결합된 <자더라>와 같은 것은 과거시에 어떤 행

동의 계속됨을 표시하는 "계속과거"라 하였다.[8] 이것도 단순한 때매김이 아닌 상의 개념을 가진 풀이이다.

그 후 이 {-더-}는 최현배에 이르러 지난적에 일어난 일을 도로 생각할 적에 나타내는 도로 생각 때도움줄기로 계승되어 발전하게 되었는데, 이 도로 생각 때매김도 12가지로 구분하여 체계를 세웠다(최현배, 1937 : 606~608).

2.2.2 복합 때매김

주시경의 "잇기의 때" 단원에서는 복합 때매김에 대한 설명은 없다. 그러나 단순 때매김 중에서 회상 때매김을 나타내는 형태소 {-더-}와는 서로 어울려 복합 때매김을 나타낼 수 있는 경우가 여러 가지가 있을 수 있다. 이것을 주시경은 언급하지 않았으나 최현배에 이르러서는 {-았더/었더-}, {-겠더-}, {-았었더/었었더-}, {-았겠더/었겠더-}의 경우가 있음을 밝혀 체계를 세워 회상 때매김의 일람표를 만들어 보였다(최현배, 1937 : 616).

이러한 복합 때매김이 "잇기의 때"에서 조금도 언급되지 않은 것은 대단한 아쉬움으로 남는다.

지금까지 살핀 주시경의 『국어문법』 "잇기의 때" 단원에 나타난 우리말 때매김법을 정리하면 다음과 같다.

주시경은 우리말에서 때를 나타내는 씨는 "끗기" 외에 "잇기"가 있다는 것을 의식하고, "끗기"와 "잇기"가 똑같이 담당하고 있는 것으로 의식하였다.

그는 "잇기의 때"에서 "끗기의 때"에서와 마찬가지로 우리말의 때를, 현재를 뜻하는 "이때", 과거를 뜻하는 "간때", 미래를 뜻하는 "올때"로 구분하였는데, "끗기의 때"에서 처럼 각각 뜻매김하지 않고 <보기말>만 보였다. 이는 아마 "끗기의 때"와의 중복을 피하기 위함이었을 것이다. 그리고 단순 때매김에 해당하는 "이때, 간때, 올때"와 지난때에 마치지 아니한 때를 나타내는 회상 때매김에 대하여 (잡이)에서 설명하고 있는데, 이는 탁견으로 평가받고 있다. 그러나 "잇기의 때"에서는 복합 때매김에 대한 설명이 전혀 없다는 것은 아쉬움으로

---

8) 김규식(1908 ?), 유인 『대한문법』, 60-2쪽, (역대 한국문법 대계 제I부 5책, 1977, 탑출판사)

남는다.

그는 또 때를 나타내는 표(형태소)도 "끗기의 때"에서와 같이 "이때"를 나타
내는 형태소에 무형의 형태소 {-∅-}가 있음을 의식하였고, "간때"를 나타내는
형태소에는 {-앗-}과 {-엇-}의 변이형태가 있음을 의식하였으며, "올때"를 나타
내는 형태소는 {-겟-}이 있고, 회상 때매김을 나타내는 형태소에는 {-더-}가 있
음을 밝혔다.

이제 "잇기의 때"를 표로 나타내 보이면 다음과 같다.

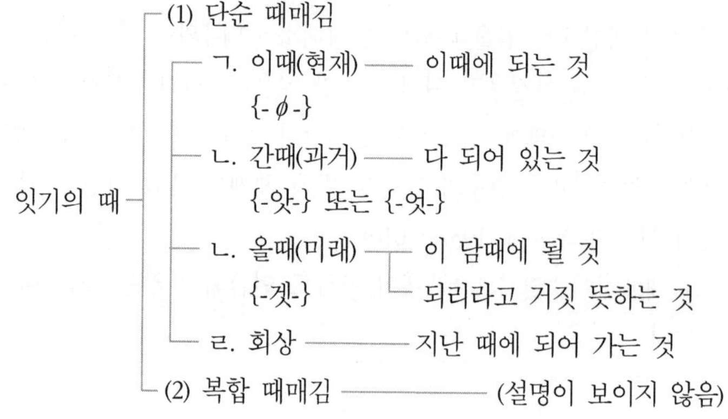

3. 마무리

지금까지 살핀 내용을 요약하면 다음과 같다.

1) 주시경은 『국어문법』에서 우리말의 때매김은 "끗기"와 "잇기"의 두 기(>
씨)가 맡고 있는 것으로 의식하였다.

본래 때매김은 사물의 동작이나 상태에 관한 것인데, 주시경은 풀이씨의 굴
곡현상을 의식하지 못하고, 뿌리와 가지를 각각 독립된 씨로 설정하였기 때문에

"움기"와 "엇기"에서는 때매김이 설명되지 못하고, 동작이나 상태와는 전혀 상관이 없는 "끗기"나 "잇기"에서 다루어지게 되었다.

2) 『국어문법』에서 우리말의 때매김에 대한 기술은 "잇기"에서보다는 "끗기"에서 더 상세하게 다루고 있다. 그리고 "끗기"나 "잇기"에서 우리말의 때를 각각 "이때(현재), 간때(과거), 올때(미래)"의 셋으로 나누었는데, 이는 영어 말본의 영향인 것 같다.

3) 『국어문법』에는 우리말의 때를 나타나는 형태소 의식이 나타나 있는데, "이때"를 보이는 표에는 {-∅-}이 있고, "간때"를 보이는 표에는 {-앗-}, {-엇-}, {-엇엇-}이 있고, "올때"를 보이는 표에는 {-겟-}, {-앗겟-}이 있고, 회상을 나타내는 표에는 {-더-}가 있음을 의식하였다.

특히 "끗기의 간때"에서 {-엇-}과 {-엇엇-}의 구별과 "잇기의 간때"에서 {-앗-}과 {-엇-}의 변이형태를 의식한 것과 "이때"를 나타내는 무형의 형태소 {-∅-}를 의식한 것은 대단한 탁견으로 국어학 연구사에서 높이 평가되어야 하겠다. 그러나 "끗기의 때"에서는 {-엇엇-}, {-앗겟-}과 같은 복합 때매김 의식이 나타나 있으나, "잇기의 때"에서 회상 때매김과 함께 복합 때매김을 이룰 수 있는 {-앗더/엇더-}, {-겟더-}, {-앗엇더/엇엇더-}, {-앗겟더/엇겟더-} 등을 의식하지 못한 것은 아쉬움으로 남는다.

4) 때를 나타내는 형태소 {-앗/엇-}, {-엇엇-}, {-겟-}, {-앗겟-}, {-더-}를 각각 "끗기"나 "잇기"에 넣어서 처리한 것은 이들이 모두 "움기"(또는 엇기)와 "끗기" 또는 "움기"(또는 엇기)와 "잇기" 사이에 끼어드는 형태소로 이들이 모두 실질적인 뜻을 나타내는 실질 형태소보다 말본적인 관계를 나타내는 형식 형태소에 가깝기 때문에 "움기"나 "엇기"에 넣지 않고, "끗기"나 "잇기"의 앞가지에 넣어서 처리한 것으로 그의 씨가름 체계에서는 당연한 처리이다.

5) 주시경이 "끗기"나 "잇기"의 때에서 기술한 때매김은 단순하게 때매김만 의식한 것이 아니라, 완료나 지속과 같은 상(aspect)의 개념을 동시에 의식하여 때매김한 것으로 이는 그 당시에 이미 이러한 의식을 했다는 것은 그의 탁견으로 국어학 연구사에서 높이 평가되어야 하겠다.

6) 주시경의 『국어문법』에 나타난 때매김 의식을 표로 보이면 다음과 같다.

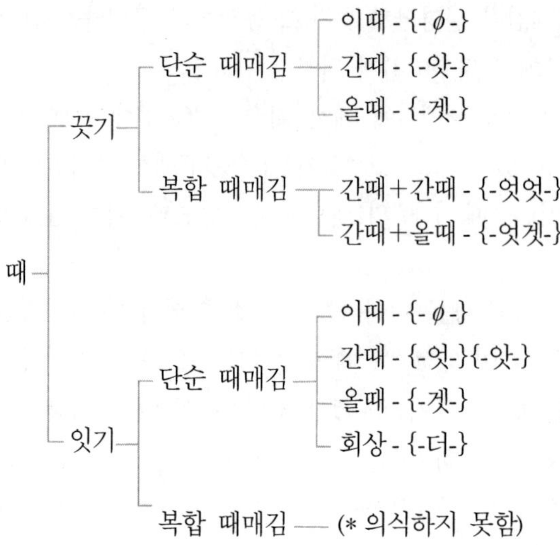

참고문헌

권재일(1992), 『한국어 통사론』, 민음사
김규식(1908?), 『유인 대한문법』, (역대 한국 문법 대계 I-5, 탑출판사, 1977)
김민수(1977), 『주시경 연구』, 탑출판사
김석득(1979), 『주시경 문법론』, 형설출판사
남기심(1972), 「현대 국어 시제에 관한 문제」, 국어국문학 55~57, 국어국문학회
남기심(1978), 『국어 문법의 시제 문제에 관한 연구』, 탑출판사
박지홍(1986), 『우리 현대말본』, 과학사
주시경(1910), 『국어문법』, 박문서관
최낙복(1984), 「주시경 문법의 씨 "잇기" 설정과 그 계승」, 두메 박지홍 교수 회갑 기념
           논문집, 문성출판사
최낙복(1985), 「주시경 문법의 씨 "끗기" 설정과 그 계승」, 부산한글 4, 한글학회 부산지회
최낙복(1991), 『주시경 문법의 연구』, 문성출판사
최현배(1937), 『우리말본』, 연희전문학교 출판부
허 웅(1971), 「주시경 선생의 학문」, 동방학지 12, 연세대학교 동방학 연구소
허 웅(1982), 「한국말 때매김법의 걸어온 발자취」, 한글 178, 한글학회
윤치호(1911), 『영어문법첩경』, 동양서원 (역대 II-29, 1983, 탑출판사)
이환묵・이석무(역)(1987), 『문법철학』, 한신문화사

(발표 : 『한글』 225호, 한글학회, 1994)

4장 | 주시경 말본의 높임법

- 그 설정과 계승을 중심으로 -

1. 머리말

2. 높임법 설정

    2.1 임기(이름씨)의 높임

    2.2 억기(어찌씨)의 높임

    2.3 잇기(이음씨)의 높임

    2.4 끗기(맺음씨)의 높임

    2.5 높임의 등분

3. 높임법의 계승과 확립

    3.1 김두봉 말본의 높임법 계승

    3.2 최현배 말본의 높임법 확립

4. 마무리

　　우리의 현대 국어학에 관한 연구를 역사적으로 살펴보면, 갑오경장(1984)을 계기로 개화사상이 싹트면서 우리의 문자 체계를 정리하고, 맞춤법 체계를 세우기 위하여 노력을 하는 동시에 우리 말본에 관한 연구도 활발하게 이루어지기 시작한다(최낙복, 1986 : 611).

　　이 시기의 국어학 연구는 이봉운의 『국문정리』(1897)에서 그 출발을 보게 되어 유길준의 필사『조선문전』(1904?)[1] 및 『대한문전』(1909), 최광옥의 『대한문전』(1908)[2], 김규식의 유인 『대한문전』(1908?) 김희상의 『조선어전』(1911) 등이 있기는 하지만 이들은 거의 다른 나라의 말본을 우리 국어에 적용하는 데 그쳤다고 볼 수 있다.

　　그러나 주시경은 앞의 사람들에 비해 우리말을 자세히 관찰하고 분석하여 우리말의 특징을 잘 살펴서 우리 말본의 체계를 세우려고 노력하였다. 그러므로 국어에 관한 과학적인 연구의 기틀을 마련한 이는 바로 주시경(1894~1914)이라 할 수 있다(최낙복, 1987 : 162).

　　그의 학문적인 업적은 『국문문법』(1905?),[3] 『말』(1908?), 『국어문전음학』(1908), 필사 원고본 『국어문법』(1909),[4] 『국어문법』(1910), 『조선어문법』(1911, 1913), 『말

---

1) 유길준의 말본은 필사 『조선문전』(1904?), 필사 『조선문전』(1905?), 유인 『조선문전』(1906), 유인 『대한문전』(1907?) 등이 있는데 몇 자의 표기의 차이는 있으나 내용은 거의 같다. 이 글에서는 개고본인 『대한문전』(1909)을 주로 인용한다.

2) 이 책은 앞의 유길준의 4저서와 별 차이가 없다. 김민수(1957)에 의하여 유길준(1909 : 1)이 융희 2년 한 해에 재판까지 이른 『대한문전』은 자기의 원고가 세간에 오락(誤落)되어 인포(印佈)되었다고 주장한 책은 최광옥의 『대한문전』(1908)임이 증명되었다.

3) 이 책은 주시경이 서울 상동 청년학원 강사시절(1905~1907)에 강의한 것을 수강생 유만겸이 기록한 필기장으로 김민수, 『주시경 연구』(1977)(탑출판사)와 탑출판사에서 낸 영인본 『역대 한국 문법 대계』(1986)의 제1부 제39책에 영인되어 전하고 있다.

4) 이것은 주시경의 『국어문법』(1910)(박문서관)의 원고본으로 한글학회에서 낸 『한힌샘 연구』(1990) 제3집에서 영인되어 전하고 있다.

의소리』(1914) 등에 잘 나타나 있다. 특히 『국어문법』(1910)은 우리 국어학 연구사에서 높이 평가받고 있는 훌륭한 저서이다. 이 글은 주시경의 학문 세계를 분석하여 체계화하는 과정의 하나로 쓰는 것인데, 주시경 말본에 나타나는 '높임법'에 대하여 살피고, 이어서 그 높임법이 휴계자들에 의하여 어떻게 계승·발전되어 갔는가를 밝혀 주시경 말본을 체계화하는 데 도움을 주고, 나아가 그 어학사적인 위치를 밝히는 데 그 목적이 있다. 그러므로 이 글은 국어학 연구사적인 글이다.

이 글에 이용된 주된 자료는 아세아 문화사에서 낸 영인본 『주시경 전집.下』(1976)과 탑출판사에서 낸 영인본 『역대 한국 문법 대계』(1977~1986) 중 1910년대까지의 말본책과 최현배의 『우리말본』(1937) 등이다. 이 밖에도 허웅·박지홍 엮음 『주시경 선생의 생애와 학문』(1980)도 참고하였음을 밝혀 둔다.

2. 높임법 설정

주시경의 말본 저서 중에서 높임법5)이 설정되어 있는 책은 원고본 『국어문법』(1909), 『국어문법』(1910), 『조선어문법』(1911, 1913)이다. 그러나 이 세 종류의 책은 내용이 거의 같은 것으로 원고본 『국어문법』은 필사본으로 『국어문법』 간행을 위한 원고에 지나지 않는 책이고, 『조선어문법』은 몇몇 용어를 제외하고는 『국어문법』의 내용과 거의 같기 때문에 여기서는 1910년에 발행한 『국어문법』을 주된 자료로 활용한다.

그런데 지금까지 주시경 말본에서 높임법에 관한 것을 연구한 사람들은 대개 주시경이 높임법을 "잇기"와 "끗기"에서만 기술한 것으로 설명하고 있다(김석득, 1979 : 115, 1192 : 118), (강기진, 1990 : 642~648). 그러나 『국어문법』에서 높임에 관한 내용을 기술한 기(>씨)는 "임기, 억기, 잇기, 끗기"의 4기에 나타난

---

5) 높임법이란 용어는 학자에 따라 공대법, 존대법, 경어법, 대우법 등의 여러 가지 용어로 일 컫고 있으나 이것은 모두 누구가 누군가를 높이고 있기 때문에 '높임법'이란 용어를 취한다.

다. 이것을 차례로 고찰해 보기로 한다.

2.1 임기(이름씨)의 높임

"임기"(>임씨, 임자씨)의 높임에 관한 설명은 『국어문법』[6]의 "임기의 성류 (性類)" 단원에 나타난다. 이것을 보이면 다음과 같다.

> (1) (잡이)[7] <가심>은 임기니 {시}는 높임으로 더함이라.
>   이러함으로 높임의 뜻이 잇는 임기니라.

(『국어문법』 : 95)

(1)에서와 같이 주시경이 "임기"에 높임을 나타내는 형태소 {-시-}가 들어가서 '높임의 뜻이 있는 임기'라고 의식하게 된 것은 그의 씨가름 의식의 잘못에서 비롯된 것이다. 그가 『국어문법』에 설정한 임기의 영역을 요약하여 보면 다음과 같은 7가지의 경우를 모두 임기로 처리하였다(최낙복, 1989 : 125~126).

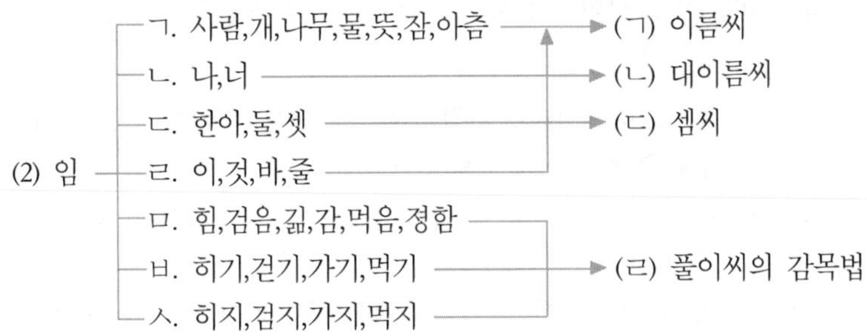

(2)에 의하면 주시경이 『국어문법』의 "기날갈"(>씨난갈, 품사 분류론)에서 설정한 임기(2)ㄱ, ㄴ, ㄷ, ㄹ 외에 "기몸박굼"에서는 임기를 풀이씨의 뿌리에 파생의 가지가 결합되어서 된 것은 물론이요, 풀이씨의 뿌리에 굴곡의 가지가 붙

---

6) 주시경의 1910년에 박문서관에서 발행한 말본책을 말하는 것으로 앞으로도 같은 뜻으로 사용한다.
7) "잡이"는 주의(注意)와 같은 뜻이다.

어서 된 이름꼴까지 임기로 처리하고, 지움도움 풀이씨에 앞서는 풀이씨의 {-지}꼴까지 모두 임기로 처리하였음을 알 수 있다.

여기서 주시경의 "기몸박굼"은 뿌리의 자격변동법을 가리키는 것으로 기(>씨) 전성과 임시적 기능변화인 자격변동법을 포괄하는 개념이다(하치근, 1989 : 14).

(2)에서 {-시-}를 더하여 높임의 뜻을 나타낼 수 있는 임기는 (2)ㅁ, (2)ㅂ, (2)ㅅ인데 이는 바로 임시적 기능변화인 자격변동법에 의하여 파생된 것이다. 이들을 분석해 보면 두 개의 형태소로 분석된다. 이것을 분석해 표로 보이면 다음과 같다.

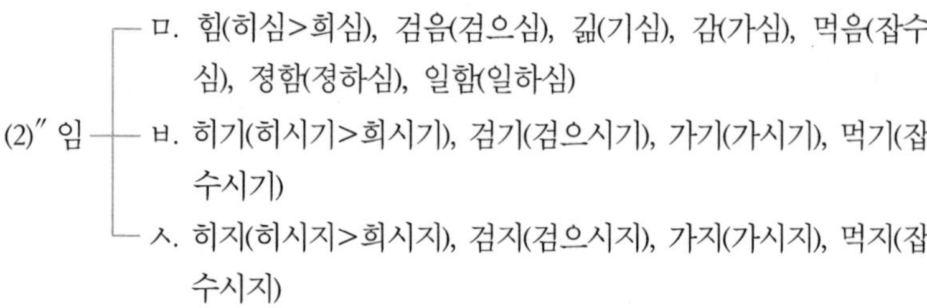

(2)′ 임
- ㅁ. 힘(히+ㅁ), 검음(검+음), 깊(길+ㅁ), 감(가+ㅁ), 먹음(먹+음), 정함(정하+ㅁ), 일함(일하+ㅁ)[8]
- ㅂ. 히기(히+기), 검기(검+기), 가기(가+기), 먹기(먹+기)
- ㅅ. 히지(히+지), 검지(검+지), 가지(가+지), 먹지(먹+지)

(2)′의 대부분은 두 형태소 사이에 높임을 나타내는 형태소 {-시-}가 들어갈 수 있는 것들이다. 이들 사이에 {-시-}를 넣어보면 다음 (2)″와 같이 된다.

(2)″ 임
- ㅁ. 힘(히심>희심), 검음(검으심), 깊(기심), 감(가심), 먹음(잡수심), 정함(정하심), 일함(일하심)
- ㅂ. 히기(히시기>희시기), 검기(검으시기), 가기(가시기), 먹기(잡수시기)
- ㅅ. 히지(히시지>희시지), 검지(검으시지), 가지(가시지), 먹지(잡수시지)

(2)″들은 모두 월에서 임자말이 될 수 있는 것으로 <먹음, 먹기, 먹지>를 제외하고는 "움본임"이나 "엇본임"으로 파생된 것 중에서 움·엇+{-음, -기, -지}가 결합되어 파생된 임기에 높임을 나타내는 형태소 {-시-}가 끼어든 형태도 임

---

8) <정함, 일함>은 주시경의 조어법 이론으로 분석하면 {정+하+ㅁ}과 {일+하+ㅁ}으로 각각 분석된다.

기로 처리하였기 때문에 높임의 뜻이 있는 임기가 있음을 의식하게 된 것은 당연한 결과라 하겠다.

이제 (1)의 (잡이)에서 높임의 뜻이 있는 임기로 처리한 <가심>을 분석해 보면 이는 {가+시+ㅁ}으로 분석된다. 이것은 움기(>움직씨 줄기) {가-}에 높임을 나타내는 형태소 {-시-}를 결합한 후 이름꼴 씨끝 {-ㅁ}이 결합된 것으로 이는 주시경 말본의 조어법 체계에서 볼 때, 움직씨에서 임자씨를 파생하는 방법을 설명한 것으로 "움본임"에 해당한다. 즉 <가(움)→감(임), 먹(움)→먹음(임)>과 같이 본대 움직씨던 것이 임자씨로 파생된 것이므로 그의 말본체계 안에서는 조리정연한 체계라 할 수 있다.

그러나 주시경은 이 {-시-}가 높임을 나타내는 형태소임을 의식은 하였으나 구체적으로 누구가 누구를 높이는 것이며, 어떤 씨의 어떤 위치에 결합되는 것인가에 대한 구체적인 설명이 없고, 막연히 움직임이나 상태를 나타내는 낱말의 뿌리에{-시-}가 결합하면 높임을 나타내는 낱말이 된다는 것만 의식한 것 같다. 그로 인하여 다음 시대에 이르면 높임을 나타내는 "임기"로 파생된 것은 높임을 나타내는 씨에서 빠지게 된다.

2.2 억기(어찌씨)의 높임

주시경은 "임기"뿐만 아니라 "억기"(>억씨)에도 높임이 있는 것으로 설명하고 있다. 『국어문법』에 나타난 억기의 높임에 대한 설명을 보이면 다음과 같다.

> (3) (잡이) 억기에 *序分表*가 잇으니, <보시게 들어라> 하는 말에 <보시게>
>   가 억기요, 그 '시'는 높이는 *表*로 둠이니 이 {시}와 같은 것들이라.
>
> (『국어문법』: 92)

(3)에서 "서분(*序分*)"은 높임의 뜻이고, "표(*表*)"는 형태의 뜻이므로 "서분표(*序分表*)"는 <높임의 뜻을 나타내는 형태소>를 이르는 것인데, 여기서는 주체 높임을 나타내는 형태소 {-시-}를 "높이는 표"라 하였다. 여기서도 임시 자격변동법에 의하여 파생된 풀이씨의 어찌꼴을 억기로 처리하였기 때문에 <보시게>

와 같은 말도 억기가 된다. 그러므로 억기에도 높임의 뜻을 나타내는 서분이 있다고 설명하게 된 것이다.

이제『국어문법』에 설정된 억기의 영역을 간추려 표로 보이면 다음과 같다.

(4) 억
- ㄱ. 잘, 이리, 저리, 그리, 곳, 잇다금, 벌서, 오래, 이제, 악가, 이내, 다, 거진, 겨우, 좀, 안이, 못, 다만, 참, 글세, 과연, 아마, 가령, 왜
- ㄴ. 천천이, 혼이, 가만이, 일찍이, 넉넉이, 가득이, 많이, 온젼이, 길이, 특별이, 너무, 곳곳이, 때때로, 날날이, 달달이, 그러하나
- ㄷ. 이같이, 이처럼
- ㄹ. 뛰어, 씹어, 날아, 돌아
- ㅁ. 옳게, 길게, 크게, 적게, 굵게, 빠르게, 모질게, 착하게, 순하게, 엇더하게, 이러하게, 저러하게, 그러하게
- ㅂ. 길로, 들로, 들에, 들에는, 들에도, 들에야, 들에만, 들에든지, 들엔들, 들에라도, 들이라도, 들에나, 아츰에, 밤에, 둘에, 둘에서, 둘에야, 둘에도, 둘엔들, 둘에나, 둘에만, 나무에 돌에, 소에, 소에게, 붓에게, 붓에는, 붓에야, 붓에만, 붓에든지, 붓엔들, 붓으로, 붓마다, 나와, 뜻에, 일에, 말에, 일에서, 일에는, 일에야, 일에만, 일에든지, 일엔든, 일로, 일마다, 일과
- ㅅ. 큼에, 적음에, 엇더함에

(『국어문법』: 89~92)

(4)에서 형태소 {-시-}가 결합되어 높임을 나타내는 억기가 될 수 있는 유형은 역시 임시적 기능변화인 자격 변동법에 의하여 억기로 파생된 (4)ㄹ, (4)ㅁ과 임기로 의식한 엇기에 겻기인 {-에}가 결합되어 억기로 처리된 (4)ㅅ이 해당된다.

이들을 분석하면 모두 둘 또는 세 개의 형태소로 분석될 수 있는 것들이다. 이들을 분석해 표로 보이면 다음과 같다.

          ┌─ ㄹ. 뛰어(뛰+어), 씹어(씹+어), 날아(날+아), 돌아(돌+아) ……
          │
          ├─ ㅁ. 옳게(옳+게), 길게(길+게), 크게(크+게), 적게(적+게), 굵게
(4)′ 억 ─┤   (굵+게) ……
          │
          └─ ㅅ. 큼에(크+ㅁ+에), 적음에(적+음+에), 엇더함에(엇더하+ㅁ+
                 에)

(4)′의 대부분은 분석된 형태소 사이에 높임을 나타내는 형태소 {-시-}가 들
어갈 수 있는 것들이다. 여기에 형태소 {-시-}를 넣어 보면 다음과 같다.

          ┌─ ㄹ. 뛰어(뛰시어), 씹어(씹으시어), 날아(날으시어→나시어), 돌아
          │   (돌으시어→도시어) ……
          │
(4)″ 억 ─┤─ ㅁ. 옳게(옳으시게), 길게(길으시게), 크게(크시게), 적게(적으시
          │   게) ……
          │
          └─ ㅅ. 큼에(크심에), 적음에(적으심에), 엇더함에(엇더하심에) ……

주시경이 (4)″에서와 같이 둘 또는 세 형태소 사이에 {-시-}가 끼어든 형태
를 모두 억기로 의식하게 된 것은, 월에서 어찌말로 쓰일 수 있는 것은 모두 억
기로 처리하였기 때문이며, 그로 인하여 높임의 뜻이 있는 억기가 있음을 의식
하게 되었다. 이렇게 되면 기몸박굼에 해당하는 "움본억"이나, "엇본억"은 모두
높임을 나타내는 형태소 {-시-}와 결합될 수 있기 때문에 이들의 억기에 서분표
가 있는 것으로 설명된다. 이것도 역시 씨가름의 잘못에서 온 것이므로 다음날
다시 다듬어져야 하게 되었다.

그런데 씨가름에서 억기와 언기(>언씨, 매김씨)는 다 같이 의미소와 말본소
로 짜여진 것인데, 억기에는 높임의 서분표가 있다고 설명하고, 언기에는 높임
의 서분표가 있다는 설명이 없는 것은 논리에 맞지 않는 것이다.

그러면 『국어문법』에 설정된 언기의 영역을 간추려 보이면 다음과 같다.

ㄱ. 이, 저, 그, 한, 두, 세, 네, 일곱

ㄴ. 좋은, 귀한, 무른, 무겁은,, 부드럽은, 연하나, 질겁은, 큰, 흰, 적은, 정한, 착한, 정한, 강한, 좋은, 잰, 게른, 깃븐, 굼굼한, 반갑은, 답답한, 섭섭한, 분한, 급한, 이른, 늦은, 오란, 많은, 흔한, 이러한, 저러한, 그러한, 엇더한

(5) 언

ㄷ. 간, 먹은, 가는, 먹는, 갈, 먹을, 가던, 먹던, 씰엇던, 가앗던

ㄹ. 돌집

ㅁ. 나의(칼)

(『국어문법』: 87~88)

(5)ㄴ은 엇기에 파생의 가지로 의식한 토 {-는/-은}이 붙어서 된 것이고, (5)ㄷ은 움기에 파생의 가지로 의식한 토 {-는/-은, -를/-을}이 붙어서 된 것인데 이들도 모두 임시적 기능변화인 자격 변동법에 의하여 언기로 파생된 것이다. 이들을 분석하면 둘 또는 셋 이상의 형태소로 분석될 수 있는 것이다. 이것을 분석해 보면 다음과 같다.

ㄴ. 좋은(좋+은), 귀한(귀하+ㄴ), 무른(무르+ㄴ), 큰(크+ㄴ), 적은(적+은), 착한(착하+ㄴ), 강한(강하+ㄴ), 답답한(답답하+ㄴ) ……

(5)′ 언

ㄷ. 간(가+ㄴ), 가는(가+는), 갈(가+ㄹ), 먹은(먹+은), 먹는(먹+는), 먹을(먹+을), 가던(가+더+ㄴ), 먹던(먹+더+ㄴ), 씰엇던(씰+엇+더+ㄴ), 가앗던(가+앗+더+ㄴ) ……

(5)′의 대부분도 엇기와 토, 움기와 토 사이에 높임을 나타내는 형태소 {-시-}가 들어갈 수 있다. 여기에 {-시-}를 넣어 보면 다음과 같다.

ㄴ. 좋은(좋으신), 귀한(귀하신), 무른(무르신), 큰(크신), 적은(적으신), 착한(착하신), 강한(강하신), 답답한(답답하신) ……

(5)″언

ㄷ. 간(가신), 가는(가시는), 갈(가실), 먹으신(잡수신), 먹는(잡수시는), 먹을(잡수실), 가던(가시던), 먹던(잡수시던), 씰엇던(씰으시엇던), 가앗던(가시엇던) ……

(5) ″도 월에서 매김말 노릇을 하는 말이다. 이와 같은 꼴을 언기로 처리하였으므로 언기에도 높임을 나타내는 서분표가 있다고 설명하는 것은 당연하다. 그러나 다 같이 임시적 기능변화인 자격 변동법에 의하여 파생된 억기는 서분표가 있다고 설명하고, 언기는 아무런 설명이 없다. 이는 주시경이 미처 의식하지 못한 것인지 아니면 설명이 빠진 것인지 알 수는 없지만 일관성 있는 처리를 위해서는 언기에도 서분표가 있음을 보여야 옳았을 것이다.

2.3 잇기(이음씨)의 높임

주시경의 『국어문법』에서 높임법에 해당하는 항목을 마련하고 높임에 대하여 체계적으로 설명한 곳은 "잇기"(>이음씨끝)와 "끗기"(>마침씨끝)에서이다. 잇기와 끗기에서는 높임과 높임의 등분을 나타내는 용어로 "서분(序分)"을 사용하고 이 높임을 잇기와 끗기가 똑 같이 맡고 있는 것으로 의식하였다. 김석득(1992 : 118)에서는 이 서분의 분포가 잇기와 끗기에 걸쳐 있다고 본 것은 정확하다는 평가를 하기도 하였다.

그러면 『국어문법』에 나타난 "잇기의 서분"을 보이면 다음과 같다.

(6) 잇기의 **序分**
   ㄱ. 높음 : **尊稱**하는 것
     (본)9) 가시니('시니'가 높이는 잇기니 '시'는 높임이라)
   ㄴ. 같음 : **平稱**하는 것이니, **序分**을 이름이 없는 것.
     (본) 가니.
     (잡이) 높이어 말함으로 '가옵시니' 할 때도 잇으니
        '옵시'가 높임이요, '가시오니' 할 때도 잇으니
        '오'가 높임이라.
        그러하나 '시'만 두어 높임을 삼음이 떳떳함이라.
                    (『국어문법』 : 98)

---

9) "본"은 보기, 본보기, 예(例)의 뜻.

(6)에서 설명한 잇기의 서분은 주체높임에 해당하는 것인데, 특히 주체높임의 등분에 대하여 설명한 것이다. "높임"을 나타내는 <보기말>에서 <가시니>라고 한 것은 가는 주체가 나타나 있지는 않지만 그 주체는 사람 또는 신(God)이고, 말할이보다 사회적인 지위가 높거나 나이가 많은 사람임을 짐작할 수 있다. 그 주체를 높이기 위하여 풀이말에 주체높임을 나타내는 형태소 {-시-}가 들어간 것이므로 이 "잇기의 서분"은 주체높임에 해당하는 것이다.

그런데 현대 국어의 주체높임 등분에는 높임과 안높임의 두 계층이 있다. 높임은 월의 주체를 높이기 위하여 주체높임을 나타내는 형태소 {-시-}가 풀이말에 들어가는 것이고, 안높임은 주체를 높일 필요가 없을 때 주체높임을 나타내는 형태소 {-시-}가 들어가지 않는 것이다.

이러한 사실을 주시경은 이미 의식하고 있었기 때문에 잇기의 서분을 "높음"과 "같음"로 나누고, 주체의 높임을 나타낼 때에는 "높음"이라 하고 주체높임 형태소 {-시-}를 넣어 <가시니>로 표시하였고, 안높임을 나타낼 때는 "같음"이라 하고 {-시-}를 넣지 않고 <가니>로 나타내었다. 이것을 표로 만들어 보이면 다음과 같이 나타낼 수 있다.


```
                  ┌─ 높음 → 높임 : 풀이씨 줄기+{시}+씨끝
     잇기의 서분 ─┤
         ↓        └─ 같음 → 안높임 : 풀이씨 줄기+{ φ }+씨끝
     주체 높임
```


위의 표에서 보인 바와 같이 우리말 주체높임에서 높임은 {-시-}로, 안높임은 {-φ-}로 이루어져 있음을 밝혔다는 것은 주시경의 큰 공적이라 하겠다.

또 (잡이)에서 상대방을 높이고 자기 자신을 낮추는 높임법, 이른바 겸양법(겸손법)에 대해서 기술하고 있으나 구체적으로 밝히지는 않았다. 다만 <가오니, 가시오니, 가옵시니>의 3으로 나누고는 우리말에서 자기 자신을 낮추는 {-오-}와 {-옵-}의 다른 두 형태소가 있음을 암시한 것은 비록 한갓 의식에 그치기는 했으나 대단한 탁견이라 하겠다.

그리고 주시경은 자기 자신을 낮추거나 상대방을 높이는 것을 하나의 용어

로 "높음"이란 용어만 쓰고 있다. 자기 자신을 낮추는 겸손도 바로 상대방을 높이는 것이라고 의식하고 높임의 범주 속에 넣은 것인데, "높음"이란 하나의 용어로써 나타내었다는 것은 국어학 연구사에서 그의 대단한 공적이라 할 수 있다.

이제 이 주체높임에 해당하는 서분이 잇기에서 다루어지게 된 경위를 살펴보면, 원래 잇기는 엇기와 움기에만 붙는 토로서 두 씨를 서로 이어주는 토를 하나의 씨로 처리한 데서 이루어진 것이므로 {-았-, -었-, -겠-, -더-, -시-, -오-} 등과 같은 형태소는 앞의 씨와 잇기의 사이에 끼어드는 형태소이다. 주시경은 이들 형태소의 소속을 모두 잇기에 붙는 형태소로 의식하였던 것이다.

(7) ㄱ. 먹었으니, 보았으니.
    ㄴ. 먹겠으니, 보겠으니.
    ㄷ. 먹더니, 보더니.
    ㄹ. 가시니, 가오니.

그러므로 이들은 결국 파생의 가지인 앞가지의 성질을 띠고 말았다. 그러나 이들은 한결같이 모든 잇기에 두루 붙는다. 곧 이들 형태소는 (7)에서와 같이 앞의 씨 {먹-, 보-, 가}에 붙는 굴곡가지가 분명하며, 이것은 씨가름의 잘못에서 온 것이다. 이러한 형태소들은 다음 장에서 설명한 끗기에도 결합되기 때문에 또 끗기로도 처리된다.

이제『국어문법』의 "잇의 갈래"에 나타나는 잇기의 <보기말>을 간추려 표로 보이면 다음과 같다.

(8) 잇 ┬ ㄱ. 덩이 - 와, 과, 고
     ├ ㄴ. 잇어함 - 아, 어, 아서, 어서/고
     ├ ㄷ. 그침 - 다가
     ├ ㄹ. 함게 - 면서, 으면서
     ├ ㅁ. 풀이 - ㄴ데, 는데, 인데, 은데, 니, 으니, 이니
     └ ㅂ. 까닭 - 니, 으니, 매, 으매, 아, 어, 아서, 어서

>   ├─ ㅅ. 뒤집힘 - 나, 이나, 으나, 되, 아도, 어도, 라도, 이라도, 거늘,
>   │   어늘, 이어늘, 고로
>   ├─ ㅇ. 뜻밖 - ㄴ데, 는데, 인데, 은데
>   ├─ ㅈ. 거짓 - 면, 으면, 이면, 거든, 이거든, 이어든
>   ├─ ㅊ. 홀로 - 아야, 어야
>   └─ ㅋ. 하랴함 - 러

(『국어문법』 : 83~87)

(8)ㄱ에서 "덩이"의 {와, 과}와 (8)ㅅ에서 "뒤집힘"의 {고로}를 제외한 대부분의 잇기 앞에는 높임을 나타내는 형태소 {-시-}가 결합될 수 있다. 곧 <시고, 시어, 시어서, 시다가, 시면서, 신데, 시니, 시며, 시거든, 시러……>와 같이 {-시-}가 결합되어 얼마든지 쓰일 수 있어서 주시경이 잇기에 서분이 있다고 보는 것은 그의 말본 체계로는 조금도 모순이 생기지 않는다. 이렇게 하여 잇기에도 높임인 서분이 나타나게 된 것이다. 그러나 이들은 모두 씨가름의 잘못에서 비롯된 것이므로 다음 시대에 가서 고쳐지게 되었다.

그리고 "덩이"의 {와, 과}에는 {-시-}가 결합될 수 없는 것으로 보아 이것이 "잇기"가 아니고 "겻기"라는 또 하나의 증거가 되기도 한다.

2.4 끗기(맺음씨)의 높임

주시경의 『국어문법』에서 높임법에 대하여 가장 상세하게 기술한 부분은 "끗기"에서이다. 여기서도 높임에 맞서는 용어로 "서분(序分)"을 쓰고 있다. 이제 "끗기의 서분"을 정리해 보이면 다음과 같다.

(9) 끗기의 **序分** : 장유존비(長幼尊卑)의 다름을 가르는 것.
    ㄱ. 높음 : 존칭(尊稱)하는 것[10]
       (본) 저 대가 푸릅니다.
         '-ㅂ니다'가 끗기니 이 말을 듯는이를 높이어 말하는것.

---

10) 뜻매김은 원문에는 없는 것을 필자가 "잇기의 서분" 뜻매김을 그대로 옮겨서 보충한 것이다.

　　　그 어른이 오십데다.

　　　‘-십데다’가 끗기니 오는이와 듯는이를 다 높이어 말하는 것.

　　(잡이) 이는 다 줄인 말이라.

　　(알이) 老年에 쓰는 것.

　ㄴ. 같음 : 평칭(平稱)하는 것이니 서분을 이름을 없는 것.[11]

　　(본) 저 대가 푸르오.

　　　‘-오’가 끗기니 이 말을 듯는이를 같게 말하는 것.

　　(잡이) 가시오

　　　‘-시오’가 끗기니 ‘-오’만 쓰이는 것보다 높으니라.

　　(알이) 中年에 쓰는 것.

　ㄷ. 낮음 : 하칭(下稱)하는 것.

　　(본) 저 대가 푸르다.

　　　‘-다’가 끗기니 이 말을 듯는이를 낮히어[12] 말하는 것.

　　(알이) 幼年에 쓰는 것.

　　(잡이) 서로 한 가지의 序分을 쓸 때에는 다 같음이라 할 만하다.

(『국어문법』 : 99)

　(9)의 “끗기의 서분”에서는 서분의 뜻매김을 분명히 하였음을 알 수 있다. 곧 “서분”은 “장유존비의 다름을 가르는 것”이라고 뜻매김하고 있다. 여기서 말한 “장유존비”에서 “장유”란 사회계층의 종적관계인 나이의 많고 적음을 말하는 것이고, “존비”란 사회계층의 횡적관계인 사람의 친분상의 관계를 말하는 것 같다. 강기진(1990 : 643)에서는 이것을 다음과 같은 그림으로 그려 보이기도 하였다.

---

11) 각주 10)의 내용과 같음.

12) 원문에는 <높이어>로 표기되어 있으나 원고본 『국어문법』(1909) 60쪽에 의하면 <낮히어>로 표기되어 있기 때문에 필자가 교정한 것이다. 그러나 <낮추어>(김석득, 1992 : 118) 또는 <낮호아>(고영근, 이현희, 1986 : 150)로 교정한 곳도 있으나 이들은 모두 원고본 『국어문법』을 보지 못하고 추측하여 고친 것이다.

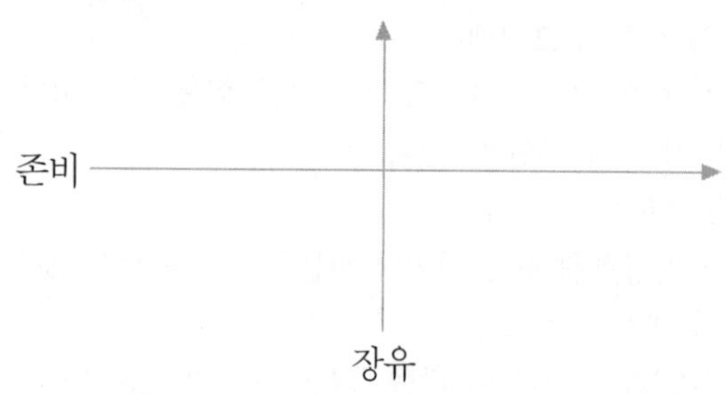

이 그림에 의하면 "끗기의 서분"은 종적관계와 횡적관계를 고려하여 뜻매김 하였다는 것을 확실히 알 수 있다. 그리고 이 서분을 "높음, 같음, 낮음"의 세 계층으로 나누고는 (알이)에서 "높음"은 <노년에 쓰는 것>, "같음"은 <중년에 쓰는 것>, "낮음"은 <유년에 쓰는 것>이라고 풀이한 것으로 보아 서분의 기준을 나이의 많고 적음에 두고 있음을 알 수 있다. 곧 서분의 기준은 "존비"보다 "장유"에 두었음을 알 수 있다. 원래 높임법의 발생은 계급사회에서 발생한 것으로 보아지는데, 근본적으로 높임법이 형성될 수 있는 요인으로는 사회적 지위, 나이, 직업, 성별, 개인적인 가족관계, 친분관계, 등 복잡한 요인 중에서 사회적 지위나 직업, 성별 등에 의한 상하관계보다는 오히려 나이의 많고 적음에 두고 있음이 분명하다.

이제 각 계층에서 보인 <보기월>을 살펴보면.

(9ㄱ)의 <저 대가 푸릅니다>의 <푸릅니다>에서 {-ㅂ니다}가 끗기로 듣는 이를 높이어 말하는 것이라 하였는데, 이는 정확한 설명이다. 이는 {-ㅂ니-}가 들을이 높임을 나타내는 형태소이고, 여기에 마침법 씨끝{-다}가 결합되어 들을이 높임(또는 상대높임)을 나타내는 것이다.

(9ㄱ)의 <그 어른이 오십데다>의 <오십데다>가 끗기로 오는이와 들을이를 다 높이어 말하는 것이라고 하였는데 이것도 정확한 설명이다. 여기서 {-시-}는 오는 주체인 <그 어른>을 높이는 형태소이고, {-ㅂ데-}는 들을이 높임을 나타내는 형태소이므로 주체와 들을이를 동시에 높이는 경우를 보인 것으로 이는 주체높임과 상대 높임의 겹침이라 할 수 있다. 이 주체높임과 상대높임이 겹칠 때는 항상 주체높임을 나타내는 형태소가 상대높임 형태소의 앞에 위치하는 통

어상의 특성을 가지고 있다. 그리고 여기서는 오는 주체와 들을이가 말할이보다 상위자임을 알 수 있다.

(9)ㄴ의 <저 대가 푸르오>의 <푸르오>에서 {-오}가 끗기로 듣는이를 같게 말하는 것이라 하였는데, 이는 말할이와 들을이가 나이나 사회적 지위 등이 같다고 본 것이다. 여기서 {-오}는 어절을 끝맺어 주는 형태소로 『우리말본』13)의 높임 계층으로 보면 예사높임에 해당하는 말이다.

(9)ㄴ (잡이)의 <가시오>에서 {-시오}가 끗기로 {-오}만 쓰는 것보다 높이는 것이라 하였는데, 이는 주체와 들을이가 같은 사람인 경우에 그 주체와 들을이를 동시에 높이는 것이다. 그러므로 주시경은 {-오}보다 {-시오}가 더 높이는 것으로 보았다. 이것을 김석득(1992 : 119)에서는 {-오}는 예사높임요, {-시오}는 아주높임이라 풀이한 것은 대단히 설득력 있는 설명이다. 그러나 주체와 들을이가 다른 사람일 경우에는 {-시오}는 예사높임에 해당한다.

(9)ㄷ의 <저 대가 푸르다>의 <푸르다>에서 {-다}가 끗기로 들을이를 낮히어 말하는 것이라 하였는데 이것도 아주 정확한 표현이다. 이는 들을이를 높이는 형태소가 들어가지 않고 무형의 형태소 {-∅-}에 어절을 끝맺어 주는 형태소 {-다}가 결합되어 들을이를 높이지 않았다.

이와 같이 주시경은 "끗기의 서분"에서 높음은 {-ㅂ니-}로, 같음은 {-오}로, 낮음은 {-∅-}로 이루어져 있음을 의식하였으며, 높임의 종류는 주체높임과 상대높임이 있음을 의식하고 있었던 것이다. 곧 "잇기의 서분"은 주체높임을 의식한 것이기 때문에 높임의 초점을 월의 주체에 맞추고 그 주체를 높이느냐 높이지 않느냐에 따라 형태소 {-시-}를 넣기도 하고 안 넣기도 하는 반면에 "끗기의 서분"은 들을이 높임을 의식한 것이기 때문에 높임의 초점을 들을이에게 맞추어 상대높임 형태소 {-ㅂ니-}를 풀이말에 넣기도 하고 안 넣기도 하였던 것이다.

이제 『국어문법』의 "끗기의 갈래"에서 보인 <보기말>을 모두 보이면 다음과 같다.

---

13) 여기 말하는 『우리말본』은 최현배님이 1937년에 간행한 것을 말하는 것으로 앞으로도 같은 뜻으로 사용한다.

(10) 끗

ㄱ. 이름 - 다, ㄴ다, 는다, 앗다, 엇다, 겟다, 리라, 으리라, 앗으리라, 엇으리라, 앗겟다, 엇겟다, 요, 이요, 오, 으오, 소, 앗소, 엇소, 겟소, 엇겟소, 이다, 오이다, 욥나이다, 옵나이다, 이옵나이다, 으옵나이다, 습나이다, 더라, 이더라, 더이다, 이더이다, 욥더이다, 옵더이다, 읍더이다, 으옵더이다, 습더이다, 시옵더이다, 앗읍더이다, 시더라, 지, 이지, 지요, 이지요, 옵지요, 읍지요, 십지요

ㄴ. 물음 - 냐, 으냐, 이냐, 뇨, 이뇨, 으뇨, 나냐, 앗나냐, 엇겟나냐, 나뇨, 랴, 으랴, ㄴ가, 인가, 은가, 야, 이야, 지, 이지, 요, 이요, 오, 으오, 소, 앗소, 엇소, 겟소, 앗겟소, 엇겟소, 지요, 이지요, 시오, 으시오이가, 오이가, 욥나이가, 이욥나이가, 옵나이가, 읍나이가, 으읍나이가, 습나이가, 더이가, 이더이가, 욥더이가, 옵더이가, 읍더이가, 습더이가, 으읍더이가, 시욥더이가, 앗읍더이가, 앗습더이가, 더냐, 이더냐, 더뇨, 시더뇨, 이더뇨, 시더냐, 시더뇨, 읍지요, 습지요

ㄷ. 시김 - 아라, 어라, 오, 으오, 시오, 옵소서, 으소서, 읍소서, 시옵소서, 으시옵소서, 시옵시오, 으시오

ㄹ. 홀로 - 다, 이다, ㄴ다, 는다, 앗다, 엇다, 리다, 겟다, 으리라, 앗겟다, 엇겟다, 앗으리라, 엇으리라, 로다, 이로다, 으리로다, 고나, 이고나, 는고나, 앗고나, 엇고나, 겟고나, 리도고나, 이로고나, 도다, 이도다, 는도다, 앗도다, 엇도다, 겟도다, 지, 이지, 앗지, 엇지, 겟지, 앗겟지, 냐, 야, 나냐, ㄴ가, 인가, 뇨, 이뇨, 으뇨, 랴, 으랴

(『국어문법』: 92~94)

(10)에 의하면 끗기의 서분이 "이름, 물음, 시김"에 나타나 있음을 알 수 있다. 그러나 주시경은 "물음, 시김"에 대하여는 설명을 하지 않았다.

(10)에 나타나 있는 끗기의 <보기말>을 "높음, 같음, 낮음"에 따라 다시 분류하여 표로 보이면 다음과 같다.

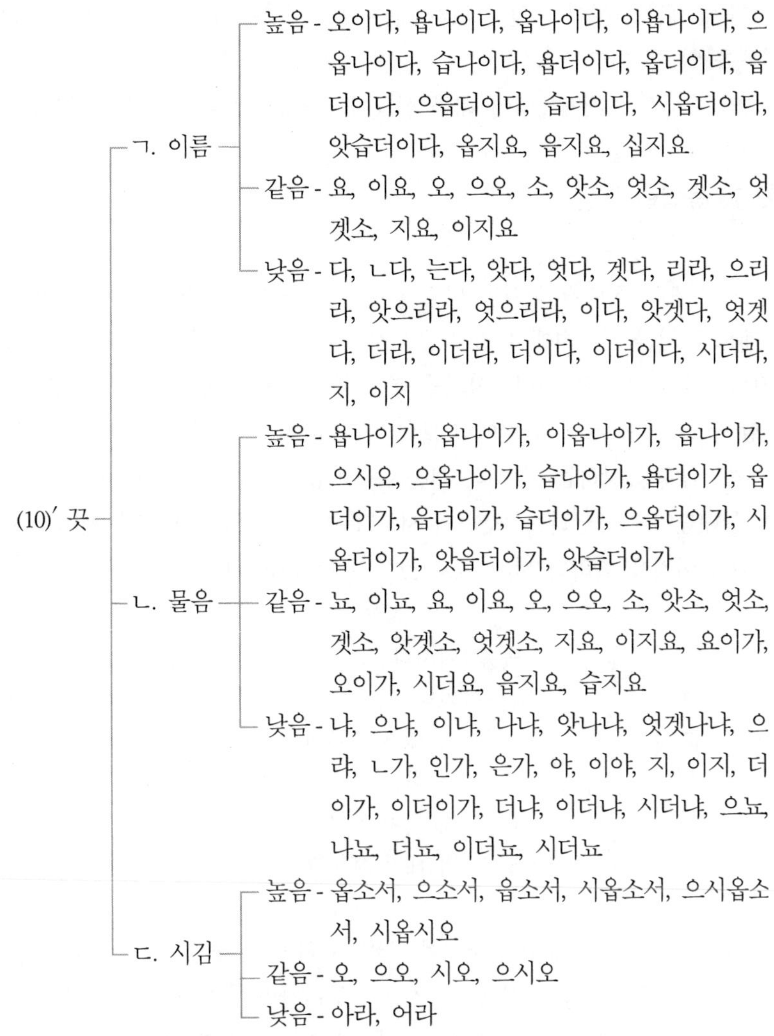

  (10)′ 의 분류표에서와 같이 "홀로"를 제외한 "이름, 물음, 시김"은 각각 "높음, 같음, 낮음"을 나타내는 말이 있음을 알 수 있다. 그러나 "홀로"는 (10)의 <보기말>과 같이 모두 "낮음"에 해당하는 말이다. 이것은 특별한 경우를[14] 제외하

---

14) 어린이의 교육상 그의 부모들이 자기 자신을 높이는 경우가 있다.
    ㄱ. 아빠는 나가신다. —— 아버지가 어린이에게,

고는 자기 자신을 높이는 일이 없기 때문이다. 이것을 주시경은 이미 의식하고 있었음을 알 수 있다.

그외 주시경은 객체높임에 대한 설명이나 <보기말>은 보이지 않았다.

2.5 높임의 등분

언어 체계는 시대와 사회의 변화에 따라 변화하기 마련이다. 이 높임의 등분체계도 과거 봉건사회에서 엄격하게 지켜지던 것이 현대사회에서도 꼭 그대로 지켜져야 한다는 것은 언어사회를 더욱 복잡하게 하고 비현실적인 상황으로 인식할 수고 있다. 이미 앞 장에서 보인 바와 같이 주시경은 그의 『국어문법』에서 주체높임에 해당하는 "잇기의 서분"은 "높음"과 "같음"의 두 등분으로 나누었고, 상대높임에 해당하는 "끗기의 서분"은 "높음, 같음, 낮음"의 세 등분으로 나누었다. 이것을 합하여 다시 표로 보이면 다음과 같다.

```
                    ┌ 잇기 ──┬ 높음 - 가시니
                    │        └ 같음 - 가니
(11) 서분 ──────────┤        ┌ 높음 - 저 대가 푸릅니다.
                    │        │        그 어른이 오십데다.
                    └ 끗기 ──┼ 같음 - 저 대가 푸르오. 가시오.
                             └ 낮음 - 저 대가 푸르다.
```

현대 국어에서 주체높임의 등분은 '높임과 안높임' 두 계층 뿐이다. 즉 풀이말에 주체높임을 나타내는 형태소 {-시-}가 들어가면 주체를 높이는 것이고, 풀이말에 주체높임을 나타내는 형태소 {-시-}가 안들어 가면 주체를 높이지 않는 것이다. 이는 주시경 말본의 "잇기의 서분"과 꼭 일치한다. 이것을 대조해 보이면 다음과 같다.

ㄴ. 엄마는 공부하신다. —— 어머니가 어린이에게 하는 말이다.

(12) 잇기의 서분 ┬ 높음 - 높임 ┬ 주체높임
　　　　　　　　 └ 같음 - 안높임 ┘

(12)에서와 같이 오늘날 주체높임의 등분은 주시경 말본의 "잇기의 서분"을 그대로 계승한 것임을 알 수 있다.

그러나 상대높임의 등분은 학자에 따라 용어의 차이도 있고, 세 등분, 또는 네 등분, 다섯 등분으로 나누기도 하였다.

그러면 이 무렵에 다른 사람들의 말본책에 나타나는 높임의 등분을 살펴보면, 먼저 유길준(1904? : 21)에서는 높임법에 해당하는 용어로 "체재(體裁)"란 말을 쓰고 있는데, 이에 대한 뜻매김이 없어서 그 정확한 뜻은 알수는 없으나 높임법에 해당하는 말임이 분명하다. 이 "체제"는 존경하는 뜻을 표하는 자와 겸공하는 뜻을 표하는 자의 둘로 나누었는데, 전자의 <보기>로는 현재 {시}, 미래 {실}, 과거 {신}, 연쇄단 {사}, 종결단 {쇼셔}로 나누었고, 후자의 <보기>로는 현재 및 과거 {니다}, 미래 {이다}가 있음을 밝혔다. 그러나 여기서 <존경하는 뜻을 표하는 자>는 주체높임에 해당하는 것이고, <겸공하는 뜻을 표하는 자>는 상대높임에 해당하는 것이지만 그 등분에 대해서는 설명이 없다. 그 후에도 유길준(1909 : 62~64)은 "조동사의 의사를 표하는 자"중에 높임법에 해당하는 항목으로 <존경을 표하는 자>와 <겸공을 표하는 자>가 있음을 밝히고 있다. 그리고 존경을 표하는 조동사는 {시, 사, 소서}가 있고, 겸공을 표하는 조동사는 {이다, 압나이다, 이올시다, 이오이다} 있다고 하였는데, 여기서도 높임의 등분에 대해서는 아무런 설명이 없으므로 결국 유길준은 높임에는 주체를 높이는 주체높임과 자기를 낮춤으로 상대를 높이는 상대높임이 있음만을 밝혔을 뿐 그 높임의 등분에 대해서는 의식하지 못한 것 같다.

그러나 김규식(1908? : 81, 1912 : 66)에서는 상대높임을 나타내는 형태소에 해당하는 용어를 "층사토(層詞吐)"라 하고, 층사토는 <언어시 청자의 지위를 수(隨)하여 상당한 층절(層節)에 어토를 언단(言端)에 활용하는 것>이라 뜻매김하고 그 등분은 "하대(下待), 차대(差待), 평대(平待), 존대(尊待)" 4대의 층사가 있음을 밝히고 나서 "하대"는 하인이나 아동이나 가족 중 아래 사람에게 사용하는

토로 {다, 타, 라, 니, 냐, 쟈}가 있고, "차대"는 나이나 지위로 아래 사람에게 쓰
는 토로 {하게, ㅂ데, 네, 세, 게}가 있으며, "평대"는 서로 평등하게 교제하고 서
로 공대에 쓰는 토로 {오요, 소, 세다}가 있고, "존대"는 나이나 지위가 자기보
다 높은 자에게 쓰는 토로 {습(옵)ㄴ이다, ㄴ이다, 이(니)다, 외다, 습(옵)ㄴ잇가,
잇가, 닛가, 옵(습, 십)시오, 시(니)지요} 등이 있다고 하였다. 김규식은 주체높임
과 그 등분에 대한 설명은 없었으나 상대높임을 나타내는 형태소와 그 등분에
대하여 4등분으로 나누고 있음을 알 수 있다. 특히 존대의 <보기말>에서는 "물
음"에 해당하는 <보기말>도 들었다. 여기서 설명한 하대는 아주낮춤에 해당하
고, 차대는 예사낮춤, 평대는 예사높임, 존대는 아주높임에 각각 해당하는 것인
데, 특히 "평대"는 주시경의 끗기 등분 중 "같음"에 해당하는 것이다. 이것을 주
시경의 "끗기의 서분"과 견주어 보면 다음과 같다.

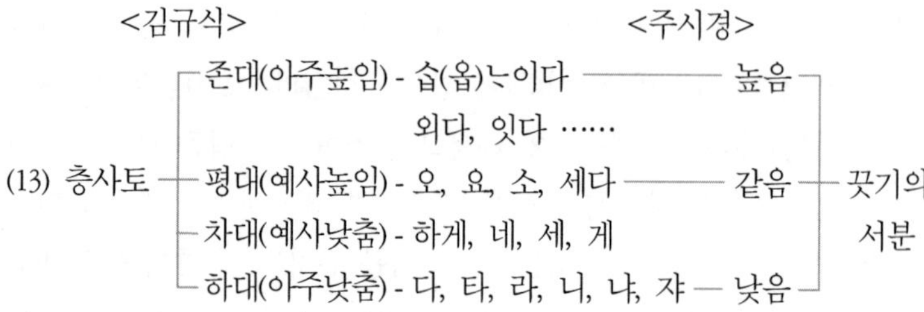

(13)의 견줌표에 의해서도 주시경의 "같음"은 예사높임에 해당하는 것이 증
명된다. 그리고 층사토의 4계층은 오늘날 상대높임법의 4등분과 일치하며, 얼핏
보면 주시경보다 더 자세한 구분이라고도 할 수 있으나 주시경의 "같음"은 "평
대"와 "차대"를 포함한 것으로 보아야 할 것이다.

또 김희상(1911 : 60~76)에서는 높임에 해당하는 용어로 "대우"(待遇)라는
말을 쓰고, 이 대우를 "대명사의 변화, 부사의 변화, 토의 변화"로 나누어 설명
하였다.

먼저 "대명사의 변화"는 둘째 가리킴 대이름씨의 높임 등분을 설명한 것으
로 높임의 기준을 나이 또는 사회적인 지위, 신분에 따라 상대(上待 : ㅎ압시오),
중대(中待 : ㅎ오), 반반대(半半待 : ㅎ게), 하대(下待 : ㅎ야라)의 4층으로 변화한

다고 하고, 그 <보기말>로 상대는 <존장>, 중대는 <로형, 당신>, 반반대는 <자네, 소제>, 하대는 <너>를 들었다(1911 : 60~61). 여기서 "상대"는 아주높임, "중대"는 예사높임, "반반대"는 예사낮춤, "하대"는 아주낮춤에 해당하는 것인데, 국어학 연구사에서 둘째 가리킴 대이름씨의 높임의 등분을 밝힌 것으로는 처음이다. 그리고 이 4등분은 앞의 김규식(1908 : 81)에 나타나는 층사토의 4대 층사와 용어만 다를 뿐 꼭 일치한다. 이것을 견주어 보면 다음과 같다.

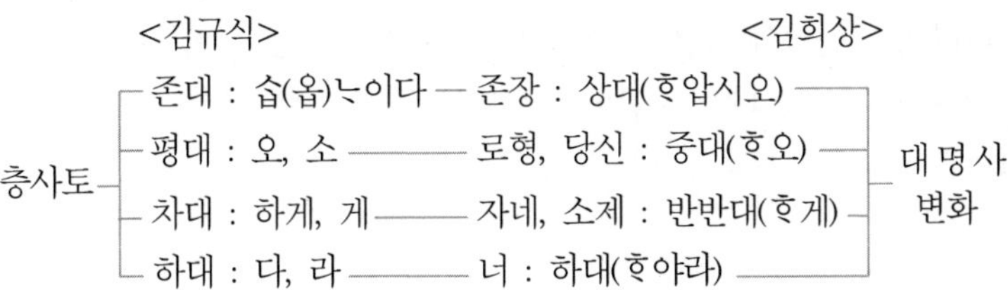

또 "부사의 변화"는 부르는 말에 대하여 주체와 들을이가 일치할 때 대답하는 말로 쓰는 말인데, 여기에는 "상대, 중대, 반대(반말), 반반대, 하대"의 5층 대우로 변화한다고 하고, <보기말>로 상대는 <예, 네>, 중대 <예, 네> 반대 <응>, 반반대 <어>, 하대 <왜, 오냐, 오>로 나누었다(1911 : 68). <보기말>에서 보인 "상대와 중대"의 대답말이 같고, "반대, 반반대, 하대"는 구별하기가 곤란하다. 이는 높임과 안높임의 2등분만으로도 충분하리라 본다.

끝으로 "토의 변화"에서는 토의 대우를 인하여 변화하는데, 이것은 "상대, 중대, 반대(반말), 반반대, 하대"의 5층이 있다고 하였다(1911 : 68~76). 이는 주시경 말본 "끗기의 서분"에 해당하는 것으로, 『우리말본』의 마침법의 상대높임 등분과 일치한다. 이것을 견주어 표로 보이면 다음과 같다.

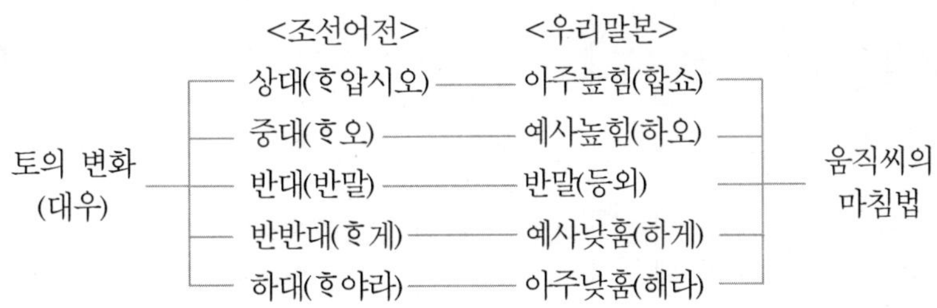

이제 주시경 말본에 나타난 상대높임의 등분에 해당하는 "끗기의 서분"을
살펴보면 앞의 (11)에서와 같이 "높음, 같음, 낮음"의 3등분으로 구분하였다. 이
3등분에 대하여 김석득(1992 : 119~120)에서는 주시경의 말본의 높임의 등분은
끗기에서 잘 나타내 보였다고 하고는 "높임"과 "낮음"의 등분은 분명한데, "같
음"은 높임의 등분 개념이 아니고, 말할이와 들을이와의 사이의 말 쓰임의 상호
성, 곧 상황의 개념이라고 하면서 이 "같음"에서는 예사높임('푸르오'의 {-오})
과 아주높임 ('가시오'의 {-시오})이 분석된다고 하고 주시경의 끗기에서는 상대
높임을 나타내는 높임의 등분에 "아주높음, 예사높음, 낮음"의 세 계층이 있다
고 보고 높임의 등분을 다음과 같이 분석하였다. 이것을 견주어 표로 보이면 다
음과 같다.

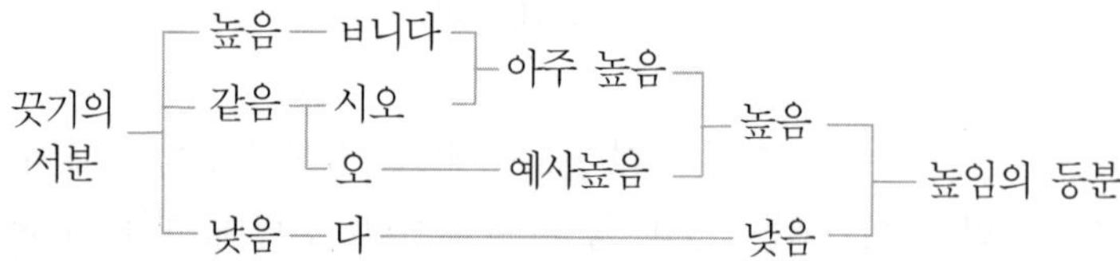

여기서 {-시오}가 아주높임이 될 수 있는 것은 들을이와 주체가 동일한 인
물일 때인데, 대체로 주시경 말본의 "같음"은 오늘날 평교간에 주고받는 서로
안높임과는 다른 차원의 용어임이 분명하다. 이는『우리말본』의 예사높임에 해
당하는 것이다.
　이제 그 무렵의 상대높임 등분에 해당하는 높임의 등분을 서로 견주어 표로
만들어 보면 다음과 같다.

<상대높임의 등분>

<주시경> (끗기의 서분)	<김규식> (충사토)	<김희상> (토의 변화)	<최현배> (마침법)	<김희상> (대명사 변화)
높 음	존 대	상대(ᄒ압시오)	아주높힘	상 대
같 음	평 대	중대(ᄒ오)	예사높힘	중 대
－	－	반대(반말)	반말(등외)	－
－	차 대	반반대(ᄒ게)	예사낮훔	반반대
낮 음	하 대	하대(ᄒ야라)	아주낮훔	하 대

이 표에 의하면 주시경 외는 상대높임의 등분을 4등분 또는 5등분하고 있는데, 이는 모두 주시경의 3등분을 토대로 하여 이루어진 것이다. 주시경 이전의 유길준 말본에서는 높임의 등분을 구분하지 않았다. 그러므로 국어학 연구사에서 처음으로 높임의 등분을 구분하였다는 것은 높이 평가되어야 하겠다. 그러나 주시경도 예사낮춤에 대해서는 분명하게 구분하지 못하고 예사높임에 해당하는 "같음"에 넣어서 처리한 것으로 보아진다. 이러한 것은 뒷날 최현배(1937)에 이르러 정리된다.

3. 높임법의 계승과 확립

3.1 김두봉 말본의 높임법 계승

주시경 학문을 이은 김두봉은 주시경이 높임법에 대하여 "임기, 억기, 잇기, 겻기"의 4씨에서 설명한 것과는 달리 그의 『조선말본』(1916)과 『깁더 조선말본』(1922)에서 "움씨, 겻씨, 맺씨"의 3씨에서 설명하고 있다. 그러므로 김두봉이 주시경의 높임법을 설명한 씨를 계승한 것은 "끗기(=맺씨)" 하나 뿐이다. 그러나 김두봉이 움씨와 겻씨에 높임을 나타내는 말이 있음을 의식한 것은 한 걸음 더 나아간 일이다.

3.1.1 움씨의 높임

김두봉(1916 : 94~96)에서는 "움의 바꿈"에서 "움도 그 쓰이는 바를 딸아 뜻이나 또는 몸의 바꾸이는 일이 있나니, 뜻바꿈은 제몸은 바꾸이지 아니하고, 다만 뜻만 바꾸이는 것이요, 몸바꿈은 임씨나 언씨(<엇기)로 바꾸이는 것이니라." 하고 뜻바꾸인 보기를 표로써 보였다. 그 표에서 높임법과 관계 있는 것만 간추려 표를 보이면 다음과 같다.

(14)   **<뜻 바꾸인 보기틀>**

풀 이	밋말	뜻바꾸인 말	덞	더함
아래에 더하여 바꿈	보	보 시	○	시
(움씨의 자리를 높임)	잡	잡으시	○	으시

(14)의 <보기틀>에서 <보시, 잡으시>들은 {-시-, -으시-}들의 소리를 더하여 움씨의 자리를 높인 것인데, {-시-}는 홀소리 아래에 쓰고 {-으시-}는 닿소리 아래 쓴다고 하여 움직씨의 어간에 높임으르 나타내는 형태소를 더하여 그 움직씨가 뜻이 바뀌는 것으로 풀이하고 있다. 이것은 김두봉이 높임을 나타내는 형태소 {-시-}가 움씨에 결합되어 주체높임을 나타낸다는 것을 의식한 것으로 우리 말본 연구사에서 처음 있는 일이다. 이는 주시경 말본에서 {-시-}가 잇기에 결합되면 잇기로 쓰이고, 끗기에 결합되면 끗기로 쓰이는 것에 비하면 대단한 발전이라 할 수 있으며, 이것은 국어학 연구사에서 높이 평가되어야 할 것이다. 그러나 월에서 움씨와 똑 같은 구실을 하는 엇씨(=얻씨)에는 주체높임을 나타내는 형태소 {-시-} 또는 {-으시-}를 더하여 얻씨의 자리를 높인다는 것을 의식하지 못한 것은 이해할 수 없다. 이러한 것은 자연히 그 다음 시대에 가서 다듬어야 하게 되었다.

3.1.2 겻씨의 높임

김두봉은 그의 『조선 말본』(1916)에서 겻씨에도 높임을 나타내는 말이 있음을 의식하고, 겻씨에 나타나는 높임은 "다만임자겻"과 "부름임자겻"에 나타난다고 하였다. 이것을 간추려 보이면 다음과 같다.

(15) 다만임자겻 - 아무른 뜻없이 임씨를 다만 어느 월의 임자되게 하는 토.
　　ㄱ. 아버지께서 아기를 사랑하신다.
　　ㄴ. 개가 짖는다.
　　ㄷ. 범의 뛴다.

(16) 부름임자겼 - 무엇을 부르어 어느 월의 임자되게 하는 토.

   ㄱ. 개야 짖지 말아라.

   ㄴ. 범아 잘 뛰어라.

   ㄷ. 동모여 볼지어다.

   ㄹ. 하늘님이여 굽이어 살피소서.

(『조선말본』: 107~108)

(15)에서 {-께서, -가, -이}가 "다만임자겼'인데, (15)ㄱ의 {-께서}는 높이어 쓰는 것이고, (16)ㄱ, (16)ㄴ의 {-야, -아}는 다만 부름에 쓰는 것이고, (16)ㄷ, (16)ㄹ의 {-여, -이여}는 느끼어 부름에 쓰는 것이라고 하고 높이어 쓰려면 {-시여, -이시여}로 대신 쓴다고 하여, "다만임자겼"과 "부름임자겼"에 높이는 겼씨가 있음을 분명히 밝히고 있다. 그리고 "임자겼의 쓰임"에서 임자겼[主語吐]은 임씨[名詞]를 월의 임자되게 하는 토로 다만 임씨 아래만 쓰인다고 하고, 같은 임씨에도 홀소리 아래와 닿소리 아래에 서로 달리 쓰임이 있음을 밝히고 있다. 이것을 간추려 보이면 다음 표와 같다(김두봉, 1916 : 116, 1922 : 108).

(17) **〈임자토의 쓰임〉**

풀 이	다 만 토			부 름 토		
홀소리(母語) 아래 쓰임	가	께서	께압서	야	여	시여
닿소리(子語) 아래 쓰임	·	·	·	아	이여	이시여

(17)의 표에 의하면 "다만토"와 "부름토"는 높임의 등분을 3등분 할 것을 암시하고 있다. 그리고 실제로 "토의 쓰이는 작은 보기틀"에서도 겼씨의 하위구분을 보였는데, 이것을 간추려 임자토의 하위구분과 높임의 등분을 표로 보이면 다음과 같다(김두봉, 1916 : 135~136).

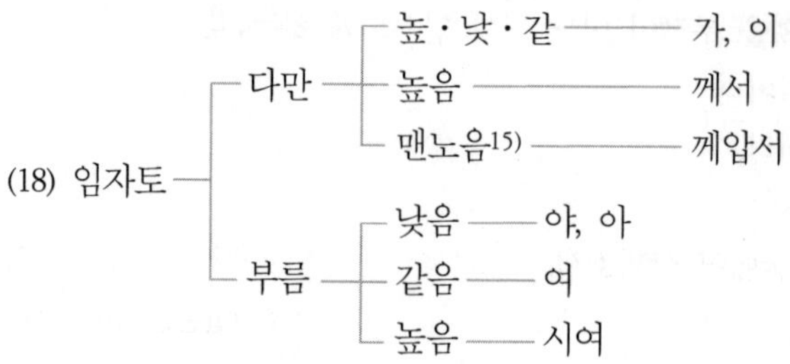

(18)에서 다만의 "높·낮·같"의 <보기말>로 {-가, -이}를 보였는데, 이는 "높음, 같음, 낮음"에 두루 쓴다는 말인지 알 수가 없다. 이러한 불문명한 것을 고쳐서 그의 『깁더 조선말본』에서는 다음 표와 같이 분명하게 하였다(1922 : 123).

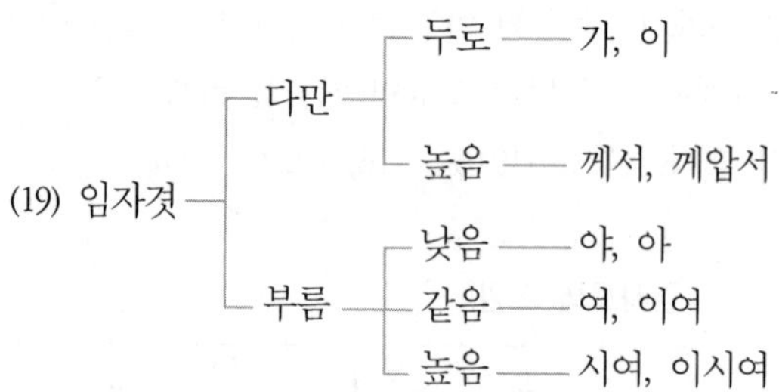

(19)에서 "다만"은 "두로와 높음"으로 2등분하고, "부름"은 "낮음, 같음, 높음"으로 3등분하였는데, "낮음과 같음"의 <보기말>로 보인 {-야, -아}와 {-여, -이여}가 실제로 높낮이의 차이에 의하여 구분하기 어렵기 때문에 다만과 같이 2등분하여 임자겻의 높임 등분을 일원화하였으면 더욱 분명해졌을 것이다.

어떻든 김두봉이 겻씨에 높임을 나타내는 "다만토"(다만임자겻)와 "부름토"(부름임자겻)가 있음을 의식한 것과 "다만토"를 2등분하고 "부름토"를 3등분으로 나눈 것은 국어 말본의 높임법을 한층 발전시킨 일이며, 특히 겻씨에 높임을 나타내는 말이 있음을 의식하고 체계를 세운 것은 국어학 연구사에서 처음 있는 일로 높이 평가 되어야 할 것이다.

---

15) "맨노음"은 <맨높음>의 교정 잘못으로 생각된다.

3.1.3 맺씨의 높임

김두봉은 『조선말본』과 『깁더 조선말본』에서 "맺씨"(<끗기)에도 높임을 나타내는 말이 있음을 의식하고, 높임에 대하여 설명하였다.

그는 맺씨의 하위단위인 "이름, 물음, 시김 맺들의 쓰임"에서 "이름, 물음, 시김"의 맺들은 다 그 자리의 "높음(上待), 가온(中待), 낮음(下待)"의 3계층이 있고, 이 3계층의 다름이 있게 쓰인다고 하였다. 이것을 표로 보이면 다음과 같다 (1916 : 131~132, 1922 : 120).

(20)

풀 이	이 름	물 음	시 김
높 음	옵나이다	옵더이까	옵소서
가 온	네	ㄴ가	게
낮 음	니라	더냐	아라

그는 (20)의 <보기말> 가운데 <옵나이다, 옵더이까, 옵서서> 들의 {-옵-}은 <나이다, 다이까, 소서> 들에 더하여 쓰는 것이라고 하였다. 여기서 높임의 등분을 "높음, 가온, 낮음"의 3계층으로 나눈 것은 주시경의 체계를 그대로 계승한 것이다. 다만 주시경의 "같음"은 예사높임에 해당하는 것이지만 김두봉의 "가온"은 예사낮춤에 해당하는 말임을 알 수 있다. 그리고 맺씨의 높임에 "이름, 물음, 시김"이 있다고 설명한 것은 주시경 말본보다 나아간 것이다. 주시경은 "물음, 시김"에 높임이 있음을 의식하지 못했기 때문이다.

지금까지 살펴본 바와 같이 김두봉은 우리말에서 높임을 나타내는 씨는 "움씨, 겻씨, 맺씨"가 있음을 밝혔는데, 움씨의 높임은 주체높임에 해당하는 것이고, 겻씨의 높임은 주체 또는 객체높임에 해당하는 것이고, 맺씨의 높임은 상대높임에 해당하는 것이다.

높임의 등분에 있어서는 움씨의 높임에서는 "높임, 안높임"의 2계층이 있음을 의식하였고, 겻씨의 높임에서는 "다만임자겻"은 "두로, 높음"으로 2등분하였고, "부름임자겻"은 "낮음, 같음, 높음"으로 3등분하였고, 맺씨의 높임에서는

"높음, 가온, 낮음"으로 3등분하였다. 이는 주시경의 3등분 체계를 계승한 것이다. 그러나 주시경은 잇기에도 높임이 있는 것으로 의식하였으나 김두봉은 높임을 나타내는 형태소 {-시-}가 움씨에 붙는 접사로 의식하여 움씨에서만 다루고, 잇씨에서는 제외시켰다. 이는 큰 발전이라 할 수 있다. 또 김두봉이 겻씨에도 높임을 나타내는 말 {-께서, -께옵서}가 있음을 밝힌 것은 말본 연구사에서 처음 있는 일이다. 맺씨의 높임에서 "물음, 시김"에도높임을 나타내는 말이 있음을 밝힌 것은 큰 발전이나 그 체계와 상세한 설명을 보이지는 못했다.

어떻든 김두봉의 높임법 체계에서 "움씨의 높임"은 주체높임의 체계를 밝힌 것이고, "겻씨의 높임"은 우리 말본 연구사에서 처음 시도된 것이고, "맺씨의 높임"은 주시경의 끗기의 높임 체계를 계승·발전시킨 것이다.

3.2 최현배 말본의 높임법 확립

최현배의 『우리말본』에서는 주시경이나 김두봉과는 씨가름의 체계를 달리했기 때문에 높임의 체계도 당연히 달라져야 했다. 최현배(1937 : 1076~1077)에서는 말의 높임에는 월의 임자를 높이는 것과 말 듣는 사람을 높이는 것의 두 가지가 있음을 밝히고, 월의 임자를 높이는 것과 들을이를 높이는 것과는 구별해야 한다고 하고 다음과 같은 <보기월>을 들었다.

(21) 그 어른이 오시겠다.
(22) 그자도 오겠읍니다.

(21)은 월의 임자는 높이되 들을이는 높이지 않는 것으로 주체높임에 해당하는 것이다. 곧 말할이가 월 속의 임자말 <어른>을 높이기 위하여 움직씨 줄기 {오-}에 주체높임을 나타내는 형태소 {-시-}를 더한 것이다. 그러나 (22)는 월의 임자는 높이지 아니하나 들을이를 높이는 것이므로 상대높임에 해당하는 것이다. 곧 말할이가 들을이를 높이기 위하여 들을이를 높이는 형태소 {-읍니-〉 -습니-}가 들어간 것이다.

이 (21), (22)를 주시경이 설명한 "끗기의 서분"에 견주어 보면, (21)은 낮음에 해당하고, (22)는 "높음"에 해당하는 것인데 주시경은 (21)도 높음에 넣기도 하였다. 이것은 높임의 기준과 대상을 명확하게 밝히지 않는 데서 온 혼란으로 보인다.

그리고 최현배(1937)에서는 월의 임자를 높이는 주체높임에도 그 사람을 나타내는 말을 높이는 것과 사람이 가지는 움직임이나 성질을 나타내는 말을 높이는 것의 두 가지가 있다고 하고 전자는 다시 사람 대이름씨를 높이는 것과 그 이름을 부르는 말밑에 높임을 나타내는 높임의 발가지를 붙이는 것이 있고, 후자는 움직임과 성질을 나타내는 풀이씨에 높임을 나타내는 형태소 {-(으)시-}를 더하는 것과 움직임과 성질을 높이는 말로 쓰는 것이 있음을 밝혔다(1937 : 1077~1079). 이것을 표로 만들어 보이면 다음과 같다.

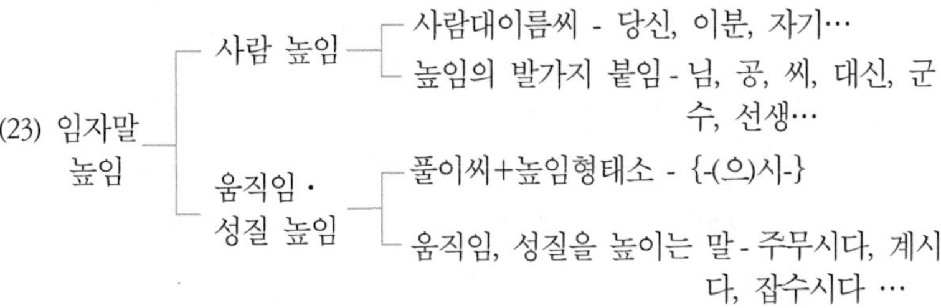

또 들을이를 높이는 들을이 높임(상대높임)에는 월의 풀이말의 씨끝을 "아주높임, 예사높임, 예사낮춤, 아주낮춤"의 4계층으로 나누고 등외로 "반말"이 있음을 밝혔다(1937 : 1079~1080). 이것을 보이면 다음과 같다.

(24) 그 어른이 오십니다.(ㅂ니다) (아주높임)

(25) 그 어른이 오니오.(예사높임)

(26) 그 어른이 오네.(예사낮춤)

(27) 그 어른이 오신다.(ㄴ다) (아주낮춤)

이것을 주시경 말본의 "끗기의 서분"과 비교해 보면, (24)는 "높음"에 (25), (26)은 "같음"에, (27)은 "낮음"에 해당하는 것이다.

그리고 최현배(1937)에서는 말의 높임은 한 월 안에서는 임자말을 높이는 정도와 풀이말을 높이는 정도가 맞아야 정당한 말을 이룬다고 하고, 이를 높임의 맞음(존경의 상응)이라 한다고 하였다. 이 높임의 서로 맞음은 그 월의 임자말의 가리킴의 다름을 따라 첫째 가리킴 월, 둘째 가리킴 월, 셋째 가리킴 월의 세 가지로 나누고 그 관계를 그림으로 나타내었다(1937 : 1080~1081). 이것을 보이면 다음과 같다.

(28) 나는 국화를 사랑하옵니다.

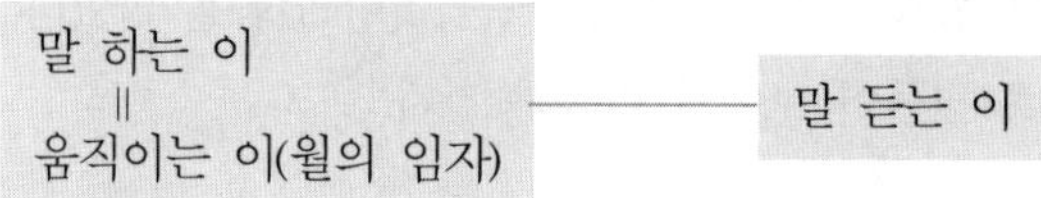

(28)은 첫째 가리킴 사람 대이름씨가 임자말이 된 경우(첫째 가리킴 월)인데 말하는 이와 월의 임자말이 같은 인물로서 들을이를 높이는 것이다. 이때 말할 이는 들을이보다 나이나 사회적인 지위나 신분이 낮은 경우이다. 물론 이때는 임자말이 1인칭이기 때문에 풀이말에 주체높임의 형태소 {-시-}가 들어갈 수 없다.

(29) 당신은 산수를 사랑하시옵나이까?

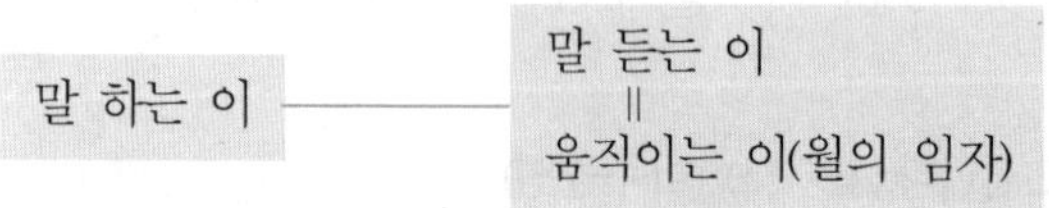

(29)는 둘째 가리킴 사람 대이름씨가 임자말이 된 경우(둘째 가리킴 월)인데, 들을이와 임자말이 동일한 인물로서 말할이가 들을이와 임자말(주체)을 동시에 높이는 것이다. 그러므로 풀이말에 주체높임 형태소 {-시-}와 상대높임 형태소 {-옵나이-}가 동시에 들어간 것이다.

(30) 주 선생이 한글을 사랑하시었다.(사랑하였나이다)

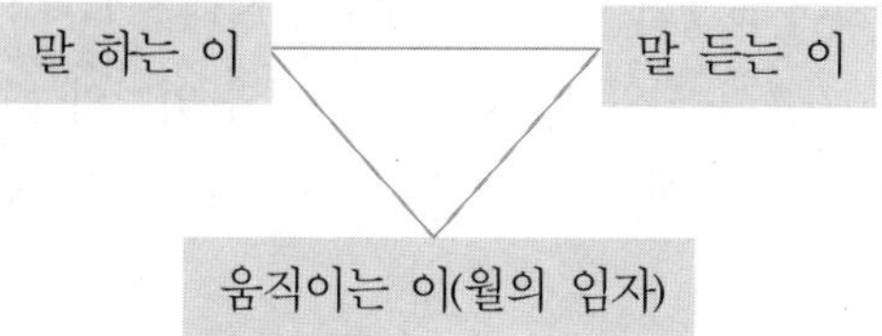

(30)은 셋째 가리킴 사람 대이름씨, 몬대이름씨가 임자말이 된 경우(셋째 가리키월)인데, 말할이가 월의 임자말은 높이되 들을이는 높이지 않는 경우이다. 그러므로 풀이말에 주체를 높이는 형태소{-시-}가 들어갔으나 들을이를 높이는 상대높임 형태소 {-ㅂ니-}는 들어가지 않았다.

이와 같이 말의 높임은 항상 말할이가 들을이를 높이거나 움직이는 이(월의 임자말)를 높이거나, 또는 들을이와 움직이는 이를 함께 높이거나 하는 데에 그 본뜻이 있다고 하면서 (28)의 첫째 가리킴 월에서는 들을이를 높이는 것이 중심이요, (29)의 둘째 가리킴 월에서는 들을이와 움직이는 이를 함께 높이는 것이 중심이며, (30)의 셋째 가리킴 월에서는 들을이와 움직이는 이(월의 임자)가 각각 무관하게 따로 서 있기 때문에 어느 한쪽만 높이든지, 양쪽을 다 높이든지 하는 것은 말할이의 의향에 매인 것이다(최현배, 1937 : 1082).

이러한 높임법은 모두 주시경의 "잇기와 끗기의 서분"을 계승·발전시킨 것이다. 이로써 주시경의 "서분"은 최현배에 이르러 그 확립을 보게 되었다.

4. 마무리

지금까지 살핀 주시경 말본의 높임법 설정과 그 계승의 내용을 간추려서 정리하면 다음과 같다.

1) 주시경 말본을 연구한 이들은 『국어문법』(1910)에서 높임법을 "잇기"와 "끗기"에서만 기술했다고 하였으나 여기서는 앞의 두 기(>씨) 외에 "임기"와

"억기"에서도 기술했음을 밝혔다. 이 "임기"와 "억기"에서의 높임은 임시적 기능변화인 자격변동법에 의하여 파생된 말에만 주체높임 형태소 {-시-}가 끼어든 형태로 주체높임법 설정의 기초가 되었다. 비록 이 임기와 억기의 높임은 씨가름의 잘못에서 비롯된 것이지만 주시경 말본 체계 안에서는 조리 정연한 체계이다.

2)『국어문법』에서 높임법에 맞서는 용어로 "서분"(序分)이라는 용어를 사용했다. 여기서 "잇기의 서분"은 주체높임에 해당하는 것으로 그 높임의 등분은 "높음, 같음"의 두 계층이 있음을 밝혔다. 이는 현대 국어 주체높임의 "높임, 안높임"에 그대로 계승되었다. 또 "끗기의 서분"은 상대높임에 해당하는 것으로 그 높임의 등분은 "높음, 같음, 낮음"의 세 계층이 있음을 밝혔다. 그 기준은 "장유존비"에 있음을 제시하고 있으나 "존비"보다 "장유"(나이)에 두고 있음을 밝힌 것은 처음 있는 일로 국어학 연구사에서 높이 평가 되어야 하겠다.

그리고 여기서 "높음"은 아주높임에 맞서는 것이고, "같음"은 예사높임과 예사낮춤에, "낮음"은 아주낮춤에 맞서는 것이다. 특히 이 "잇기와 끗기의 서분"은 다음날 높임법의 체계 확립에 많은 영향을 미쳤다.

또 주시경은 자기 자신을 낮추거나 상대방을 높이는 것을 하나의 용어로 "높음"이란 용어만 사용하고 있는데, 이는 자기 자신을 낮추는 겸손도 바로 상대방을 높이는 것이라고 의식하고 높임의 범주 속에 넣어 "높음"이란 용어로만 나타낸 것으로 국어학 연구사에서 대단한 공적이라 할 수 있다.

3) 주시경의 학문을 계승한 김두봉(1916)은 우리말의 높임법을 "움씨, 겻씨, 맺씨"의 3씨에서 기술하였다. "움씨"의 높임은 주체높임에 해당하는 설명이고, "겻씨"의 높임은 주체·객체높임의 설명으로 주시경 말본에는 없는 것이다. 그리고 "맺씨" (<끗기)의 높임은 상대높임에 해당하는 설명이다. 그 높임의 등분은 "높음, 가온, 낮음"으로 나누었다. 이는 주시경의 "끗기의 서분"을 그대로 계승한 것이다. 그러나 주시경은 끗기의 서분에서 "이름"의 <보기말>만 보였으나 김두봉은 "이름, 물음, 시김"의 <보기말>을 보였는데 이는 큰 발전이다. 그리고 겻씨의 등분을 "두로, 높음" 또는 "높음, 같음, 낮음"으로 체계 세운 것은 우리 말본 연구사에서 처음 있는 일이다.

4) 그외 1920년 이전까지의 우리 말본의 높임법 설정을 간추려 보면, 유길준 (1909)은 높임에 해당하는 용어로 "체재"(體裁)를 쓰고, "존경을 표하는 자"와 "겸공을 표하는 자"가 있음을 밝혔으나 높임의 등분은 언급하지 않았다. 김규식 (1908 ?)은 높임의 등분을 "하대, 차대, 평대, 존대"의 4계층으로 구분하였고, 김 희상(1911)은 높임의 등분을 "상대, 중대, (반대), 반반대, 하대"의 4계층 또는 5 계층(반대)으로 나누었는데 이들은 모두 주시경의 3계층을 기반으로 하여 이루 어진 것이다.

5) 최현배(1937)는 씨가름을 주시경, 김두봉과는 달리하였기 때문에 높임법 의 체계에도 차이가 있다. 그는 높이는 자와 높이는 대상 곧 주체를 높이느냐, 들을이(상대)를 높이느냐에 따라 분명히 구분하여 체계를 세웠다. 그리고 상대 높임의 계층도 주시경과 김두봉의 끗기(=맺씨) 체계를 계승·발전시켜서 "아주 높임, 예사높임, 예사낮춤, 아주낮춤, 반말(등외)"의 5계층으로 나누어 체계를 세 웠다. 이로써 우리말본 연구사에서 높임법 체계는 확립되었다고 하겠다.

참고문헌

강기진(1990), 「주시경의 형태이론(II)」, 국어국문학 논문집, 경운출판사
고영근·이현희(1986)(교주), 주시경, 『국어문법』, 탑출판사
김규식(1909?), 『유인 대한문전』, (역대 국어문법 대계, 제1부 제5책, 탑출판사, 1977)
김규식(1912), 『유인 조선문전』, (역대 I-5, 탑출판사, 1983)
김두봉(1916), 『조선말본, 신문관』, (역대 I-8, 탑출판사, 1983)
김두봉(1922), 『깁더 조선말본』, 상해 새글집, (역대 I-8, 탑출판사 1983)
김민수(1977), 『주시경 연구』, 탑출판사.
김석득(1979), 『주시경 문법론』, 형설출판사.
김석득(1992), 「주시경 국어연구(문법편)」, 훈민정음과 국어학, 전남대학교 출판부
김희상(1911), 『조선어전』, 보급서관, (역대 I-7, 탑출판사, 1977)
박지홍(1977), 「유길준의 『조선문전』」, 어문교육논집 2, 부산대학교 국어 교육과
유길준(1904?), 『필사 조선문전』, (역대 I-1, 탑출판사, 1977)
유길준(1909), 『대한문전』, 동문관

주시경(1910), 「원고본 국어문법」, (한힌샘 연구 3, 한글학회, 1990)
주시경(1910), 『국어문법』, 박문서관, (주시경 전집, 下, 아세아 문화사, 1976)
주시경(1911), 『조선어문법』, 신구서림, (전집, 下, 아세아 문화사, 1976)
최광옥(1908), 『대한문전』, (역대 Ⅰ-2, 탑출판사, 1979)
최낙복(1986), 「주시경 문법의 '언씨'의 설정과 그 계승」, 청천 강용권 박사 송수 기념논
          총, 태화출판사.
최낙복(1987), 「주시경 문법의 '엇씨' 연구」, 부산한글 6, 한글학회 부산지회
최낙복(1988), 「주시경 말본의 '씨' 설정 연구」, 한힌샘 연구 1, 한글학회
최낙복(1989), 「주시경 말본의 형태론 연구」, 동아대학교 대학원 박사 논문
최낙복(1989), 「주시경 말본의 9씨 설정 기반과 그 영역」, 지산 김재문 교수 화갑 기념논
          문집, 제일출판사
최낙복(1991), 『주시경 문법의 연구』, 문성출판사
최현배(1937), 『우리말본』, 연희전문학교 출판부
최현배(1971), 『우리말본』, 정음사
하치근(1989), 『국어 파생형태론』, 남명문화사(증보판, 1993)
허 웅(1975), 『우리 옛말본』, 샘문화사
허웅·박지홍(1980), 『주시경 선생의 생애와 학문』, 과학사

(발표 : 『국어국문학 논문집』 12집, 동아대학교 국어국문학과, 1993)

5장 『말』에 나타난 낱말 만들기

1. 머리말

2. 『말』에서의 낱말 만들기

   2.1 명호(이름씨) 만들기

   2.2 형용(그림씨) 만들기

   2.3 동작(움직씨) 만들기

   2.4 형명(매김씨) 만들기

   2.5 형성(어찌씨) 만들기

3. 마무리

1. 머리말

현대 한국어에 나타나는 낱말들의 짜임을 보면,

(1) ㄱ. 덧버선, 숫총각, 웃어른, 핫바지, 헛고생, 홀어미/덧나다, 싯뻘겋다, 짓
　　　누르다, 헛되다
　　ㄴ. 끝장, 덮개, 웃음, 일꾼, 잎사귀/높다랗다, 꽃답다, 사랑스럽다
(2) ㄱ. 국그릇, 길짐승, 첫아들/값싸다, 늘어놓다, 돌아가다, 욕먹다
　　ㄴ. 늦가을, 올벼/굶주리다, 낮보다, 높푸르다, 얕보다, 오르내리다
(3) 눈, 손, 돌, 흙, 봄, 가을, 하늘, 머리, 미나리/가다, 놀다, 웃다, 울다, 크다,
　　높다, 맑다, 착하다, 흔하다

(1)과 같이 하나의 자립형태소에 파생의 접사가 결합하여 새로운 낱말을 만
드는 방법인 파생법(derivation)에 의하여 만들어진 파생어(derived word)가 있는데,
(1)ㄱ은 자립형태소에 접두사(prefix)가 결합되어 만들어진 접두파생어이고, (1)ㄴ
은 자립형태소에 접미사(suffix)가 결합되어 만들어진 접미파생어이다. 또, (2)와
같이 둘 이상의 자립형태소가 결합하여 새로운 낱말을 만드는 방법인 합성법
(compounding)에 의하여 만들어진 합성어(compound word)도 있다. (2)ㄱ은 자립할
수 있는 낱말들끼리 결합되어 만들어진 통어적 합성어(syntatic compound)이고,
(2)ㄴ은 합성어를 이루는 구성성분이 일반적인 국어 배열법을 지니지 아니한 낱
말인 비통어적 합성어(asyntactic compound)이다. 그리고 (3)과 같이 하나의 자립형
태소로 이루어진 단순어(simple word)도 있지만, 이것은 조어법(word-formation) 연
구의 대상이 될 수 없는 것이다.
　　이와 같이 우리말에는 낱말이 만들어지는 방법이 여러가지가 있을 수 있는
데, 이러한 방법들 가운데서 주시경의 『말』(1908?)에서는 어떠한 방법들이 적용
되어 낱말들이 만들어졌는가를 살핀다.

이 글은 주시경의 『말』에 나타나는 낱말 만들기 분야를 대상으로 하여 그의
낱말 만들기 이론을 살피게 되는데, 그 결과가 주시경 말본의 형태론 분야를 체
계화하고 나아가 개화기 국어 말본의 연구에 도움을 주고자 하는 데 그 목적이
있다.

2. 『말』에서의 낱말 만들기

주시경의 『말』에 나타나는 낱말 만들기 의식은 "언체의 변법" 단원과 "특별
변법" 단원에 나타난다. 그런데, "언체의 변법" 단원에서는 주로 낱말이 만들어
지는 방법을 설명하고 있는데, 여기서는 낱말 만드는 방법을 크게 <①명호되게
ᄒᆞ는 것, ②형용되게 ᄒᆞ는 것, ③동작되게 ᄒᆞ는 것>의 3가지로 나누어 설명하였
고, "특별변법" 단원에서는 주로 만들어진 낱말의 구실을 중심으로 설명하고 있
는데, 여기서는 낱말 만드는 방법을 <①형용되게 ᄒᆞ는 것, ②동작되게 ᄒᆞ는 것,
③명호되게 ᄒᆞ는 것, ④형명되게 ᄒᆞ는 것, ⑤형성되게 ᄒᆞ는 것>의 5가지로 나누
어 설명하고 있다. 그러므로 <말>에서 낱말 만드는 방법으로는 <①명호(>이
름씨), ②형용(>그림씨), ③동작(>움직씨), ④ 형명(>매김씨), ⑤형성(>어찌씨)>
의 5씨가 만들어지는 방법을 설명한 것이라 할 수 있다.

2.1 명호(이름씨) 만들기

이름씨 만들기에 대해서는 『말』(29.ㄴ쪽~30.ㄴ쪽)의 "언체의 변법" 단원에
서는 이름씨를 만드는 방법을 "명호되게 ᄒᆞ는 것"이라 하고, <①형본명호, ②명
형본명호, ③동본명호, ④명동본명호, ⑤명본명호>의 5가지로 나누어 설명하였
고, 또 "특별변법" 단원(31.ㄴ쪽)에서는 이름씨를 만드는 방법으로 "형명본명호"
하나가 있음을 보이고 있다. 이 6가지 방법을 간추려 보이면 다음과 같다.

(4) 명호되게 ᄒᆞ는 것
　　ㄱ. 형본명호 : 형용을 명호되게 ᄒᆞ는 것
　　　　<보기> ①힘, 검음, 깊 / ②희지, 검지 / ③희기, 검기
　　ㄴ. 명형본명호 : 명호가 형본되어 다시 명호로 변ᄒᆞ는 것
　　　　<보기> 정흠
　　ㄷ. 동본명호 : 동작을 명호되게 ᄒᆞ는 것
　　　　<보기> ①감, 먹음 / ②가지, 먹지 / ③가기, 먹기 / ④살임 / ⑤(두루)
　　　　　　　　막이
　　ㄹ. 명동본명호 : 명호가 동본되어 다시 명호된 것
　　　　<보기> 일흠
　　ㅁ. 명본명호 : 명호를 명호되게 ᄒᆞ는 것(필자 보충)
　　　　<보기> 바ᄂᆞ질
　　ㅂ. 형명본명호 : 형명이 명호되는 것
　　　　<보기> 큰것, 작은것, 배혼것, 말ᄒᆞ는것, 흰것, 검은 것, 배호는것,
　　　　　　　　뜻ᄒᆞ는것, 깃분것, 착ᄒᆞᆫ것, 배홀것, 노ᄒᆞ는것, 이것, 그것, 저
　　　　　　　　것

(『말』 : 29.ㄴ～31.ㄴ)

(4)ㄱ은 "형용을 명호되게 ᄒᆞ는 것"이라 하였으므로 이는 그림씨가 이름씨됨을 보인 것으로 그림씨(또는 그림씨 줄기)인 <희, 검, 길>에 파생접미사로 의식한 {-ㅁ/음, -지, -기}가 각각 결합하여 <힘, 희지, 희기, 검음, 검지, 검기, 깊>과 같은 이름씨를 파생시킨 것으로 의식한 것이다. (4)ㄱ의 ①, ③은 오늘날의 그림씨의 이름꼴에 해당하는 것이고, ②는 그림씨 줄기에 지움어찌꼴 씨끝인 {-지}가 결합한 꼴로 이름씨로 처리한 것이다. 그러므로 (4)ㄱ에서는 그림씨에 파생접미사가 결합하여 이름씨를 파생시킨 것으로 의식한 것이다.

(4)ㄴ은 "명호가 형본되어 다시 명호로 변ᄒᆞ는 것"이라 하였으므로 이는 이름씨가 그림씨로 되었다가 다시 이름씨로 바뀐 것을 이르는 것인데, <보기말>로 보인 것을 보면, 이름씨로 의식한 <정(精)>에 {-ᄒᆞ}가 결합되어 그림씨 <정ᄒᆞ>로 되었다가 여기에 다시 이름씨를 파생시키는 접미사로 의식한 {-ㅁ}이 결합되어 <정흠>이라는 이름씨가 파생된 것으로 의식한 것이다.

그런데 <정+ㅎ>가 파생어인지, 또는 합성어가 되는지는 두 가지로 생각할 수 있다. 이 문제에 대해서 허 웅(1975 : 86)에서는 15세기를 국어를 서술함에 {-하다}형에 속하는 풀이씨는 모두 파생어로 다루었는데, 다만 이름씨나 어찌씨에 {-ㅎ다}가 붙은 말은 모두 합성어에 가깝다고 하였다. 그 이유는 <노릇ㅎ다, 지조ㅎ다, 말ㅎ다/이러ㅎ다, 잘ㅎ다> 따위에서 {-ㅎ-}의 동작성이 매우 강하게 느껴지기 때문에 합성어로 보는 것이 나을 것도 같지만 이러한 방법을 취하지 않는 것은 역시 다른 분명한 파생어 <구둑ㅎ다, 당당ㅎ다, 거머ㅎ다, 누러ㅎ다> 따위들과의 동형성을 고려하기 때문이라 하였다. 그러므로 주시경이 {-ㅎ}가 결합한 꼴을 파생어로 처리한 것은 대단히 의의가 있는 처리라 할 수 있으며, (4)ㄴ에서의 이름씨 만들기는 파생법의 겹침이라 할 수 있다.

(4)ㄷ은 "동작을 명호되게 ㅎ는 것"이라 하였으므로 이는 움직씨(또는 움직씨 줄기)인 <가, 먹, 살, 막>에 파생접미사로 의식한 {-ㅁ/음, -지, -기, 임, -이}가 각각 결합하여 <감, 가기, 가지/먹음, 먹지, 먹기/살임, 막이>와 같은 이름씨가 파생된 것으로 의식한 것인데, (4)ㄷ의 ①, ②, ③은 (4)ㄱ의 ①, ②, ③과 같은 처리 방법이다. 그러나 ④, ⑤는 이름씨를 만들어 주는 특별식이라 하였는데, ④는 {-임}을 이름씨 파생접미사로 의식한 것이고, 특히 ⑤는 이름씨 파생접미사에 {-이}가 있음을 의식한 것인데 이는 탁견이라 할 만하다.

(4)ㄹ은 "명호가 동본되어 다시 명호된 것"이라 하였으므로 이는 이름씨가 움직씨로 파생되었다가 다시 이름씨로 파생된 것을 보인 것인데, (4)ㄴ과 같은 처리 방법이다. 즉 이름씨 <일>에 {-ㅎ}가 결합되어 움직씨 <일ㅎ>가 되었다가 다시 이름씨 파생접미사 {-ㅁ}가 결합되어 <일홈>이라는 이름씨가 파생되었음을 의식한 것인데, (4)ㄴ과 같이 이것도 파생법의 겹침이다.

(4)ㅁ은 "명호를 명호되게 ㅎ는것"이라 하였으므로 이는 이름씨에 동작성을 부여하는 접미사 {-질}이 결합되어 씨는 바뀌지 않고, 실체성 뿌라를 동작화시키는 이름씨가 파생되었음을 보인 것이다.

(4)ㅂ은 "형명이 명호되는 것"이라 하였으므로 이는 명호(>이름씨)를 꾸며주는 말로 의식한 형명(>매김씨)이 명호가 되게 하는 것이므로 이는 바로 매김씨가 이름씨된 것을 이르는 것이다. 그 <보기말>의 구조를 보면 모두 <형명+것

(대표 명호)>으로 짜여져 있는데 이것은 형명과 명호로 각각 나누는 것이 원칙이지만 "<것>은 某事를 대표하여 그 말이 명호되게만 ᄒ는 表ㄴ 故로 형명과 합ᄒ어 한 名號字로만 認用홈도 可ᄒ다"(주시경, 1908 : 32ㄱ)하였으므로 이는 앞의 형명과 명호인 <것>이 결합하여 한 낱말로 의식하게 된 것이다. 그러나 여기서 <형명+것>을 한 낱말로 처리하는 것은 낱말 만들기 가운데 하나인 합성어를 의식한 것이기는 하지만 <보기말> 가운데서 <이것, 그것, 저것>을 제외하고는 한 낱말로 처리하기는 곤란하다 하겠다. 그러므로 (4)ㅂ은 이름씨 만들기에서 덜어내어야 하는 것이다.

2.2 형용(그림씨) 만들기

그림씨 만들기에 대해서는 "언체의 변법" 단원(30.ㄴ쪽)에서 그림씨 만드는 방법을 "형용되게 ᄒ는 것"이라 하고, 여기에는 "명본형용" 하나가 있음을 보였고, 또 "특별변법" 단원(31.ㄴ쪽)에서는 그림씨 만드는 방법에 "형본명본반격[1]형용"을 설명하고, 추가로 "형본명본동의[2]형용, 형본명본독의[3]형용"을 보이고 있다. 이것을 간추려 보이면 다음과 같다.

(5) 형용되게 ᄒ는 것
　ㄱ. 명본형용 : 명호를 형본되게 ᄒ는 것
　　　<보기> ①정ᄒ / ②해롭, 고롭 / ③사람스럽, 사람답

---

1) 反格이란 것은 한 長語의 主者가 他主者보다 특별ᄒ 成格(行動이나 事情)을 가진 것이나 한 長語의 物者가 특별ᄒ 행동을 받는 것이니라.
　　<보기>는, 은 - 나는 간다, 말은 달린다(주시경, 1908 : 83ㄱ)
　　이것은 『우리말본』의 어떤 것이 다른 것하고 서로 다름을 보이는 다른 도움토(相異補助詞)에 해당하는 것이다.
2) 同格이란 한 長語의 主者가 他主者와 相同ᄒ 成格(行動과 事情)을 가진 것이나 한 長語의 物者가 他主者의 相同ᄒ 成格(행동이나 사정)을 받는 것이니라.
　　<보기>도 - 나도 간다, 그 사람도 간다, 떡도 먹겠다(주시경, 1908 : 83ㄴ)
　　이것은 『우리말본』의 이것과 저것이 한가지임을 보이는 도움토(한가지 도움토, 同一補助詞)에 해당하는 것이다.
3) 주시경(1908)에서는 설명이 없지만 『우리말본』의 다른 것은 그러하지 아니한데, 이것만이 홀로 그러함을 보이는 도움토인 홀로도움토(單獨補助詞)에 해당하는 것이다.

　　　ㄴ. 형본명본반격형용
　　　　<보기> 크기는ᄒ, 검기는ᄒ, 정ᄒ기는ᄒ
　　　ㄷ. 형본명본동의형용
　　　　<보기> 크기도ᄒ, 검기도ᄒ, 정ᄒ기도ᄒ
　　　ㄹ. 형본명본독의형용
　　　　<보기> 크기만ᄒ, 검기만ᄒ, 정ᄒ기만ᄒ

(『말』 : 30.ㄴ~31.ㄴ)

　　(5)ㄱ은 "명호를 형본되게 ᄒ는 것"이라 하였으므로 이는 이름씨 또는 이름씨로 의식한 한자음에 파생접미사 {-ᄒ, -롭, -스럽, -답}이 결합하여 그림씨가 파생된 것을 이르는 것인데, 이러한 접미사가 이름씨를 그림씨로 만들어 주는 파생접미사로 의식한 것은 대단한 탁견이라 할 수 있다.

　　(5)ㄴ은 그림씨로 의식한 <크, 검, 정ᄒ>에 이름씨를 파생시키는 접미사 {-기}가 결합하여 파생된 이름씨인 <크기, 검기, 정ᄒ기>에 어떤 것이 다른 것하고 서로 다름을 보이는 다른 도움토(相異補助詞)인 {-는}이 결합하고 여기에 다시 파생접미사로 의식한 {-ᄒ}가 결합되어 파생된 <크기는ᄒ, 검기는ᄒ, 정ᄒ기는ᄒ>를 그림씨(<형본)로 처리한 것이고, (5)ㄷ도 {-기}가 결합하여 파생된 이름씨에 이것이 저것과 한가지임을 보이는 한가지 도움토(同一補助詞)인 {-도}가 결합한 것에 다시 {-ᄒ}가 결합되어 파생된 <크기도ᄒ, 검기도ᄒ, 정ᄒ기도ᄒ>를 형본(>그림씨)으로 처리한 것이고, (5)ㄹ도 역시 그림씨에서 파생된 이름씨에 다른 것은 그러하지 아니한데, 이것만이 홀로 그러함을 보이는 홀로도움토(單一補助詞)인 {-만}이 결합한 것에 다시 {-ᄒ}가 결합되어 파생된 <크기만ᄒ, 검기만ᄒ, 정ᄒ기만ᄒ>를 그림씨로 처리한 것이다.

　　그러나 (5)ㄴ, ㄷ, ㄹ은 모두 그림씨에 파생접사와 파생접사 사이에 토씨인 {-는, -도, -만}이 들어간 형태인 {-기는ᄒ, -기도ᄒ, -기만ᄒ}를 파생접사의 겹침으로 의식하여 이들이 결합하여 파생된 <크기는ᄒ, 검기는ᄒ, 정ᄒ기는ᄒ/크기도ᄒ, 검기도ᄒ, 정ᄒ기도ᄒ/크기만ᄒ, 검기만ᄒ, 정ᄒ기만ᄒ>를 모두 파생그림씨로 처리한 것인데, 이는 형태소 분석의 잘못에서 비롯된 것으로 도저히 한 낱말로는 처리할 수 없는 것이며, 이때 {ᄒ}는 파생접미사가 아니고, 도움그림씨로 처리하는 것이 바람직하다.

그러므로 (5)에서 보인 그림씨 만들기는 (5)ㄱ과 같이 이름씨 또는 이름씨로 의식한 한자음에 파생접사 {-ㅎ-, -롭-, -스럽-, -답-}이 결합되어 그림씨로 파생된 것만이 해당되는 것이다.

2.3 동작(움직씨) 만들기

움직씨 만들기에 대해서는 "언체의 변법" 단원(30.ㄴ쪽~31.ㄴ쪽)에서 움직씨 만드는 방법을 "동작되게 ㅎ는 것"이라 하고 여기에는 <①명본동작, ②원형성본동작, ③동본형성본동작, ④형본형성본동작, ⑤명본동본형성본동작, ⑥명본형본형성본동작>의 6가지 방법이 있음을 보였고, 또 "특별변법"의 단원(32.ㄱ쪽)에서도 움직씨 만드는 방법을 "동본명본반격동작"이 있음을 보였는데, 본문에 추가하는 항목에서 다시 "동본명본동의동작"이 있음을 보이고 있다. 이것들을 간추려 보이면 다음과 같다.

(6) 동작되게 ㅎ는 것
　　ㄱ. 명본동작 : 명호를 동작되게 ㅎ는 것
　　　　<보기> 일ㅎ, 말ㅎ, 나무ㅎ, 힝(行)ㅎ
　　ㄴ. 원형성본동작 : 원형성을 동작되게 ㅎ는 것
　　　　<보기> 더ㅎ, 다ㅎ, 잘ㅎ, 못ㅎ
　　ㄷ. 동본형성본동작 : 동본이 형성된 것을 다시 동작되게 ㅎ는 것
　　　　<보기> 자게ㅎ
　　ㄹ. 형본형성본동작 : 형본이 형성체 된 것을 다시 동작되게 ㅎ는 것
　　　　<보기> 희게ㅎ
　　ㅁ. 명본동본형성본동작 : 명호가 동작된 것을 다시 형성되게 ㅎ고 이것
　　　　　　　　　　　을 쏘다시 동작되게 ㅎ는 것
　　　　<보기> 일ㅎ게ㅎ, 홍ㅎ게ㅎ
　　ㅂ. 명본형본형성본동작 : 명호가 형용된 것을 다시 형성되게 ㅎ고 이것
　　　　　　　　　　　을 쏘다시 동작되게 ㅎ는 것
　　　　<보기> 졍(精)ㅎ게ㅎ

   ㅅ. 동본명본반격동작

     <보기> 보기는ᄒ, 먹기는ᄒ

   ㅇ. 동본명본동의동작

     <보기> 보기도ᄒ, 먹디도ᄒ

(『말』 : 30.ㄴ~32.ㄱ)

   (6)ㄱ은 "명호를 동작되게 ᄒ는 것"이라 하였으므로 이는 이름씨를 움직씨되게 하는 것이다. 즉 이름씨 <일, 말, 나무, 힝(行)>에 파생접미사로 의식한 {-ᄒ}가 결합되어 움직씨 <일ᄒ, 말ᄒ, 나무ᄒ, 힝ᄒ>가 파생되었음을 보인 것이고, (6)ㄴ은 "원형성[4]을 동작되게 ᄒ는 것"이라 하였으므로 이는 본디어찌씨를 움직씨되게 하는 것이다. 즉 본디어찌씨로 의식한 <더, 다, 잘, 못>에 역시 파생접미사로 의식한 {-ᄒ}가 결합되어 움직씨 <더ᄒ, 다ᄒ, 잘ᄒ, 못ᄒ>가 파생되었음을 보인 것이다. 그리고 (6)ㄷ, (6)ㄹ은 "동본 또는 형본이 각각 형성체된 것을 다시 동작되게 ᄒ는 것"이라 하였으므로 이는 움직씨 또는 그림씨가 어찌씨로 파생되었다가 다시 움직씨로 파생되는 과정을 보인 것이다. 즉 움직씨 <자> 또는 그림씨 <희>에 각각 어찌씨를 만들어 주는 파생접미사로 의식한 {-게}가 결합되어 어찌씨 <자게, 희게>가 파생되고 여기서 다시 파생접미사로 의식한 {-ᄒ}가 결합되어 움직씨 <자게ᄒ, 희게ᄒ>가 파생되었음을 보인 것으로 이는 움직씨 파생법의 파생접미사가 겹침을 의식한 것이다. 또 (6)ㅁ, (6)ㅂ은 "명호가 동작·형용된 것을 다시 형성되게 ᄒ고 이것을 ᄯᅩ다시 동작되게 ᄒ는 것"이라 하였으므로 이는 이름씨에서 움직씨·그림씨로 파생되었다가 다시 어찌씨로 파생되고, 이것이 또다시 움직씨로 파생되는 과정을 보인 것이다. 즉 이름씨 <일, 홍/정>에 움직씨·그림씨 파생접미사로 의식한 {-ᄒ}가 결합되어 움직씨·그림씨 <일ᄒ, 홍ᄒ/정ᄒ>가 파생되고, 여기서 다시 어찌씨 파생접미사로 의식한 {-게}가 결합되어 어찌씨인 <일ᄒ게, 홍ᄒ게, 정ᄒ게>가 파생된 것에 또다시 파생접미사 {-ᄒ}가 결합되어 움직씨 <일ᄒ게ᄒ, 홍ᄒ게ᄒ, 정ᄒ게ᄒ>가 파생되었다는 것인데, 이는 주시경의 이론대로라면 파생접미사 세 개가 겹쳐진 {-ᄒ게

---

 4) 形成은 즉 形動이오, 그 原字의 뜻은 그 本体가 원래 形成字요, 他体字가 변ᄒ어 形成体字가 된 것이 안이라 홈이라(주시경, 1908 : 30.ㄴ)하였으므로 이는 "본디어찌씨"를 가리키는 말이다.

히}가 결합되어 파생된 낱말들이지만 오늘날은 이것을 한 낱말로 처리하기는 어렵고 <일히게 히, 홍히게 히, 정히게 히>와 같이 되어 뒤에 오는 {히}는 도움움직씨로 처리하는 것이 일반적이다. 한편 (6)ㅅ, (6)ㅇ은 뜻매김은 없지만 그 <보기말>을 보면, 움직씨가 이름씨로 파생된 것에 반격토씨로 의식한 {-는} 또는 동의토씨로 의식한 {-도}가 각각 결합된 것에 다시 파생접미사 {-히}가 결합되어 움직씨가 파생되었음을 보인 것이다. 즉 움직씨 <보, 먹>에 이름씨 파생접미사 {-기}가 결합되어 이름씨 <보기, 먹기>가 파생된 것에 다시 어떤 것이 다른 것하고 서로 다름을 보이는 토씨 {-는}이나 이것이 저것과 한가지임을 보이는 토씨 {-도}가 결합한 것에 또다시 파생접미사 {-히}가 결합되어 움직씨 <보기는히, 먹기는히/보기도히, 먹기도히>가 파생되었음을 의식한 것이다. 그러나 이것도 (6)ㅁ, (6)ㅂ과 마찬가지로 한 낱말로 처리하기는 어렵다.

그러므로 (6)ㄱ, ㄴ은 이름씨 또는 어찌씨에 파생접미사로 의식한 {-히}가 결합되어 움직씨를 파생시킨 것이고 (6)ㄷ, ㄹ은 움직씨 또는 그림씨에 파생접미사로 의식한 것이 두 개 겹쳐진 {-게히}가 결합되어 움직씨를 파생시킨 것이고, (6)ㅁ, ㅂ은 이름씨에 파생접미사로 의식한 접사 세 개가 겹쳐진 {-히게히}가 결합되어 움직씨를 파생시킨 것이고, (6)ㅅ, ㅇ은 파생접미사 {-기}와 {-히} 사이에 토씨 {-는/-도}가 들어간 {-기는히/-기도히}를 파생접미사의 겹침으로 의식하여 이들의 형태를 더하면 움직씨가 파생되는 것으로 의식한 것이다.

여기서 주시경이 {-히}를 파생접미사로 의식한 것은 탁견이라 하겠으나 {-게히, -히게히, -기는히, -기도히}와 같은 형태를 파생접미사로 의식한 것은 석연치 않는 처리이다. 그러므로 (6)ㄷ, ㄹ, ㅁ, ㅂ, ㅅ, ㅇ의 {-히}는 파생접미사가 아니고 도움움직씨 {히}로 처리하는 것이 바람직하다.

2.4 형명(매김씨) 만들기

매김씨(<형명) 만들기에 대해서는 "특별변법" 단원(33.ㄱ쪽~58.ㄴ쪽)에서만 나타나는데, 여기서는 매김씨를 만드는 원칙을 "국어에 엇던 형명이던지 아래 명호와 연발치 안코 다 쪄어느니라" 하였다. 이 원칙에 따라 매김씨 만드는 방

법은 "형명되게 ᄒᆞ는 것"이라 하고 크게 <①명본형명, ②형본형명, ③동본형명>의 3가지가 있음을 의식하고 많은 <보기말>을 보이고, 그 낱말 하나하나에 대하여 설명을 하였다. 이것을 간추려 보이면 다음과 같다.

(7) 형명되게 ᄒᆞ는 것

ㄱ. 명본형명 : 명호를 형명되게 ᄒᆞ는 것

<보기> ① 면쥬옷, 모시옷, 면쥬이불, 베이불, 부모옷, ᄋᆞ희옷, 오리알, 비단옷, 물오리, 솜옷, 겹옷, 셔양목옷, 강오리, 대간, 배나무, 가루되, 새무리

② 고깃국, 어젯날, 벼룻돌, 경줏리씨, 벼룻물, 햇빛, 벼룻상, 벼룻집/산ㅅ골, 연ㅅ달, 촌ㅅ닭, 산ㅅ봉우리, 보션ㅅ솜, 밀ㅅ가루, 이불ㅅ보

③ 나의 붓, 학싱의 책

④ 암ㅎ개, 수ㅎ개, 암ㅎ닭, 수ㅎ닭

⑤ 물ㄹ양푼, 돌ㄹ역ㅅ, 털ㄹ요, 박달ㄹ윷, 가을ㄹ일

⑥ 부엌ㄴ일, 비단ㄴ이불, 솜ㄴ이불, 겹ㄴ이불, 갓ㄴ일, 방ㄴ일, 눈ㄴ약, 쩍ㄴ양푼, 담ㄴ약, 밥ㄴ양푼, 젓ㄴ약, 쟝ㄴ양품

⑦ 범ᄀᆞᆮ은쟝ㅅ, 광에쥐, 눈에약

ㄴ. 형본형명 : 형본을 형명되게 ᄒᆞ는 것

<보기> ① 흰옷, 검은옷

② 기ㄴ대

③ 길이

④ 가벼은옷, 더은물

⑤ 흰엿(흰녓), 검은엿(검은녓), 큰양푼(큰냥푼), 넓은요(넓은뇨), 적은윳(적은늇), 큰이불(큰니불)

⑥ 찰째, 맑을째, 길째, 춥을째/찰한, 검을현, 달감, 멀원

⑦ 깃부던마음, 깃부엇을마음

ㄷ. 동본형명 : 동본을 형명되게 ᄒᆞ는 것

<보기> ① 간사람, 사는사람, 갈사람, 먹은사람, 먹는사람, 파ㄴ물건, 파는물건, 팔물건, 들은말

　　② 갈째, 먹을째, 갈째5) / 갈거, 먹을식, 팔미, 열기
　　③ 누은ㅇ희, 누을ㅇ희(예외 : 접은조희, 눕은ㅇ희)
　　④ 깨어진양푼, 닦은양푼
　　⑤ 가던사람, 먹던사람, 갈앗던칼
　　⑥ 열쇠, 막말

(『말』 : 33.ㄱ~58.ㄴ)

　　(7)ㄱ은 "명호를 형명되게 ㅎ는 것"이라 하였으므로 이는 이름씨를 매김씨 되게 하는 것이다. 이것은 이름씨(<명호) 두 개가 연이어 놓이면 앞에 놓인 이름씨는 뒤에 놓인 이름씨를 꾸며주는 매김씨(매김말)가 된다고 의식한 것인데, 여기서 보인 <보기말>을 필자가 7가지로 나누어 간추려보인 것이다.

　　(7)ㄱ의 ①은<명호1+{ø}+명호2>의 구조로 된 낱말인데, 이때 앞에 놓인 <명호1>은 변체되는 표 없이 뒤에 놓인<명호2>의　매김말 노릇한다는 것이다. 이에 앞에 놓인<명호+ø>가 뒤에 <명호2>를 꾸며주는 구실을 한다고 하여<명호1>를 형명(>매김씨)으로 처리한 것인데, 이것은<명호1+명호2>의 구조로 이루어진 합성어인데, 주시경은 이것을 의식하지 못하고 앞의 이름씨를 매김씨로 처리한 것이다. ②는<명호1+{ㅅ}+명호2> 구조의 합성어와<명호1+[ㅅ]+명호2>구조의 합성어를 발음할 때<명호2>의 첫소리가 된소리가 남을 의식하여 {ㅅ}이 첨가되는 구조로 의식하여<명호1+{ㅅ}>과<명호1>이 각각 매김씨가 된 것으로 의식한 것인데, ②에서도 합성어를 의식하지 못하고<명호1>과 <명호2>를 분리한다는 원칙을 적용한 것으로 잘된 처리로 보기는 어렵다. 또 ③은<명호1+{의}+명호2>의 구조에서 앞의<명호1+{의}>를 한 낱말로 처리하여 형명이 된 것으로 의식한 것인데, 이것은 월에서 매김말로 쓰이는<이름씨+토씨(의)>의 구조로 된 어절을 한 낱말로 처리한 것으로 씨분류의 잘못에서 비롯된 것이다. ④는<명호1+{ㅎ}+명호2> 구조로 된 합성어에서 앞의<명호1>을 형명으로 처리한 것이고, ⑤는<명호1+명호2> 구조로 된 합성어에서<명호1>이 {ㄹ}로 끝난 낱말인데 이것을 발음할 때에는<명호1+[ㄹ]+명호2>의

---

5) ②의<보기말>에서 앞의<갈째>는 기본형이<가다>이고, 뒤의<갈째>는 기본형이<갈다> 이다.

구조가 되어 [ㄹ]이 첨가되는데 이때<명호1>을 형명으로 처리한 것이다. ⑥도 역시<명호1+명호2> 구조로 된 합성어인데, 이것을 발음할 때는 [ㄴ]이 첨가되어<명호1+[ㄴ]+명호2> 구조가 되는데, 이때 <명호1>을 형명으로 처리한 것이고, ⑦은<명호1+{긑은·에}+명호2>의 구조에서 앞의<명호1+{긑은·에}>의 구조가 형명이 되어 뒤에 오는<명호2>를 꾸며주는 낱말로 의식한 것인데. 여기서<명호1+{긑은·에}>는 각각 한 낱말이 될 수 없는 것이다.

이처럼 (7)ㄱ의<보기말>로 보인 것 중에서 ①, ②, ④, ⑤, ⑥은 모두<명호1+명호2>의 구조로 된 합성어이고 ③, ⑦은<명호1+토씨+명호2>의 구조로 된 말이므로<명호1+토씨>의 구조는 한 낱말로 처리하기 곤란한 것들이다. 그리고 주시경은 여기서 합성어를 합성어로 처리하지 않고 두 명호를 모두 분리하여 앞의 명호를 형명(>매김씨)으로 처리하였는데, 이것은 씨와 월성분의 혼돈에서 비롯된 것이다.

(7)ㄴ은 "형본을 형명되게 ㅎ는 것"이라 하고 "형본은 형용자(形容字)의 본체6)란 말이니 형용자는 본체대로 만은 쓰임이 업고, 형명, 형동, 성격(成格)7) 三種으로 쓰여지는 디…"라 풀이하였다. 이 말은 그림씨의 줄기는 그대로 쓰이는 일이 없고 다른 여러 씨끝과 결합하여 쓰인다는 말로 풀이된다. 그리고 (7)ㄴ에서 "형본을 형명되게 ㅎ는 것"이라 한 것은 그림씨가 형명(>매김씨)으로 파생됨을 이르는 것이다. (7)ㄴ의<보기말> ①~⑤까지는 모두 <형본+{∅, ㄴ, 은}+명호(또는 대명)>의 구조로 되어 있는 말인데, 이때 {∅, ㄴ, 은}을 파생접미사로 의식하여 <형본+{∅, ㄴ, 은}>이 형명(>매김씨)으로 파생됨을 보인 것이다. 즉 ①은 형본(>그림씨 줄기)인 <희, 검>에 형명체를 만들어주는 표 {ㄴ, 은}이 결합한 꼴 <흰, 검은>이 되어 뒤에 오는 명호인 <옷>을 꾸며주는 형명이 된다는 것으로 의식한 것이고, ②는 형본인 <길>이 {ㄹ}로 끝났기 때문에 형명체를 만들어 주는 표 {ㄴ}이 결합되면 그 {ㄹ}이 탈락한 꼴 <긴>이 되어 뒤에 오는 명호 <대>를 꾸며주는 형명이 된다는 것이고, ③은 {ㄹ}로 끝난 형

---

6) "형용자의 본체"란 오늘날의 그림씨 줄기에 해당하는 것이다.
   <보기> 희-, 검-, 길-, 가볍- …
7) 성격에는 죠성과 간접이 付흠을 다 謂흠이라(주시경, 1908 : 48.ㄴ)
   여기서 죠성(>끗)은 맺음씨이고, 간접(>잇)은 이음씨 및 이음씨끝에 해당하는 것이다.

본<길>이 형명체를 만들어 주는 표 없이 그대로 형명이 되어 대이름씨로 의식한<이>를 꾸며준다는 것이고, ④는 {ㅂ}로 끝난 형본<가볍, 덥>에 형본을 형명체로 만들어 주는 파생접미사로 의식한 {은}이 결합되면 {ㅂ}은 발음되지 않고<가벼운, 더운>이 되어 뒤에 오는 명호<옷, 물>을 꾸며주는 형명이 된다는 것이고, ⑤는 형본인<희, 검, 크, 넓, 적, 크>에 역시 형본을 형명체 되게 하는 파생접미사로 의식한 {ㄴ, 은}이 결합되면<흰, 검은, 큰, 넓은, 적은, 큰>이 되어 뒤에 오는 명호<엿, 양푼, 요, 윳, 이불>을 꾸며주는 형명이 되는데, 이때 형명체와 명호 사이에는 [ㄴ] 소리가 덧나서 [흰녓, 검은녓, 큰냥푼, 넓은뇨, 적은눗, 큰니불]과 같이 소리가 남을 보인 것이다. 또 (7)ㄴ의 ⑥은<형본+{ϕ, 을}+명호>의 구조로 되어 있는 낱말들인데, 이때 {ϕ,을}을 파생접미사로 의식하여 <형본+{ϕ, 을}>이 형명이 됨을 보인 것으로, 형본인<찰, 맑, 길, 춤 / 찰, 검, 달, 멀>에 {ϕ, 을}이 결합되어 형명체인<찰ϕ, 맑을, 길ϕ, 춤을 / 찰ϕ, 검을, 달ϕ, 멀ϕ>이 되어 뒤에 오는 시간명호<째>나, 한자음<한, 현, 감, 원>을 꾸며주는 형명이된다는 것이다. 그리고 (7)ㄴ의 ⑦은<형본+{던, 엇을}+명호>의 구조로 된 말인데, 이 {던, 엇을}은 형본을 과거, 현재시간, 또는 가상의 형명체로 되게 하는 파생접미사로 의식하여 <형본+{던, 엇을}>이 형명체가 됨을 보인 것으로 형본인<깃부>에 {던, 엇을}이 결합한 꼴<깃부던, 깃부엇을>이 형명이 되어 뒤에 오는 명호<마음>을 꾸며주는 것으로 의식한 것이다.

　이와 같이 (7)ㄴ의<보기말> 구조는<형본+{ϕ, ㄴ, 은, 을, 던, 엇을}+명호>로 되어 있는데, 이때<형본+{ϕ, ㄴ, 은, 을, 던, 엇을}> 꼴이 형명체가 되어 뒤에 오는 명호를 꾸며주는 형명이 된다는 것이다. 여기서 주시경은 {ϕ, ㄴ, 은, 을, 던, 엇을}을 형본을 형명체로 만들어주는 파생접미사로 의식한 것은 그의 말본체계 안에서는 탁견이라 할 수 있고, 이들이 결합한 꼴을 형명으로 의식한 것은 씨분류의 기반을 구실에 두었기 때문이다. 또 이런 말들을 형명으로 의식하여 우리말에 "형명"을 독립된 씨로 설정한 것은 우리말의 특질을 잘 살핀 것으로 말본 연구사에서 처음 있는 일이다.

　(7)ㄷ은 "동본을 형명되게 ㅎ는 것"이라 하였는데, 이는 (7)ㄴ의 뜻매김에서 "형본" 대신 "동본"으로 바뀌었을 뿐 그 뜻매김이 똑같다. 그 풀이에 있어서도

(7)ㄴ과 같이 "동본은 동작자(動作字)의 본체란 말이니 동작자는 본체대로만 쓰임이 업고 형명, 형동, 성격 3종으로 쓰여지는더…"라 풀이하고 있으므로 이것은 움직씨의 줄기만으로는 쓰이는 일이 없고 반드시 다른 여러 씨끝과 결합하여 쓰인다는 뜻으로 풀이된다.

(7)ㄷ의<보기말> ①~④까지는 모두<동본+{ φ, ㄴ, 은, 는, ㄹ, 을}+명호>의 구조로 되어 있는 말인데, 동본에 파생접미사로 의식한 { φ, ㄴ, 은, 는, ㄹ, 을}이 결합된 구조인<동본+{ φ, ㄴ, 은, 는, ㄹ, 을}>이 형명체로 파생됨을 보인 것이다. 즉, ①은 동본인<가, 먹, 팔, 들(들)>에 시간을 겸하여 설명하는 형명체 되게 하는 표인 {ㄴ, 은, 는, ㄹ}이 결합되어 형명체인<간, 갈, 가는, 먹은, 먹는, 판, 파는, 팔 들은>이 파생되어 뒤에 오는 명호인<사람, 물건, 말>을 꾸며주는 형명이 된 것이고, ②는 동본<가, 먹, 갈 / 갈, 먹, 팔, 열>에 역시 파생접미사로 의식한 { φ, ㄹ, 을}이 결합되어 형명체인<갈, 먹을, 갈 / 갈, 먹을, 팔, 열>로 파생되어 뒤에 오는 시간명호인<째>또는 한자음<거, 식, 미, 기>를 꾸며주는 형명이 됨을 보인 것이고, ③은 {ㅂ}받침으로 끝난 동본인<눕>에 과거나 미래 형명체가 되게 하는 {은, 을}이 결합되어 형명체가 될 때 {ㅂ}은 발음되지 않고<누은, 누을>이 되어 뒤에 오는 명호인<ᄋᆞ희>를 꾸며주는 형명이 됨을 보인 것이며, ④는 동본<깨어지, 닦>에 과거 형명체가 되게 하는 표 {ㄴ, 은}이 결합되어 형명체인<깨어진, 닦은>이 되어 뒤에 오는 명호인<양푼>을 꾸며주는 형명으로 의식한 것이다. 또 (7)ㄷ의 ⑤는<동본+{던, 앗을}+명호>의 구조로 된 말인데, 동본<가, 먹, 갈>에 과거 또는 가상의 형명체를 되게 하는 접미사인 {던, 앗을}이 결합하여 형명체<가던, 먹던, 갈앗던>이 되어 뒤에 오는 명호인<사람, 칼>을 꾸며주는 형명이 됨을 보인 것이다. (7)ㄷ의 ⑥은<동본+{φ}+명호>의 구조로 된 말인데, 동본<열, 막>이 형명체 되게 하는 표 없이 형명체인<열 φ, 막 φ>이 되어 뒤에 오는 명호인<쇠, 말>을 꾸며주는 형명으로 되는 것을 의식한 것이다.

이와 같이 (7)ㄷ의 <보기말>의 구조는 (7)ㄴ과 같은 구조인데 다만 "형본" 대신 "동본"이 들어갔을 뿐이다. 즉<동본+{ φ, ㄴ, 은, 는, ㄹ, 을, 던, 앗던}+명호>의 구조인데, 이 { φ, ㄴ, 은, 는, ㄹ, 을, 던, 앗던}은 동본을 형명체 되게 하는 파생접미사로 의식한 것이다. 여기서도 주시경은 파생접미사와 굴곡접미사를 구별하지 않고 모두 파생접미사로 의식하였던 것이다. 이와 같은 처리는 씨가름의 기반을 구실에 두고, 씨와 월성분을 혼돈한 데서 비롯된 것이다.

2.5 형성(어찌씨) 만들기

어찌씨(<형성) 만들기에 대해서도 "특별변법" 단원(59.ㄱ쪽~79.ㄴ쪽)에서만 나타나는데, 여기서 어찌씨 만드는 방법은 "형성되게 ᄒ는 것"이라 하고, 크게<①형본형성, ②동본형성>의 두 가지가 있음을 의식하고 많은<보기말>을 보였는데, 이것을 간추려 보이면 다음과 같다.

(8) 형성8)되게 ᄒ는 것
  ㄱ. 형본형성 : 형본이 형성체로 변ᄒ게 ᄒ는 것
    <보기> ① 희게빨다. 검게칠ᄒ다, 흔ᄒ게쓰다, 빠르게가다, 달ᄒ게
            만들다, 이르게오다
         ② 잘아못쓰겟다, 빠르어못짜르겟다, 이르어덜밝다, 달ᄒ어
            못쓰겟다, 곱ᄒ어못견듸겟다, 곱아사랑ᄒ다 / 비어가볍
            다, 낫아더빗사다, 옅어건느기쉽다, 낮아갑갑ᄒ다, 정ᄒ
            어좋다, 맑아좋다, 젊어힘세다
  ㄴ. 동본형성 : 동본이 형성체로 변ᄒ게 ᄒ는 것
    <보기> ① 먹게만들다, 가게만들다, 오르게만들어라, 뚤ᄒ게갈아라,
            구르게만들다, 좋게가르친다, 덮게만들어라, 쌓게지어라,
            깎게갈아라, 읽에가만두어라, 밟게싸놓아라, 삶게넣어라
         ② 돌아가다. 적어두겟다 가르어먹겟다, 두르어던져라, 짜르
            아간다, 이르어싸홧다, 뚤ᄒ어들어오게ᄒ여라, 돕아말ᄒ
            다, 눕어잔다, 기어다닌다, 가아자겟다, 찾아간다, 그리어
            붙엿다, 짓어팔겟다, 걸어온다, 서어잇다, 얻어왓다, 좇아
            간다, 긁어왓다

(『말』: 59.ㄱ~79.ㄴ)

---

8) "형성은 행동이니 장어식에 성자되는 형용과 동작을 형용ᄒ는 것이란 말이니라"(말, 1908:59.ㄱ) 하였으므로 이는 『우리말본』의 어찌씨(또는 어찌꼴)에 맞서는 말이라 하겠다.

(8)ㄱ은 "형본이 형성체로 변ᄒ게 ᄒ는 것"이라 하였으므로 이는 그림씨가 어찌씨로 파생되는 것을 이르는 것이다.

(8)ㄱ은<형본+{게, 아/어}+성자부(동작부, 형용부)>의 구조로 되어 있는 말인데, (8)ㄱ의 ①에서 간접(>잇)인 {-게}는 형성체 되게 하는 표이므로 형본(>그림씨)에 {-게}가 결합된 구조인<형본+{게}>가 형성체인 어찌씨로 파생된다는 것이다.

그러므로 형본인<희, 검, 흔ᄒ, 빠르, 달ᄒ, 이르>에 형성체(>어찌씨)를 만들어 주는 파생접미사로 의식한 {-게}가 결합한 꼴인<희게, 검게, 흔ᄒ게, 빠르게, 달ᄒ게, 이르게>라는 형성체가 되어 뒤에 오는 성자부(>풀이부, 서술부)<빨다, 칠ᄒ다, 쓰다, 가다, 만들다, 오다>를 꾸며주는 형성으로 의식하게 된 것이다. (8)ㄱ의 ②에서는 간접인 {-아/어}가 형성체 되게 하는 표이므로 형본에 {-아/어}가 결합된 구조인<형본+{-아/어}>가 역시 형성체인 어찌씨로 파생됨을 보인 것이다. 즉 형본인<잘, 빠르, 이르… / 비, 낫, 옅…>에 형성체를 만들어 주는 파생접미사로 의식한 {-아/어}가 결합한 꼴인<잘아, 빠르어, 이르어… / 비어, 낫아, 옅어 … >라는 형성체가 파생되어 뒤에 오는 성자부인<못쓰겠다, 못 빠르겠다, 덜밝다… / 가볍다, 더빗사다, 건느기쉽다 …>를 꾸며주는 형성체인 어찌씨로 의식한 것이다.

이와 같이 (8)ㄱ의 ①, ②는 모두<형본+{-게, -아/어}>의 구조가 되어 형본이 형성체가 파생된 것으로 의식한 것인데, 이는 오늘날의 그림씨의 어찌꼴을 파생어찌씨로 처리한 것이다. 이때 {-게, -아/어}는 그림씨의 줄기에 결합되어 어찌씨를 파생시키는 파생접미사로 의식한 것이다. 이러한 것은 주시경이 그림씨의 씨끝바꿈을 의식하지 못하고 각각의 형태소를 독립된 씨로 설정한 데서 비롯된 것으로 뒷날 다시 다듬어지게 되었다.

(8)ㄴ은 "동본이 형성체로 변ᄒ게 ᄒ는 것"이라 하였으므로 이는 움직씨가 어찌씨로 파생되는 것을 이르는 것이다. 그리고 (8)ㄴ도<동본+{-게, -아/어}+성자부(동작부)>의 구조로 된 말인데, 간접인 {-게, -아/어}는 "동본을 형성체 되게 하는 표"라 하였으므로 이것을 모두 파생접미사로 의식한 것이다.

(8)ㄴ의 ①은 "동본"에 {-게}가 결합되어 형성체가 되게 하는 것으로 이는<

동본+{-게}>를 형성체인 어찌씨로 파생된 것을 이르는 것이다. 즉 동본인<먹, 가, 오르, 쓸흐…>에 형성(>어찌씨) 파생접미사로 의식한 {-게}가 결합된 꼴< 먹게, 가게, 오르게, 쓸흐게 …>와 같은 형성체가 파생되어 뒤에 오는 성자부인 <만들다, 만들어라, 갈아라…>를 꾸며주는 어찌씨가 된다는 것을 보인 것이고, (8)ㄴ의 ②에서는 동본에 간접인 {-아/어}가 결합되어 형성체가 되게 하는 것이 므로 이는<동본+{-아/어}>를 형성체인 어찌씨로 파생되는 것을 이르는 것이 다. 즉 동본인<돌, 적, 가르, 두르, 짜르…>에 형성체 파생접미사로 의식한 {-아 /어}가 결합된 꼴<돌아, 적어, 가르어, 두르어, 짜르어…>와 같은 형성체가 되 어 뒤에 오는 성자부인<가다, 두겠다. 먹겠다, 던져라, 간다…>를 꾸며주는 어 찌씨가 된다는 것을 보인 것이다.

그러므로 (8)ㄴ은 움직씨의 줄기에 {-게, -아/어}가 결합되어 움직씨의 어찌 꼴로 쓰이는 것을 어찌씨로 처리한 것인데, 이것은 움직씨의 씨끝바꿈을 의식하 지 못하고 {-게, -아/어}를 파생접미사로 의식하여 파생어찌씨로 처리한 것이다. 이러한 것은 파생접미사와 굴곡접미사를 구별하지 않고 모두 파생접미사로 의 식한 것인데, 이는 뒷날 다시 다듬어지게 되었다.

3. 마무리

개화기의 국어 말본 저서들 가운데서 낱말 만들기에 대하여 기술된 최초의 말본 저서는 주시경의 『말』이다. 여기에는 <①이름씨, ②그림씨, ③움직씨, ④ 매김씨, ⑤어찌씨> 만들기의 의식이 나타나 있는데, 지금까지 살핀 낱말 만들 기 내용을 간추려 정리하면 다음과 같다.

1) 이름씨 : 이름씨를 만들어 주는 접미사로 의식한 {-음/ㅁ, -기, -지, -질, - 임, -이}가 움직씨, 그림씨, 이름씨에 결합하여 이름씨가 파생되는 것으로 의식 하였다. 이들이 결합하여 이름씨를 만드는 방법에는 <①형본명호, ②명형본명 호, ③동본명호, ④명동본명호, ⑤명본명호, ⑥형명본명호>의 6가지가 있음을

보이고 있는데. 이들 중 "⑤명본명호"의 의식은 대단한 탁견이라 할 수 있으나 "⑥형명본명호"는 이름씨가 될 수 없으므로 이름씨 만들기에서 덜어내어야 하는 것이다. 나머지 ①, ②, ③, ④는 모두 그의 말본체계 안에서는 가능한 것들이다.

2) 그림씨 : 그림씨를 만들어 주는 접미사로 의식한 {-ㅎ, -롭, -답, -스럽 / -기는ㅎ, -기도ㅎ, -기만ㅎ} 등이 이름씨나 그림씨에 결합되어 그림씨가 파생되는 것으로 의식하였다. 이들이 결합하여 그림씨를 만드는 방법에는 <①명본형용, ②형본명본반격형용, ③형본명본동의형용, ④형본명본독의형용>의 4가지가 있으나, 파생접미사로 의식한 {-ㅎ, -롭, -답, -스럽}이 이름씨에 결합하여 그림씨가 만들어진 "①명본형용"의 방법을 제외한 나머지는 한 낱말로 처리할 수 없는 것들이다.

3) 움직씨 : 움직씨를 만들어 주는 접미사에는 {-ㅎ / -게ㅎ, -ㅎ게ㅎ / -기는ㅎ, -기도ㅎ}가 있음을 의식하고 이들이 결합하여 움직씨가 만들어 지는 방법에는 <①명본동작, ②원형성본동작, ③동본형본동작, ④형본형성본동작, ⑤명본동본형성본동작, ⑥명본형본형성본동작, ⑦동본명본반격동작, ⑧동본명본동의동작>의 8가지가 있음을 의식하였다. 이들 가운데 ①~⑥까지는 주시경의 씨가름 체계 안에서는 가능하다고 할 수 있으나 엄밀한 의미에서 이름씨에 {-ㅎ}가 결합되어 움직씨가 만들어진 ①"명본동작"을 제외하고는 모두 움직씨 파생으로 처리하기 곤란한 것이다. 특히 ⑦, ⑧은 하나의 씨로 처리할 수 없는 것이므로 움직씨 만들기에서 덜어내어야 하는 것이다.

4) 매김씨 : 매김씨를 만들어 주는 접미사로 의식한 것은 { ϕ, ㄴ, 은, 을, 던, 엇을} 등이 있는데, 이들이 이름씨 그림씨, 움직씨에 결합하여 매김씨를 만드는 방법에는 <①명본형명, ②형본형명, ③동본형명>이 있음을 의식하였다. ①은 <이름씨1+이름씨2>의 구조로 된 말인데, 여기서 <이름씨1>를 매김씨로 처리한 것이다. 이는 합성어를 인정하지 아니한 처리법에서 비롯된 것인데, ①에서 보인<보기말>은 대부분 합성이름씨로 처리되어야 하는 것들이다. ②, ③은 <형·동+{ ϕ, ㄴ, 은, 을, 던, 엇을}+이름씨>의 구조로 된 말인데, 여기서 <형·동+{ ϕ, ㄴ, 은, 을, 던, 엇을}을 매김씨로 처리한 것이다. 이것은 낱말의 구실을

기반으로 하여 씨가름한 것으로 이는 씨와 월성분을 혼돈한 데서 비롯된 것이다.

5) 어찌씨 : 어찌씨를 만들어 주는 접미사로 의식한 {-게, -아/어}가 그림씨나 움직씨에 결합되어 어찌씨를 반드는 방법에는 <①형본형성, ②동본형성>의 두 가지가 있음을 의식하였다. 이들은 <형·동+{-게, -아/어}+성자부>의 구조로 되어 있음을 의식하고 <형·동+{-게, -아/어}>를 어찌씨로 처리한 것이다. 이것도 구실을 기반으로 하여 씨가름을 한 데서 비롯된 것이다.

이와 같이 주시경의 『말』에는 낱말 만들기에서 합성어 의식과 파생어 의식이 나타난다. 합성어 의식은 이름씨 만들기의 "형명본명호"와 매김씨 만들기의 "명본형명"에서 나타나지만 이것을 합성어로 처리하지 않고 모두 파생어로 처리하여 오직 파생법에 의해서만 낱말이 만들어 지는 것으로만 처리하였다. 이것은 주시경의 씨가름 기반을 구실에 두고 그 출발은 형태소 의식에서부터 시작되었는데, 여기서도 씨와 월성분을 혼돈한 데서 비롯된 것이라 하겠다. 그러나 {-ㅎ}를 파생접미사로 의식한 것은 탁견이라 할 만하다.

주시경의 이와 같은 낱말 만들기 의식은 그의 『국어문법』(1910)에서 완성을 보게 된다.

참고문헌

김계곤(1988), 「한힌샘 주시경에 대한 연구 -조어법-」, 한힌샘 연구 1, 한글학회
김계곤(1996), 『현대국어 조어법 연구』, 박이정
김석득(1979), 『주시경 문법론』, 형성출판사
김승곤(1996), 『현대 나라말본』, 박이정
김정은(1995), 『국어 단어형성법 연구』, 박이정
김창섭(1994), 「국어 단어형성과 단어구조」, 서울대 박사학위 논문
김철남(1996), 「우리말 어휘소 되기 연구」, 동아대 박사학위 논문
남기심·고영근(1993), 『(개정판) 표준 국어 문법론』, 탑출판사
송철의(1992), 『국어의 파생어형성 연구』, 태학사

정원수(1992), 『국어의 단어형성론』, 한신문화사

조일규(1997), 『파생법의 변천(Ⅰ)』, 박이정

주시경(1908), 『말』, (역대 한국 문법 대계Ⅰ-3, 탑출판사, 1985)

주시경(1910), 『국어문법』, 박문서관

최낙복(1988), 「주시경 말본의 형태론 연구」, 동아대 박사학위 논문

최낙복(1991), 『주시경 문법의 연구』, 문성출판사

최현배(1937), 『우리말본』, 연희전문학교 출판부

하치근(1993), 『(증보판) 국어 파생형태론』, 남명문화사

하치근(1995), 「국어 조어론 연구의 어제와 오늘」, 한힌샘 주시경 연구 7·8, 한글학회

허 웅(1971), 「주시경 선생의 학문」, 동방학지 12, 연세대 동방학 연구소

허 웅(1975), 『우리 옛말본』, 샘문화사

허 웅(1983), 『언어학』, 샘문화사

허 웅·박지홍(1980), 『주시경 선생의 생애와 학문』, 과학사

(발표 : 『방언학과 국어학』, 청암 김영태 박사 화갑기념 논문집, 태학사, 1998)

6장 『국어문법』에 나타난 조어법

1. 머리말

2. 『국어문법』의 조어법

  2.1 파생법(기 몸박굼)

     2.1.1 임기(이름씨)의 파생

     2.1.2 엇기(그림씨)의 파생

     2.1.3 움기(움직씨)의 파생

     2.1.4 언기(매김씨)의 파생

     2.1.5 억기(어쩌씨)의 파생

  2.2 합성법(기 몸헴)

     2.2.1 임기(이름씨)의 합성

     2.2.2 엇기(그림씨)의 합성

     2.2.3 겻기(토씨)의 합성

3. 마무리

1. 머리말

낱말은 <봄, 하늘, 미나리> 등과 같이 하나의 뿌리(root)로 되어 있는 것도 있으나, <산돼지, 국그릇, 값싸다>등과 같이 두 개의 뿌리로 이루어진 것도 있다. 이와같이 두 뿌리가 모여 한 낱말을 만드는 방법을 합성법(compounding)이라 하고, 합성법에 의하여 만들어진 낱말을 합성어라 한다. 또 어떤 낱말은 <덧버선, 웃어른, 헛되다> 등과 같이 뿌리에 파생의 가지가 붙어서 이루어 진 것도 있다. 이와같이 뿌리에 파생의 가지가 붙어서 새로운 낱말을 만드는 방법을 파생법(derivation)이라 하고, 파생법에 의하여 만들어진 낱말을 파생어라 한다. 그리고 합성법과 파생법은 모두 낱말을 새로 만드는 방법이므로 조어법(word-formation)이라 한다.

이와같은 조어법 연구를 우리말본 연구사에서 살펴보면, 처음 주시경의『말』(1908?)에서 시도되어『국어문법』(1910)에서 그 성립을 보게 되었음을 알 수 있다.

이 글은 주시경의 『국어문법』에 나타나는 조어법 분야를 대상으로 하여 그의 조어법 이론을 살피게 된다. 그 결과가 주시경 말본의 형태론 분야를 체계화하고 나아가 개화기 국어 말본 연구에 도움을 주고자 하는 데 그 목적이 있다.

지금까지 주시경 말본의 조어법 분야를 대상으로 하여 독립된 논문을 발표한 이는 김계곤(1988)과 최낙복(1998)[1] 뿐이고, 나머지는 모두 각자의 저서나 논문 속에 조금씩 인용하거나 언급하였을 뿐이다.

---

1) 김계곤(1988)은 주시경의 『국어문법』(조선어문법)을 대본으로 하여 쓴 논문이고, 최낙복(1998) 은 주시경의 『말』을 대본하여 쓴 독립된 논문이다.

2. 『국어문법』의 조어법

주시경의 『국어문법』은 크게 "①기난갈"과 "②짬듬갈"과 "③기 몸박굼과 기 몸헴과 기 뜻박굼"의 크게 세 분야로 나누어 기술되어 있다. 이 가운데 조어법에 해당하는 것은 ③의 "기 몸박굼, 기 몸헴, 기 뜻박굼"이다.

그런데 이 조어법에 해당하는 분야에 나타나는 <보기말>을 살펴보면, 약간의 예외가 있기는 하지만 "기 몸박굼"과 "기 뜻박굼"은 대체로 파생법에 해당하는 것이고, "기 몸헴"은 합성법에 해당된다(김석득, 1979:73). 여기서 말하는 "기 몸박굼"은 뿌리의 자격 변동법을 가리키는 것으로 씨 전성과 임시적 기능 변화인 자격변동법을 포괄하는 개념이며, "기 몸헴"은 낱말의 됨됨이를 분석한 부분이고, "기 뜻박굼"은 기(낱말)는 그대로 두고 뜻만 바꾸는 접사에 의한 씨 전의를 말한다. 그리고 하임 · 입음접미사에 의한 남움직씨 · 제움직씨의 형성은 씨가 바뀌지 않았는데, "기 몸박굼"으로 처리하고 있음은 통사적 파생법을 인정한 처리이다(하치근, 1993:14). 그러므로 주시경의 『국어문법』에서는 파생법과 합성법에 대한 내용이 모두 기술되어 있으나 주로 파생법에 대한 내용이 많은 양을 차지하고 있다.

이제 『국어문법』의 "기 몸박굼"과 "기 몸헴"과 "기 뜻박굼" 단원에 나타나는 조어법에 대하여 살펴보기로 한다.

2.1 파생법(기 몸박굼)

먼저 『국어문법』에 나타나는 "기 몸박굼"의 뜻매김을 정리해 보이면 다음과 같다.(『국어문법』 : 101쪽)

어느 기든지 서로 박구어 쓰지 못하면 말(다)을 꿈일 수가 없음으로 각 기의

결에를 서로 박구어 씀이 잇으니 이를 기 몸박굼이라 이름이라

(『국어문법』 : 101)

이 뜻매김으로 보아 "기 몸박굼"(씨 몸바꿈)은 통사론적 절실한 요구에서 오는 형태론적 구조 변형이라 할 수 있다(김석득, 1979:75). 이는 조어법의 두 가지 방법 가운데 파생법에 관한 것이다.

그리고『국어문법』의 "기 몸박굼" 단원(101쪽~115쪽)에서는 각 씨의 파생 방법을 크게 <①임몸되게 하는 것, ②엇몸되게 하는 것, ③움몸되게 하는 것, ④기 몸박굼에 특별함, ⑤언몸되게 하는 것, ⑥억몸되게 하는 것, ⑦제움이 남움 되게 하는 것, ⑧남움이 제움되게 하는 것>의 8가지가 설명되어 있고, "기 뜻박굼" 단원(116쪽)에서는 <돌질>이라는 <보기말> 하나만을 들어 설명하였는데, 여기서는 오늘날의 파생법과 씨전성을 함께 설명한 곳이라 하겠다. 이제 이들을 차례로 살펴보면 다음과 같다.

2.1.1 임기(이름씨)의 파생

주시경의 『국어문법』 "기 몸박굼" 단원(101쪽~103쪽)에 나타나는 이름씨 파생 방법은 <①엇본임, ②임엇본임, ③움본임, ④임움본임>의 4가지가 설명되어 있고, (알이)에서 <임본임>에 해당하는 <보기말>인 <돌질>에 대하여 풀이한 후 이것들을 "임몸되게 하는 것"이라 하였다. 또 "기 몸박굼에 특별함"[2] (105쪽)에서도 <언본임>에 해당하는 언기(>매김씨)와 임기(>이름씨)가 어울려 한 임기로 쓰이는 <보기말>들을 들어 설명하였는데, 이름씨 파생에 관한 내용만을 간추려 정리해 보이면 다음과 같다(국어문법 : 101~103쪽, 105쪽).

(1) 임몸되게 하는 것
   ㄱ. 엇본임 : 엇몸을 임몸되게 하는 것
      <보기> ①힘, 검음, 깊, ②히지, 검지, ③히기, 검기
   ㄴ. 임엇본임 : 임몸이 엇몸되고, 다시 임몸되게 하는 것.

---

2) "기 몸박굼에 특별함"은 특별변법소(特別變法素) 정도의 뜻(고영근 · 이현희, 1986:105).

<보기> 정함

ㄷ. 움본임 : 움몸을 임몸되게 하는 것

<보기> ①감, 먹음, 갚, ②가지, 먹지, ③가기, 먹기, ④먹이, ⑤썰에, ⑥묻엄, ⑦막애, ⑧남아, 남아지

ㄹ. 임움본임 : 임몸이 움몸되고, 다시 임몸되게 하는 것.

<보기> 일함

ㅁ. 임본임 : 임몸을 임몸되게 하는 것(필자 보충)[3]

<보기> 돌질

ㅂ. 언본임 : 앞의 언몸과 뒤의 임몸을 아울러 임몸되게 하는 것(필자 보충).

<보기> 이것, 힌것, 검은것, 배호는것, 배홀 것, 정한것, 동하는것 / 말하는바/ 말하는줄

(『국어문법』 : 101~103, 105)

(1)ㄱ은 그림씨에서 이름씨로 파생됨을 보인 것으로, 그림씨(그림씨 줄기)인 <히, 검, 길>에 이름씨 파생접미사로 의식한{-ㅁ/음, -지, -기}가 각각 결합되어 <힘, 검음, 긺/ 히지, 검지/ 히기, 검기>와 같은 이름씨가 파생되었음을 보인 것이다. 여기서 (1)ㄱ의 ①, ③은 오늘날의 그림씨의 이름꼴에 해당하는 것이고, ②는 그림씨 줄기에 지움어찌꼴 씨끝인{-지}가 결합한 꼴을 모두 파생이름씨로 처리한 것이다. 이러한 처리는 주시경이 파생접사와 굴곡접사를 구분하지 않고, 모두 파생접사로 의식한 데서 비롯된 것이라 하겠다.

(1)ㄴ은 이름씨가 처음 그림씨로 파생되었다가 다시 이름씨로 파생됨을 보인 것으로, <보기말>로 보인 <정함>은 처음 이름씨로 의식한 한자음 <정(精)>에 {-하}가 결합되어 그림씨 <정하>로 파생되었다가 여기에 이름씨 파생접미사로 의식한 {-ㅁ}가 다시 결합되어 <정함>이라는 이름씨가 파생된 것으로 의식한 것이다. 그런데 여기서 <정+{-하}>가 파생어냐 합성어냐 하는 문제가 생기게 된다. 이 문제에 대해서 허웅(1975:86)에서는 15세기 국어를 서술함에 {-하다}형에 속하는 풀이씨는 모두 파생어로 다루었는데, 다만 이름씨나 어찌씨

---

3) (1)ㅁ은 (앋이)의 <보기말>인 <돌질>을 보고 필자가 보충해 넣은 것이고, (1)ㅂ은 "기 몸박굼에 특별함"에 나타나는 <보기말>과 풀이를 간추려 필자가 보충해 넣은 것.

에 {ᄒᆞ다}가 결합된 말은 모두 합성어에 가깝다고 하였다. 그 이유는 <노릇ᄒᆞ
다, 지조ᄒᆞ다, 말ᄒᆞ다 / 이러ᄒᆞ다, 잘ᄒᆞ다> 따위에서 {-ᄒᆞ-}의 동작성이 매우 강
하게 느껴지기 때문에 합성어로 보는 것이 나을 것도 같지만 이러한 방법을 취
하지 않는 것은 역시 다른 분명한 파생어 <ᄀᆞ득ᄒᆞ다, 당당ᄒᆞ다, 거머ᄒᆞ다, 누러
ᄒᆞ다> 따위 들과의 동형성을 고려하기 때문이라 하였다. 그러므로 주시경이
{-하}가 결합한 꼴을 파생어로 처리한 것은 우리 말본 연구사에서 대단히 의의
가 있는 처리라 할 수 있겠다. 그리고 (1)ㄴ에서의 이름씨 파생법은 바로 파생법
의 겹침이라 할 수 있다.

(1)ㄷ은 움직씨에서 이름씨로 파생됨을 보인 것으로, 움직씨(움직씨 줄기)인
<가, 먹, 갈, 썰, 묻, 막, 남>에 이름씨 파생접미사로 의식한 {-ㅁ/음, -지, -기, -
이, -에, -엄, -애, -아/아지}가 각각 결합하여 <①감, 먹음, 갊, ②가지, 먹지, ③
가기, 먹기, ④먹이, ⑤썰에, ⑥묻엄, ⑦막애, ⑧남아, 남아지>와 같은 이름씨가
파생된 것으로 의식한 것이다. (1)ㄷ의 ①, ②, ③은 (1)ㄱ의 ①, ②, ③과 같은 처
리 방법에 의해서 파생된 이름씨이고, ④, ⑤, ⑥, ⑦에서 이름씨 파생접미사에
{-이, -에, -엄, -애}가 있음을 의식한 것은 대단한 탁견이지만, ⑧에서 {-아, -아
지}를 이름씨 파생접미사로 의식한 것은 ①, ②, ③과 같이 파생접사와 굴곡접
사를 구분하지 않고 모두 파생접사로 의식한 데서 비롯된 것으로 잘된 처리라
고는 할 수 없다.

(1)ㄹ은 이름씨가 움직씨로 파생되었다가 다시 이름씨로 파생됨을 보인 것
으로, 이름씨인 <일>에 움직씨 파생접미사 {-하}가 결합되어 움직씨인 <일하>
가 파생되고, 여기에 다시 이름씨 파생접미사 {-ㅁ}가 결합하여 <일함>이라는
이름씨가 파생되었음을 의식한 것인데, 이것도 파생법의 겹침이라 하겠다.

(1)ㅁ은 이름씨에 파생접미사가 결합되어도 씨는 바뀌지 않고 그 뜻만 바뀐
것을 이르는 것이다. 이는 이름씨인 <돌>에 동작성을 부여하는 접미사 {-질}이
결합되어도 그 씨는 바뀌지 않고 실체성 뿌리를 동작화시키는 이름씨인 <돌
질>이 파생되었음을 보인 것인데, 이것은 『국어문법』(116쪽)에서 "기 뜻박굼"이
라 하여 다시 설명하고 있다.

(1)ㅂ은 매김씨(<언몸)로 의식한 낱말과 이름씨(<임몸)로 의식한 낱말이 결

합하여 이름씨로 파생되었을 때 앞에 놓인 매김씨가 이름씨로 되었음을 의식한 것으로, 매김씨로 의식한 <이, 힌, 검은, 배호는, 배홀, 정한, 동하는/ 말하는>에 이름씨로 의식한 <것, 바, 줄>이 각각 결합하여 이름씨인 <이것, 힌것, 검은것, 배호는것, 배홀것, 정한것, 동하는것/ 말하는바/ 말하는줄>이라는 이름씨가 파생되었다는 것이다. 이러한 조어법은 파생법이 아니고, 합성법을 의식한 처리 방법인데, <이것>을 제외하고는 한 낱말로 처리하기는 어려운 것들이다.

이와같이 (1)에서 의식한 이름씨 파생법은 (1)ㄱ~(1)ㄹ은 움직씨나 그림씨 (줄기)에 파생접미사로 의식한 {-ㅁ/음, -지, -기, -이, -에, -엄, -애, -아/아지}가 결합되면 이름씨가 파생되는 것으로 의식한 것인데, 이는 파생접미사와 굴곡접미사를 구분하지 않고 모두 파생접미사로 의식한 데서 비롯된 것이고, (1)ㅁ과 같은 파생이름씨의 의식은 대단한 탁견이다. 그리고 (1)ㅂ과 같은 파생이름씨의 의식은 이은말을 한 낱말로 의식한 것으로 이름씨 파생법의 범위에서 덜어내어야 하는 것이다.

2.1.2 엇기(그림씨)의 파생

『국어문법』에 나타나는 그림씨 파생법은 "기 몸박굼" 단원(103쪽)에서 그림씨 파생법을 <엇몸이 되게 하는 것>이라고 하고, 여기에는 <①임본엇> 하나가 있음을 보였고, "기 몸박굼에 특별함"(105쪽)에서는 몇 개의 <보기말>을 보이고 그림씨 파생법을 설명하였는데, 이것을 정리해 보면, <①엇임(겻)본엇, ②엇억(겻)본엇>의 2가지가 있음을 알 수 있다.

이제 "기 몸박굼" 단원과 "기 몸박굼에 특별함"에 나타나는 그림씨 파생법 3가지를 간추려 보이면 다음과 같다(국어문법:103쪽, 105쪽).

(2) 엇몸되게 하는 것.
　　ㄱ. 임본엇 : 임몸을 엇몸되게 하는 것(필자보충).
　　　　<보기> ①정(精)하/ (알이) ②해롭, ③사람스럽, ④사람답, ⑤먹음직하, 쓸만하
　　ㄴ. 엇임(겻)본엇

<보기> 크기는하, 크기도하, 크기야하, 크기만하, 정하기는하

ㄷ. 엇억(겻)본엇

<보기> 크게는하, 크게도하, 크게야하, 크게를하, 크게만하, 정하게
만하

(『국어문법』:103, 105)

(2)ㄱ은 이름씨에서 그림씨로 파생됨을 보인 것으로, ①~④는 이름씨로 의식한 한자음 또는 이름씨에 파생접미사로 의식한 {-하, -롭, -스럽, -답} 이 결합한 그림씨 <정하, 해롭, 사람스럽, 사람답>이 파생된 것으로 의식한 것인데, 이 때 특히 그림씨 파생접미사인 {-롭, -스럽, -답}의 의식은 대단한 탁견이라 할 만하다. 그러나 (알이)의 <⑤먹음직하, 쓸만하>는 길어서 설명은 하지 않지만 둘 다 엇몸(>그림씨)으로 쓰이는 것이라 하였다. 이 ⑤의 <보기말>을 살펴보면, 먼저 <먹음직하>는 자음으로 끝나는 움직씨의 줄기인 {먹-}에 {-음직하}라는 접미사가 결합되어 <그럴만한 특이성이 꽤 있음을 나타내는 말>을 그림씨로 처리한 것인데, 주시경은 움직씨 <먹>에 이름씨 파생접미사 {-음}이 결합한 <먹음>을 이름씨로 처리하고 여기에 {-직하}가 결합되어 <먹음직하>라는 그림씨가 파생되었음을 의식한 것이고, 또 <쓸만하>는 움직씨 <쓰>에서 파생된 매김씨(<언)인 <쓸>에 의존이름씨 <만>이 결합하여 파생된 <쓸만>에 파생접미사로 의식한 {-하}가 결합되어 <그렇게 할 값어치가 있음을 나타내는 말>인 <쓸만하>라는 그림씨가 파생된 것으로 의식한 것인데, 이 둘을 모두 이름씨에서 파생된 그림씨로 처리한 것은 주시경 말본 체계에서는 가능한 처리법이다.

그리고 (2)ㄴ은 그림씨 <크>에 이름씨 파생접미사 {-기}가 결합하여 <크기>라는 이름씨를 파생시키고, 다시 토씨(<겻기) {-는}을 결합하여 이름마디(<임이듬)인 <크기는>을 이루어 여기에 다시 {-하}가 결합되어 그림씨 <크기는하>가 파생된 것으로 의식한 것이고, (2)ㄷ은 역시 그림씨 <크>에 어찌씨 파생접미사 {-게}를 결합하여 <크게>라는 어찌씨를 파생시키고, 여기에 다시 토씨 {-는}과 그림씨 파생접미사로 의식한 {-하}를 더하여 <크게는하>라는 그림씨가 파생된 것으로 의식한 것이다. 이처럼 주시경은 (2)ㄴ, ㄷ에서는 파생접사와 파생접사 사이에 토씨인 {-는, -도, -야, -만, -를}이 끼어든 형태인 {-기는하, -기도하,

-기야하, -기만하/ -게는하, -게도하, -게야하, -게를하, -게만하}를 파생접미사의 겹침으로 의식하여 이들이 그림씨 줄기에 결합한 것을 모두 파생그림씨로 처리한 것인데, 이것은 형태소를 독립된 낱말로 처리한 주시경의 씨가름 이론에서 비롯된 것이지만, 끝에 결합된 {하}는 파생접미사가 아니고, 도움그림씨로 처리하는 것이 옳다고 하겠다.

이와같이 (2)에서 의식한 그림씨 파생법은 (2)ㄱ은 우리말본 연구사에서 높이 평가할 만하지만, (2)ㄴ, ㄷ은 이은말을 한 낱말로 처리한 것이므로 그림씨 파생법에서 덜어내는 것이 오히려 잘 된 처리라 하겠다.

2.1.3 움기(움직씨)의 파생

『국어문법』에서 움직씨 파생법에 대하여 의식한 것이 세 군데에 나타난다.

먼저 "기 몸박굼" 단원(103쪽~104쪽)에서는 움직씨 파생법을 <움몸이 되게 하는 것>이라 하고, 여기에는 <①임본움, ②억본움, ③움억본움, ④엇억본움, ⑤임움억본움, ⑥임엇억본움>의 6가지 방법이 있음을 보였고, 또 "기 몸박굼에 특별함"(105쪽)의 설명 가운데 움직씨 파생법에 해당하는 <보기말>을 대상으로 하여 정리해 보면, <①움임(겻)본움, ②움억(겻)본움>의 2가지 방법이 있고, 그외 "제움이 남움되게 하는 것"과 "남움이 제움되게 하는 것"(112쪽~115쪽) 등 모두 10가지가 나타나 있다. 이제 이것들을 간추려 보이면 다음과 같다(국어문법 : 103~104쪽, 105쪽, 112쪽~115쪽).

(3) 움몸되게 하는 것.
    ㄱ. 임본움 : 임몸을 움몸되게 하는 것.
       <보기> 일하, 말하, 나무하, 동(動)하
    ㄴ. 억본움 : 억몸이 움몸되게 하는 것.
       <보기> 더하, 다하, 잘하, 못하
    ㄷ. 움억본움 : 움몸이 억몸되고, 다시 움몸되게 하는 것.
       <보기> 자게하, 먹게하
    ㄹ. 엇억본움 : 엇몸이 억몸되고, 다시 움몸되게 하는 것.
       <보기> 히게하, 검게하

　　ㅁ. 임움억본움 : 임몸이 움몸되고, 다시 억몸되고, 다시 움몸되는 것.
　　　　<보기> 일하게하, 동(動)하게하
　　ㅂ. 임엇억본움 : 임몸이 엇몸되고, 다시 억몸되고, 다시 움몸되는 것.(뜻
　　　　매김은 필자가 보충한 것임)
　　　　<보기> 정(精)하게하
　　ㅅ. 4)움임(겻)본움 : 움몸이 임몸되고, 다시 움몸되는 것.
　　　　<보기> 보기는하, 보기도하, 보기야하, 보기만하 / 동하기는하
　　ㅇ. 움억(겻)본움 : 움몸이 억몸되고, 다시 움몸되는 것.
　　　　<보기> 가게는하, 가게도하, 가게야하, 가게만하, 가게를하 / 동하게
　　　　　　를하
　　ㅈ. 제움이 남움되게 하는 것.
　　　　<보기> 줄이(줄어지), 돌이, 돋우(돋아지), 없어지, 없이하, 일우(일어
　　　　　　나), 걷우(걷어지), 묵히
　　ㅊ. 남움이 제움되게 하는 것.
　　　　<보기> 쓰이, 걸이(이, 걸리, 걸니, 걸이어지), 엎이, 접히(접히어지),
　　　　　　잡히, 막히, 감기(감기어지), 넘기, 먹히
　　　　　　　　　　　　　　　　　　(『국어문법』: 103∼104, 105, 112∼115)

　　(3)ㄱ은 이름씨에서 움직씨로 파생됨을 보인 것으로, 이름씨인 <일, 말, 나
무, 동(動)>에 파생접미사로 의식한 {-하}가 결합되어 움직씨인 <일하, 말하,
나무하, 동하>가 파생되었음을 보인 것이고, (3)ㄴ은 어찌씨에서 움직씨가 파생
됨을 보인 것으로, 어찌씨인 <더, 다, 잘, 못>에 역시 파생접미사로 의식한 {-
하}가 결합되어 <더하, 다하, 잘하, 못하>와 같은 움직씨가 파생되었음을 보인
것이다. 그리고 (3)ㄷ, (3)ㄹ은 움직씨 또는 그림씨가 어찌씨로 파생되었다가 다
시 움직씨로 파생됨을 보인 것으로, 움직씨인 <자, 먹>과 그림씨인 <히, 검>
에 각각 어찌씨 파생접미사로 의식한 {-게}가 결합되어 <자게, 먹게/ 히게, 검
게>와 같은 어찌씨가 파생되고, 여기에 다시 파생접미사로 의식한 {-하}가 결
합되어 움직씨인 <자게하, 먹게하/ 히게하, 검게하>가 파생되었음을 보인 것인
데, 이는 움직씨 파생법의 파생접미사가 겹친 것을 의식한 것이다. 그러나 이것

────────────────────

4) (3)ㅅ, ㅇ은 <보기말>만 있는 것을 필자가 보충한 것임.

들도 굴곡접미사와 파생접미사를 구분하지 않고, 모두 파생접미사로 의식한 데 서 비롯된 것인데, 이들은 한 낱말로 처리될 수 없는 것들이다. 그러므로 {-게} 다음에 결합된 {하}는 파생접미사로 처리할 것이 아니고, 도움움직씨 또는 도움 그림씨로 처리하는 것이 올바른 처리 방법이다. 또 (3)ㅁ, (3)ㅂ은 이름씨가 움직 씨 또는 그림씨로 파생되었다가 다시 어찌씨로 파생되고, 이들이 또다시 움직씨 로 파생됨을 보인 것으로, 이름씨인 <일, 동/ 정>에 파생접미사로 의식한 {-하} 가 결합되어 움직씨 또는 그림씨인 <일하, 동하/ 정하>가 파생되고 여기에 어 찌씨 파생접미사로 의식한 {-게}가 결합되어 <일하게, 동하게, 정하게>와 같은 어찌씨가 파생되고, 여기에 또다시 파생접미사로 의식한 {-하}가 결합되어 <일 하게하, 동하게하, 정하게하>와 같은 움직씨가 파생되었음을 의식한 것인데, 이 는 파생접미사로 의식한 것이 세 개 겹쳐진 {-하게하}가 결합되어 파생된 낱말 로 의식하였지만 이것들은 하나의 낱말로 처리될 수 없는 것들이다. 그러므로 이것도 (3)ㄷ, (3)ㄹ에서와 같이 {-게} 다음에 오는 {하}는 접미사가 아니고 도움 움직씨로 처리하는 것이 일반적인 처리 방법이라 하겠다.

(3)ㅅ, (3)ㅇ은 앞의 (2)ㄴ, (2)ㄷ의 파생 방법과 같이 파생접미사로 의식한 {- 기, -게}와 {-하} 사이에 토씨인 {-는, -도, -야, -만, -를}이 끼어든 형태인 {-기는 하, -기도하, -기야하, -기만하/ -게는하, -게도하, -게야하, 게를하, -게만하}를 파 생접미사의 겹침으로 의식하여 이들이 움직씨 줄기에 결합한 꼴을 모두 파생움 직씨로 의식한 것이다. 이것도 형태소를 독립된 낱말로 처리한 씨가름 이론과 또 씨와 월성분을 구분하지 않은 데서 비롯된 것인데, 마지막에 결합된 {하}는 파생접미사가 아니고 도움움직씨로 처리하여야 할 것들이다.

끝으로 (3)ㅈ, (3)ㅊ은 제움직씨가 남움직씨로 또는 남움직씨가 제움직씨로 바뀌어 쓰이는 경우 이들을 모두 파생어로 처리한 것이다. (3)ㅈ은 제움직씨의 줄기 {줄-, 돌-, 돋-, 일-, 걸-,   묵-}에 하임의 접미사인 {-이, -우, -히}가 결합되 어 남움직씨 <줄이, 돌이, 돋우, 일우, 걸우, 묵히>가 파생되었음을 보인 것이 고, (3)ㅊ은 남움직씨의 줄기 {쓰-, 걸-, 엎-, 접-, 잡-, 막-, 감-, 넘-, 먹-}에 입음의 접미사인 {-이, -히, -기}가 연결되어 제움직씨 <쓰이, 걸이, 엎이, 접히, 잡히, 막히, 감기, 넘기, 먹히>가 파생되었음을 보인 것이다. 여기서 주시경은 하임과 입음의 접미사를 굴곡접사로 처리하지 않고, 파생접사로 의식하였음을 알 수 있는데, 이는 대단한 탁견으로 우리 말본 연구사에서 처음 있는 일이다. 이를 근거로 하여 최현배(1937:535~573)와 허웅(1983:138~141)에서 하임 또는 입음의 접미사를 모두 파생의 가지로 처리하게 된 것이다.

그리고 제움직씨(자동사)에 입음도움움직씨(피동보조동사) <지다>가 결합된 <줄어지, 돋아지, 없어지> 따위의 보기를 들고, <줄, 돋, 없>과 한가지로 쓰임이라고 한 것은 여전히 제움직씨로 쓰인 것으로 풀이되며, 제움직씨에 끝남도움움직씨 <나다>가 연결된 <일어나> 따위의 보기들을 들고 <일>과 한가지로 쓰임이라고 풀이한 것은 여전히 제움직씨로 쓰인 것으로 풀이된다(김계곤, 1988:65)고 하여 주시경은 제움직씨와 남움직씨의 쓰임에 대하여 명확하게 구분하고 있음을 알 수 있다.

이와같이 (3)에서 보인 움직씨 파생법은 (3)ㄱ, ㄴ, ㅈ, ㅊ 뿐인데, 특히 (3)ㅈ, ㅊ의 움직씨 파생 의식은 국어 말본 연구사에서 높이 평가되어야 할 내용이다. 그리고 (3)ㄷ, ㄹ, ㅁ, ㅂ, ㅅ, ㅇ의 {하}는 파생접미사가 아니고, 도움움직씨로 처리하는 것이 바람직하다고 하겠다.

2.1.4 언기(매김씨)의 파생

『국어문법』에서 매김씨(<언기) 파생법에 관한 설명은 "기 몸박굼" 단원(106쪽~110쪽)에 나타나는데, 여기서 매김씨 파생법에는 <①엇본언, ②움본언, ③임본언>의 3가지가 있음을 보이고, 많은 <보기말>을 들어서 설명하였다. 이것을 간추려 보이면 다음과 같다.(국어문법 : 106~110)

(4) 언몸이 되게 하는 것.
    ㄱ. 엇본언 : 엇몸을 언몸되게 하는 것.
        <보기> ① 힌, 검은
                ② 깊대
                ③ 가볍은옷, 좁은길
                ④ 힌엿, 검은엿, 큰요, 넓은요, 큰이불, 큰양푼, 적은옷

　　　⑤ 찰때, 맑을때, 깊때, 춤을때, 좁을때

　　　⑥ 찰한(寒), 검을현(玄), 달감(甘), 멀원(遠), …… 가볍을경
　　　　(輕), 덥을열(熱)

　　　⑦ 깃부던밤, 깃부엇을맘

　ㄴ. 움본언 : 움몸을 언몸되게 하는 것.

　　　＜보기＞ ① 가는, 간, 갈/ 먹는, 먹은, 먹을

　　　　　　　② 갈때, 먹을때, 칼, 갈는소, 팔쌀 / 들온말, 눕은아기, 눕을
　　　　　　　　아기, 누은아기, …… 눈아기, 눌아기, 접은조히, 짓은집,
　　　　　　　　지은집, …… 지을집, 질집

　　　　　　　③ 솜둔요, 솜둔이불, 닦은양푼, 솜둘요, 솜둘이불

　　　　　　　④ 가던사람, 가앗던, 갈앗던칼, 왓던사람, 왓엇던사람, 가겟
　　　　　　　　던(가랴는)

　　　　　　　⑤ 열쇠

　　　　　　　⑥ 가앗는, 씰엇엇는, 가겟는

　　　　　　　⑦ 갈경(耕), 갈거(去), 먹을식(食), 갈마(摩) ……

　ㄷ. 임본언 : 임몸이 언몸되게 하는 것.

　　　＜보기＞ ① 모시옷, 면쥬옷, 면쥬이불, 베이불, 아기옷, 오리알, ……
　　　　　　　　강물, 콩밥, 콩쟝

　　　　　　　② 고깃국, 벼룻돌, 벼룻상 / 산골, 연달, 산봉올이, 보션솜,
　　　　　　　　우산자루 …… 콩국, 쟝독, 총소리, 콩자루

　　　　　　　③ 나의붓, 내붓 / 광에쥐

　　　　　　　④ 암개, 암닭, 수개, 수닭

　　　　　　　⑤ 흙일, 은일, 큰일, 비단이불, 솜이불, 겹이불, …… 쟝작
　　　　　　　　윷, 안성유긔 / 물양푼, 돌역ㅅ, 털요, 박달윷, 가을일

　　　　　　　⑥ 범같은 쟝수

　　　　　　　⑦ 나아(我), 가막이오(烏), 소우(牛), 귀이(耳), 풀무야(冶),
　　　　　　　　…… 골현(縣), 범호(虎), 꽃화(花), 구멍혈(穴)

(《국어문법》 :106~110)

　(4)ㄱ은 그림씨가 매김씨로 파생됨을 이르는 것을 보인 것으로, 그 ＜보기말＞
을 필자가 7가지로 나누어 간추려 정리해 보인 것이다.

(4)ㄱ의 <보기말>을 살펴보면, ①을 제외하고는 모두 <그림씨+{ㄴ, 은, ㄹ, 을}+이름씨>의 구조로 되어 있는 말인데, 이때 {-ㄴ/은, -ㄹ/을}을 파생접미사로 의식하여 <그림씨+{-ㄴ/은, -ㄹ/을}>이 매김씨(<언기)로 파생됨을 보인 것이다. 즉 ①은 그림씨 <히, 검>에 파생접미사 {-ㄴ/은}이 결합한 <힌, 검은>을 매김씨로 처리한 것이고, ②는 그림씨 <길>에 {-ㄴ}이 결합하면, {-ㄹ}이 탈락한 <긴>이 되어 뒤에 오는 이름씨인 <대>를 꾸며주는 매김씨이고, ③은 그림씨 <가볍, 좁>에 {-은}이 결합한 <가볍은, 좁은>이 매김씨가 되어 뒤에 오는 이름씨 <옷, 길>을 각각 꾸며주는 것이고, ④는 그림씨인 <히, 검, 크, 넓, 적>에 파생접미사로 의식한 {-ㄴ/은}이 결합하여 매김씨 <힌, 검은, 큰, 넓은, 적은>이 파생되어 뒤에 오는 이름씨인 <옛, 요, 이불, 양푼, 윷>을 꾸며주는데, 이때 매김씨와 이름씨 사이에는 [ㄴ]소리가 덧나는 것이고, ⑤는 그림씨 <차, 맑, 길, 춥, 좁>에 파생접미사로 의식한 {-ㄹ/을, ㄴ}이 결합하여 매김씨 <찰, 맑을, 길, 춥을, 좁을>이 파생되어 뒤에 오는 이름씨인 <때>를 꾸며주는 것이고, ⑥은 한자를 읽을 때 '훈'을 그림씨로 의식하여 <차, 검, 달, 멀 …… 가볍, 덥>에 파생접미사로 의식한 {ø, -ㄴ/은, -ㄹ/을}이 결합되어 매김씨인 <찰, 검을, 달ø, 멀ø, …… 가볍을, 덥을>이 파생되어 뒤에 오는 이름씨인 한자음 <한, 현, 감, 원, …… 경, 열>을 꾸며주는 것을 보인 것이고, ⑦은 그림씨 <깃부>에 과거 또는 가상의 매김씨로 파생시키는 접미사로 의식한 {-던, -엇을}이 결합되어 <깃부던, 깃부엇을>과 같은 매김씨가 파생되어 뒤에 오는 이름씨인 <맘>을 꾸며주는 것으로 의식한 것이다.

(4)ㄴ은 움직씨가 매김씨로 파생됨을 이르는 것으로, 이것은 (4)ㄱ의 설명과 같다고 하겠는데, 여기서도 <보기말>을 필자가 7가지로 나누어 간추려 보인 것이다. 이 <보기말>들을 살펴보면, 이는 <움직씨+{ø, ㄴ, 은/는, ㄹ, 을}+이름씨>의 구조로 되어 있는 말들인데, 이때 {ø, ㄴ, 은/는, ㄹ, 을}을 파생접미사로 의식하여 이들이 결합된 <움직씨+{ø, ㄴ, 은/는, ㄹ, 을}>을 매김씨로 파생되었음을 의식한 것이다. 즉 ①은 움직씨인 <가, 먹>에 시간을 겸하여 설명하는 매김씨가 되게 하는 파생접미사인 {ㄴ, 은/는, 을}이 결합한 <가는, 간, 갈/먹는, 먹은, 먹을>을 파생 매김씨로 의식한 것이고, ②는 움직씨인 <갈, 팔, 들

(들), 먹, 눕, 접, 짓>에 역시 파생접미사로 의식한 {∅, ㄴ, 은/는, ㄹ, 을}이 결합한 <갈ㄴ, 팔∅, 들온, 먹을, 눕은, 접은, 짓은 …… >이 매김씨가 되어 뒤에 오는 이름씨인 <칼, 소, 쌀, 말, 때, 아기, 조히, 집>을 꾸며준다는 것이고, ③은 움직씨 <솜두, 닭>에 매김씨를 파생시키는 접미사로 의식한{ㄴ, 은, ㄹ}이 결합하여 <솜둔, 닭은, 솜둘>과 같은 매김씨가 파생되어 뒤에 오는 이름씨를 꾸며주는 것을 발음할 때 [ㄴ]소리가 첨가 되어 발음됨을 보인 것이고, ④는 <움직씨+{던, 앗던, 앗엇던, 겟던}+이름씨> 구조로 된 말인데 움직씨 <가, 갈, 오>에 과거 또는 미래 가상의 매김씨가 되게 하는 접미사 {던, 앗던, 앗엇던, 겟던}이 결합된 <가던, 가앗던, 갈앗던, 왓던, 왓엇던, 가겟던>이 매김씨로 파생되어 뒤에 오는 이름씨인 <사람, 칼>을 꾸며준다는 것이고, ⑤는 <움직씨+{∅}+이름씨>의 구조로 된 말인데, 움직씨 <열>에 매김씨를 파생하는 무형의 접사 {∅}가 결합된 <열∅>이 매김씨로 파생되어 뒤에 오는 이름씨인 <쇠>를 꾸며주는 것으로 의식한 것인데, 이는 오히려 파생어 보다는 <열쇠>라는 합성어라 하는 것이 옳겠다. 또 ⑥은 <움직씨+{앗는, 엇엇는, 겟는}>의 구조로 된 말인데, 움직씨 <가, 씰>에 과거 또는 완료, 미래의 매김씨어를 만들어 주는 <앗는, 엇엇는, 겟는>이 결합되어 <가앗는, 씰엇엇는, 가겟는>과 같은 매김씨로 파생되었음을 보인 것이고, ⑦은 <움직씨+{∅, ㄹ, 을}+이름씨>의 구조로 된 말인데, 한자를 읽을 때 훈에 해당하는 움직씨인 <갈, 가, 먹, 갈 ……>에 매김꼴을 만들어주는 접미사로 의식한{∅, ㄹ, 을}이 결합한 <갈∅, 가고, 먹을, 갈 ∅…… >이라는 매김씨로 파생되어 이름씨로 의식한 한자음인 <경, 거, 식, 마 …… >를 꾸며주는 것으로 의식한 것이다.

(4)ㄷ은 이름씨가 매김씨로 바뀌는 것을 이르는 것으로 이는 이름씨(<임기) 두 개가 나란히 결합되어 한 낱말을 이룰 때 앞에 놓인 이름씨는 매김씨가 되어 뒤에 오는 이름씨를 꾸며주는 것으로 의식한 것인데, <보기말>로 보인 것을 필자가 역시 7가지로 나누어 간추려 보인 것이다.

(4)ㄷ의 ①은 <이름씨1+∅+이름씨2>의 구조로 된 말인데, 이때 앞에 놓인 <이름씨1>은 아무런 파생접미사가 결합됨이 없이 매김씨로 바뀌었음을 보인 것인데, 이때 이름씨1은 무형의 파생접미사인 {∅}가 결합한 <이름씨1∅>이

매김씨로 파생됨을 의식한 것인데, 이것들은 <이름씨1+이름씨2>의 구조로 이루어진 합성어로 처리되어야 할 것들이다. ②는 <이름씨1+{ㅅ}+이름씨2>의 구조로 된 합성어를 앞의 이름씨1에 {ㅅ}이 있음을 의식하여 <이름씨1+{ㅅ}>을 매김씨 파생으로 의식한 것이고, ③은 <이름씨1+{의·에}+이름씨2>의 구조에서 이름씨1에 토씨 {-의, -에}가 결합한 <이름씨1+{의·에}>를 매김씨 파생으로 의식하여 한 낱말로 처리한 것인데, 이것은 씨와 월성분을 구분하지 않고 혼돈한 데서 비롯된 것이다. ④는 <이름씨1+이름씨2>의 구조로 된 낱말이지만, <이름씨1>에 {ㅎ}을 더하여 부른다고 하였으므로 이는 <이름씨1+{ㅎ}>을 이름씨에서 파생된 매김씨로 처리한 것이고, ⑤도 <이름씨1+이름씨2>의 구조로 된 합성어이지만 발음을 할 때는 <이름씨1>에 [ㄴ]소리를 첨가해야 한다고 하였으므로 이는 <이름씨1+[ㄴ]+이름씨2>의 구조가 되는데 이때 <이름씨+[ㄴ]>을 이름씨에서 파생된 매김씨로 처리한 것이고, ⑥은 <이름씨1+{같은}+이름씨2>의 구조에서 <이름씨1+같은>을 파생매김씨로 처리한 것인데, 이것은 도저히 한 낱말로 처리될 수 없는 것이다. 끝으로 ⑦도 <이름씨1+이름씨2>의 구조로 된 한자 훈과 음을 나타낸 것인데, 한자 훈을 나타내는 <이름씨1>을 매김씨로 의식한 것이다.

　이와같이 (4)에서의 매김씨 파생법은 (4)ㄱ과 (4)ㄴ에서는 그림씨나 움직씨의 줄기에 굴곡접사가 결합되어 월에서 관형어로 쓰이는 그림씨나 움직씨의 매김꼴을 모두 파생 매김씨로 처리한 것이다. 이와같은 처리는 파생접사와 굴곡접사를 구분하지 않고, 또 씨와 월성분을 혼동한 데서 비롯된 것이고, (4)ㄷ은 ③⑥⑦을 제외하고는 모두 합성어에 해당되는 것이다. 그러므로『국어문법』에서의 매김씨 파생어는 오늘날의 움직씨나 그림씨의 매김꼴과 두 이름씨가 결합되어 합성어를 이룰 때 앞의 이름씨를 매김씨로 처리한 데서 이루어진 것이다.

2.1.5 억기(어찌씨)의 파생

　『국어문법』에서의 어찌씨(<억기) 파생에 대해서는 "기 몸박굼" 단원(110쪽~112쪽)에 나타나는데, 여기서 어찌씨 파생 방법에는 <①엇본억, ②움본억>의 2가지가 있음을 보이고 많은 <보기말>을 들었는데, 이것을 간추려 보이면 다음과 같다(국어문법:110~112).

　(5) 억몸되게 하는 것.5)
　ㄱ. 엇본억 : 엇몸이 억몸되게 하는 것.
　　　　<보기> ① 히게, 검게, 흔하게(흔케, 흔히, 흔이), 이르게, 게르게(겔
　　　　　　　　이, 겔리, 겔니), 일게, 누르게(누를어)
　　　　　　　② 잘아, 약아, 좁아, 검어, 히어(히여), 게르어, 빠르어, 곱흐
　　　　　　　　어(곱하), 곱(麗)아(고아, 고와), 쉽어(쉬어, 쉬워), 덥어,
　　　　　　　　…… 맑아(말가), 넓어, 옳아, 크어(커), 깃브어(깃버)
　　ㄴ. 움본억 : 움몸이 억몸되게 하는 것.
　　　　　<보기> ① 가게, 먹게, 일하게, 동하게(동케), 오르게, 좇게(좃게, 좃
　　　　　　　　케), 덮게(덥게, 덥케), …… *붉게(블께), *밝게(밝께), *6)
　　　　　　　　없게(업게), …… 맡게(맏게, 맛게), 찢게(찟게), 앉게(안
　　　　　　　　게, 안쩨)
　　　　　　　② 돌아, 적어(저거), 가르어, 갈르어(갈아, 갈라, 갈나), 두르
　　　　　　　　어, 둘르어(둘어, 둘러, 둘너), 따르어(딸아, 쌀라), 이르어
　　　　　　　　(이르어), 돕아(도아, 돕아), 눕어(누어, 누워), …… 잃어
　　　　　　　　(일허, 일어, 이러), *없어(업서, 업셔, 업써), 읊어(읇허,
　　　　　　　　을퍼, 읇어), 핥아(할타)

(『국어문법』 : 110~112)

　(5)ㄱ은 그림씨에서 어찌씨가 파생됨을 이르는 것으로 <그림씨+{-게, -아/
어}>의 구조로 된 것을 모두 어찌씨파생으로 의식한 것이다. ①은 그림씨(또는 그
림씨 줄기)인 <히, 검, 흔하, 이르, 게르, 일, 누르>에 어찌씨 파생접미사로 의식
한 {-게}가 결합하여 <히게, 검게, 흔하게, 으르게, 게르게, 일게, 누르게>라는
어찌씨가 파생되었음을 보인 것이고, ②는 그림씨인 <잘, 약, 좁, 검, …… 크,
깃브>에 어찌씨 파생접미사로 의식한 {-아/어}가 결합하여 <잘아, 약아, 좁아,
검어, …… 크어, 깃브어>라는 어찌씨가 파생되었음을 보인 것이다.

---

5) 원문에는 없는 것을 필자가 보충해 넣은 것임.
6) *는 "움몸"이 아니고 "엇몸"에 해당하는 낱말임.

(5)ㄴ은 움직씨에서 어찌씨가 파생됨을 이르는 것으로, 이는 <움직씨+{-게, -아/어}>의 구조로 된 말을 모두 파생어찌씨로 의식한 것이다. 그 설명은 (5)ㄱ과 모두 같다. 즉 움직씨(또는 움직씨 줄기)인 <가, 먹, 일하, 동하, …… 찢, 앉>에 어찌씨 파생접미사로 의식한 {-게}가 결합되어 <가게, 먹게, 일하게, 동하게, …… 찢게, 앉게>와 같은 어찌씨가 파생되었음을 의식한 것이고, ②는 역시 움직씨인 <돌, 적, 가르, 갈르, …… 읊, 핥>에 파생접미사로 의식한 {-아/어}가 결합하여 <돌아, 적어, 가르어, 갈르어, …… 읊어, 핥아>와 같은 어찌씨가 파생되었음을 보인 것이다.

그러므로 (5)ㄱ, ㄴ에 보인 어찌씨 파생법은 그림씨나 움직씨의 줄기에 굴곡접미사인 {-게, -아/어}가 결합된 그림씨나 움직씨의 어찌꼴을 파생어찌씨로 의식한 것이다. 이것은 굴곡접사와 파생접사를 구분하지 않고 모두 파생접사로 의식한 데서 비롯된 것으로 씨와 월성분을 혼동한 것이기도 하다. 이는 오늘날 파생어찌씨로 처리되지 못하고 모두 그림씨나 움직씨의 활용형으로 처리하고 있다.

2.2 합성법(기 몸헴)

합성법에 의한 합성어 만들기는 주시경의 『국어문법』에 처음 나타난다. 이 『국어문법』 "기 몸헴" 단원(115쪽~116쪽)에 나타나는 합성법은 조어법 상 단순어와 합성어의 구별에 해당되는 것이다.

여기서 "기 몸헴"의 풀이는 파생법에 해당하는 "기 몸박굼"의 풀이에 비하면 아주 간단하게 다루고 있는데, 그것은 <①임기의 몸, ②엇기의 몸, ③겻기의 몸> 3으로 나누고, 다시 이것들을 각각 "낫몸"과 "모힌몸"으로 나누었다. 그리고 낫몸(단순어)과 모힌몸(합성어)의 <보기말>만 들어 그 대강의 윤곽만 알 수 있게 풀이해 놓았다(김계곤, 1988 : 65). 이는 비록 아주 간단하기는 하지만, 합성법에 의하여 합성어 만들기는 우리말본 연구사에서 처음 나타나는 이론으로 대단히 의의가 크다고 하겠다.

이제 합성법에 의한 합성어 만들기에 해당하는 3가지를 차례대로 살펴보기로 한다.

2.2.1 임기(이름씨)의 합성

『국어문법』의 "기 몸헴" 단원(115쪽~116쪽)에 나타나는 "임기의 몸"에서는 임기(>이름씨)를 "낫몸"과 "모힌몸"으로 나누고 그 <보기말>을 보였는데, 이 것을 간추려 정리해 보이면 다음과 같다.(국어문법 : 115~116)

(6) 임기의 몸
  ㄱ. 낫몸 : 한 낫의기로 된 것.
    <보기> 사람, 새, 고기, 돌, 흙, 불, 물
  ㄴ. 모힌몸 : 둘로붙어 둘 더 되는 기가 모히어 한 기의 몸으로 쓰이는
      것.
    <보기> 물불
      (잡이) 모시옷 : '모시'와 '옷'을 합하여 한 몸으로 씀이 안
          이요, '모시'는 그 '옷'이 무엇으로 만들엇다고 가르
          치어 언몸 노릇하는 임이라.

(『국어문법』 : 115~116)

  (6)ㄱ은 하나의 낱말로 이루어진 이름씨로 이는 단순어에 해당하므로 조어법의 대상이 될 수 없는 것이고, (6)ㄴ은 둘 이상의 낱말이 모이어 합성 이름씨를 이루는 것이므로 조어법의 대상이 되는 것이다.

  그런데 <보기말>로 보인 <물불>은 합성어의 종류 중에서 앞뒤 낱말이 어울려 아주 다른 뜻으로 쓰인 융합합성어인가, 아니면 앞뒤 낱말이 대등하게 결합된 병렬합성어인가 하는 문제가 따르게 된다. 이 문제에 대해서 김계곤(1988 : 66)에서는 이 <물불>은 최현배의 『우리말본』의 녹은겹씨(융합복사)에 해당된다고 하여 융합합성어로 처리하였으나, 김석득(1979 : 78)에서는 <물불>을 오늘의 구조의식으로 보면, 그 총합체와 구성 개체와의 관계에서 동심적 구조(endocentric construction)에 의한 합성어라 할 수 있다. 그리고 만일 이를 구성요소 상호간의 관계로 보면, 대등적 구조(co-coridinate construction)라 할 수 있다고 하

면서 (잡이)에서 보인 <모시옷>은 합성어가 아니고 오늘날의 개념으로 보면 이은말에 해당된다고 하여 주시경의 "모힌몸"이란 합성어 중, 동심적 구조가 됨은 물론이겠지만, 그 구성요소가 상호 등위적 구조관계가 되는 것에 한한 것임을 알 수 있다고 하였다. 그러므로 이것은 병렬합성어임을 시사하고 있다고 할 수 있다.

그리고, 이 문제는 "임기의 몸"에서 보인 <물불>과 "엇기의 몸"에서 보인 <검붉>과 "겻기의 몸"에서 보인 <에는>을 볼 때 주시경의 "모힌몸"에 개념은 오히려 병렬합성어에 더 가깝다고 볼 수 있다. 이를 뒷받침할 수 있는 것은 주시경(1910 : 115)에서 "모힌몸"의 설명 끝에 붙인 (잡이)에서 "물불이라 함이 곳(곧) 물과 불이라 함과 한가지니라" 한 것을 보면 쉽게 할 수 있다. 또 (6)ㄴ의 (잡이)에서 <보기말>로 보인 <모시옷>과 <물불>과의 차이점을 밝히고 있는데, 이는 앞뒤 낱말이 수식관계에 의해 <모시>는 매김씨(<언기) 노릇함을 보이고 있는데, 이는 오늘날은 유속합성어로 처리하고 있다.

그러므로 (6)ㄴ의 임기의 모힌몸은 합성어 가운데 앞뒤 낱말이 대등하게 결합된 병렬합성어를 이루는 것이라 하겠다.

2.2.2 엇기(그림씨)의 합성

그림씨의 합성법은 『국어문법』의 "기 몸헴" 단원(116쪽)의 "엇기의 몸"에 나타나는 내용을 말한다. 여기서도 주시경은 "엇기의 몸"을 "낫몸"과 "모힌몸"으로 나누기만 하고 설명없이 <보기말>만 보였는데 이것을 보이면 다음과 같다. (국어문법 : 116)

(7) 엇기의 몸
   ㄱ. 낫몸 : <보기> 크, 검, 차, 착하; 흔하
   ㄴ. 모힌몸 : <보기> 검붉

(『국어문법』 : 116)

(7)ㄱ은 역시 단순어이므로 조어법의 대상이 아니고, (7)ㄴ은 둘 이상의 그림

씨가 모이어 한 낱말로 된 합성어인데, 이것도 병렬합성어에 해당하는 것이다. 이 내용을 앞에서 설명한 "임기의 몸"에서 이미 밝힌 바 있다.

2.2.3 겻기(토씨)의 합성

토씨 조어법은 파생법과 합성법을 통틀어 처음 나타나는데, 이것도 『국어문법』의 "기 몸헴" 단원(116쪽)에 "겻기의 몸"으로 나타난다. 여기서 겻기도 역시 "낫몸"과 "모힌몸"으로 나누고, 설명없이 <보기말>만을 보여 이름씨의 합성법에서 유추하게 했다. 이것을 보이면 다음과 같다.(국어문법 : 116)

(8) 겻기의 몸
　　ㄱ. 낫몸 : <보기> 에
　　ㄴ. 모힌몸 : <보기> 에는

(『국어문법』 : 116)

(8)ㄱ도 (6)ㄱ, (7)ㄱ과 마찬가지로 단순어이므로 조어법의 대상이 아니고, (8)ㄴ만이 조어법의 대상이라 할 수 있는데, 이는 토씨의 겹침이라 할 수 있겠다.

그러므로 주시경의 『국어문법』에 나타나는 "기 몸헴" 단원에 나타나는 "임기의 몸, 엇기의 몸, 겻기의 몸"은 단순어와 합성어를 보인 것인데, 합성어에 해당하는 "모힌몸"은 대체로 병렬합성어에 해당하는 것이다. 이 내용은 비록 간단하기는 하지만 우리 말본 연구사에서 처음으로 의식한 합성법에 의한 조어이므로 그 이론의 의식은 높이 평가되어야 할 것이다.

3. 마무리

주시경의 『국어문법』(1910)에 나타나는 조어법은 "기 몸박굼, 기 몸헴, 기 뜻박굼"의 세 분야로 나누어 기술되어 있는데, 그<보기말>들을 살펴보면, "기몸박굼"과 "기 뜻박굼"은 대체로 파생법에 해당하는 것이다. 이것은 『말』(1908?)에서 의식한 것을 계승한 것이고, "기 몸헴"은 합성법에 해당하는 것으로, 이는 『국어문법』에서 처음으로 의식한 것이다.

3.1 파생법(기 몸박굼과 기 뜻박굼)

파생법에 해당하는 "기 몸박굼"과 "기 뜻박굼"에서는 ①이름씨(임기), ②그림씨(엇기), ③움직씨(움기), ④매김씨(언기), ⑤어찌씨(억기) 파생법이 나타나는데, 이것을 간추려 정리하면 다음과 같다.

1)이름씨 : 이름씨 파생법에는 ①그림씨(줄기)나 움직씨(줄기)에 이름씨 파생 접미사로 의식한 {-ㅁ/음, -지, -기, -이, -에, -엄, -애, -아/-아지}가 결합하여 이름씨를 파생하는 것, ②이름씨인 <돌>에 동작성을 부여하는 접미사인 {-질}이 결합하여 씨는 바뀌지 않고 실체성 뿌리를 동작화시키는 이름씨인<돌질>을 파생시키는 것, ③매김씨로 의식한 그림씨나 움직씨의 매김꼴에 의존이름씨인<것, 바, 줄>이 결합하여 이름씨를 파생하는 세 가지가 있음을 의식하였다. 그러나 ①은 파생접사와 굴곡접사를 구별하지 않고 모두 파생접사로 의식한 것이고, ②는 대단한 탁견이라 하겠다. 그리고 ③을 파생이름씨로 의식한 것은 이름씨구를 이름씨로 처리한 데서 비롯한 것으로, 이는 한 낱말로 처리될 수 없는 것들이므로 파생법이라 할 수 없다고 하겠다.

2) 그림씨 : 그림씨 파생법에는 ①이름씨에 그림씨 파생접미사로 의식한 {-하, -롭, -스럽, -답, -직하, -만하} 등이 결합하여 그림씨를 파생하는 것, ②파생접미사와 파생접미사 사이에 토씨인 {-는, -도, -야, -만, -를} 등이 끼어든 형태인 {-기는하, -기도하, -기야하, -기만하, -하기는하/ -게는하, -게도하, -게야하, -게를하, -게만하, -하게만하} 등을 그림씨 파생접미사의 겹침으로 의식하여 이들이 그림씨(줄기)에 결합한 것을 모두 파생그림씨로 처리하였다. 그러나 ①과 같은 그림씨 파생법은 말본 연구사에 높이 평가할 만하지만, ②과 같은 방법은 이은말을 한 낱말로 처리한 것이므로 역시 파생법이 될 수 없다고 하겠다.

3) 움직씨 : 움직씨 파생법에는 ①이름씨나 어찌씨에 움직씨 파생접미사로 의식한 {-하}가 결합되어 움직씨를 파생하는 것, ②그림씨나 움직씨에 파생접미사 두 개가 겹친 것으로 의식한 {-게하}가 결합하여 움직씨를 파생하는 것, ③ 이름씨에 파생접미사 세 개가 겹친 것으로 의식한 {-하게하}를 결합하여 움직씨를 파생하는 것, ④그림씨나 움직씨에 둘 또는 세 개의 파생접미사 사이에 토씨가 끼어든 형태인 {-기는하, -기도하, -기야하, -기만하, -하기는하/ -게는하, -게도하, -게야하, -게만하, -게를하, -하게를하}가 결합하여 움직씨를 파생시키는 것, ⑤제움직씨에 접미사 {-이, -우, -히, -어지, -이하} 등이 결합하여 남움직씨가 되게 하는 것, ⑥남움직씨에 접미사 {-이, -히, -기} 등이 결합하여 제움직씨가 되게 하는 방법을 보였다. 그러나 ①, ⑤, ⑥을 제외하고는 움직씨 파생법으로 처리하기 어려운 것이다. 그 중 ⑤, ⑥을 움직씨 파생법으로 의식한 것은 대단한 탁견으로, 말본 연구사에서 높이 평가되어야 할 것이다.

4)매김씨 : 매김씨 파생법에는 ①그림씨(줄기)나 움직씨(줄기)에 매김씨 파생접미사로 의식한 { ∅, -ㄴ/은, -ㄹ/을, -던, -엇을, -앗던, -앗엇던, -겟던, -앗는, -엇엇는, -겟는} 등이 결합하여 매김씨가 되게 하는 것, ②이름씨에 { ∅, ㅅ, -의, -에, 같은} 등이 결합하여 매김씨를 파생시키는 것으로 의식하였다. 그러나 ①은 그림씨나 움직씨의 줄기에 굴곡접사가 결합되어 월에서 관형어로 쓰이는 그림씨나 움직씨의 매김꼴을 파생매김씨로 의식한 것인데, 이는 파생접사과 굴곡접사를 구분하지 않은 데서 비롯된 것이고 또한 씨와 월성분을 혼동한것이라 하겠다. ②는 이름씨 두 개가 나란히 결합되어 한 낱말을 만들 때 앞에 놓인 이름씨는 매김씨가 되어 뒤에 오는 이름씨를 꾸며주는 것으로 의식한 것인데, {-의, -에, 같은} 등이 결합된 것을 제외하고는 대부분이 합성어에 해당하는 것이다. 그러므로 파생매김씨는 오늘날의 움직씨나 그림씨의 매김꼴과 두 이름씨가 결합하여 합성어를 이룰 때 앞의 이름씨를 매김씨로 처리하는 데서 이루어진 것으로 의식하였다.

5)어찌씨 : 어찌씨 파생법에는 그림씨(줄기)나 움직씨(줄기)에 굴곡접사인 {-게, -아/어}가 결합된 그림씨나 움직씨의 어찌씨형을 파생어찌씨로 의식한 것이다. 이것도 굴곡접사와 파생접사를 구분하지 않고 모두 파생접사로 의식한 데서

비롯된 것이고, 또 씨와 월성분을 혼동한 것이라 하겠다.

3.2 합성법(기 몸헴)

합성법에 해당하는 "기 몸헴"에 의한 조어법은 ①이름씨, ②그림씨, ③토씨(겻기) 합성법의 세 가지가 나타나 있다.

1)이름씨 : 이름씨 합성법은 이름씨와 이름씨가 결합되어 한 낱말을 이룰 때 <물불>과 같이 앞뒤 이름씨가 대등하게 결합된 병렬합성어만을 의식하였다.

2)그림씨 : 그림씨 합성법도 그림씨와 그림씨가 결합되어 한 낱말을 이룰 때 <검붉>과 같이 앞뒤 그림씨가 대등하게 결합된 병렬합성어만을 의식하였다.

3)토씨 : 토씨 합성법은 {-에는}과 같이 토씨가 두 개 겹쳐 쓰이는 토씨겹침을 합성법으로 의식한 것이다.

그러므로 『국어문법』의 "기 몸헴"에 나타나는 "임기의 몸, 엇기의 몸, 겻기의 몸"에서 "모힌몸"은 대체로 병렬합성어에 해당하는 것으로 의식한 것이다. 이것은 비록 합성법에 대한 간단한 기술이였지만, 우리말본 연구사에서 처음으로 의식한 조어법이므로 그 이론의 의식은 높이 평가되어야 할 것이다.

참고문헌

고영근 · 이현희(1986)(교주), 주시경, 『국어문법』, 탑출판사

김계곤(1988), 「한힌샘 주시경에 대한 연구-조어법-」, 한힌샘 연구 1, 한글학회

김계곤(1996), 『현대 국어 조어법 연구』, 박이정

김석득(1979), 『주시경 문법론』, 형설출판사

김승곤(1996), 『현대 나라말본』, 박이정

김정은(1995), 『국어 단어형성법 연구』, 박이정

김창섭(1994), 「국어 단어형성과 단어구조」, 서울대학교 박사 학위 논문

김철남(1997), 『우리말 어휘소 되기』, 한국문화사

남기심·고영근(1993), 『(개정판) 표준 국어 문법론』, 탑출판사

송철의(1992), 『국어의 파생어형성 연구』, 태학사

정원수(1992), 『국어의 단어형성론』, 한신문화사

조일규(1997), 『파생법의 변천(Ⅰ)』, 박이정

주시경(1908), 『말』, (역대 한국 문법 대계Ⅰ-3, 탑출판사, 1985)

주시경(1910), 『국어문법』, 박문서관

최낙복(1988), 「주시경 말본의 형태론 연구」, 동아대학교 박사 학위 논문

최낙복(1991), 『주시경 문법의 연구』, 문성출판사

최낙복(1998), 「주시경 문법의 「말」에 나타난 낱말만들기」, 방언학과 국어학, 청암 김영
        태 박사 회갑 기념 논문집 간행위원회(태학사)

최현배(1937), 『우리말본』, 연희전문학교 출판부

하치근(1993), 『(증보판) 국어 파생형태론』, 남명문화사

하치근(1995), 「국어 조어론 연구의 어제와 오늘」, 한힌샘 주시경 연구 7·8, 한글학회

허 웅(1971), 「주시경 선생의 학문」, 동방학지 12, 연세대학교 동방학연구소

허 웅(1975), 「우리 옛말본」, 샘문화사

허 웅·박지홍(1980), 『주시경 선생의 생애와 학문』, 과학사

(발표 : 『부산 한글』 17집, 한글학회 부산지회, 1998)

7장 『국어문법』의 용어 풀이

ㄱ

가량헴엇 엇의 한 갈래. 어림 잡은 수량을 나타내는 엇. 즉 수량이 어떠함을 어림 잡아 나타내는 엇. 이 가량헴은 『국어문법』(1910)에서는 헴으로 바꾸고, 헴의 하위분류로 어림과 모름을 두어 다시 정리하였다.

> [보기] 가량헴(엇)~**數量**의 **如何**. (본) 많, 흔ㅎ, 적

(원고본 44-①)

> 헴(셈)~헴이 엇더하다 이르는 것.
> ┌ 어림(본) 많, 적, 흔하
> └ 모름(본) 엇더하

(국어문법 72)

가르침언 언의 갈래. 지목(指目)언.

(원고본 23-①, 국어문법 34)

가상(假想)잇 잇의 갈래. 저 일이 이렇게 되면 이 일이 어떻게 되리라고 가상하는 것으로, 아직 들어나지 아니한 것을 거짓으로 드러나리라고 가정함을 보이는 잇.(가상잇>거짓잇)

> [보기] (1) 假想(잇)~저 일이 이러ㅎ게 되면 이 일이 엇더ㅎ게 되리라고 맘으로 假想ㅎ는 것.
> (본) 면, 으면, 이면, 거든, 어든, 이거든, 이어든
> (풀이) 비가 오면 못가겟다. 그것이 나무면 불에 타겟다. 그것이 얼음이면 녹겟다.

(원고본 52-②)

> (2) 거짓(잇)~저 일이 이러하게 되면 이 일이 엇더하게 되리라고 맘으로 거짓 뜻하는 것.
> (본) 면, 으면, 이면, 거든, 어든, 이거든, 이어든
> (풀이) 上同

(국어문법 86)

가지(枝 或 枝葉) 토씨(助詞)와 씨끝(語尾)과 꾸밈말을 모두 이름. ⇒ 가지결

> **보기** 가지(枝 或 枝葉)~빗과 금을 (다) 이름이라.

(원고본 25-①, 국어문법 38)

가지결(枝部 或 枝葉部) 토씨와 씨끝과 꾸밈씨를 합하여 모두 가지결이라 하고 결이결 또는 붙이결(1910)이라고도 함.

> **보기** 가지(枝 或 枝葉部)~빗과 금을 이름이라. 빗과 금은 다 가지결이라고도 흐고 결이결(붙이결, 1910)이라 고도 흠. 가지결은 다시 둘로 난호아 세 빗을 만이결(關係部 곳 職權部)이라 흐고 세 금을 금이결이나 어더흠이 결(如何部)이라 흠.
>
> (본) 아이가 젓을 먹소.
>
> 저 소가 푸른 풀을 잘 먹소

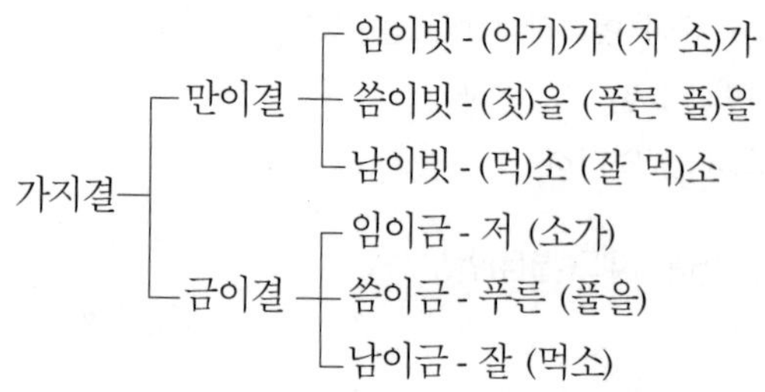

(원고본 25-②~26-②, 국어문법 38~24)

각건(各件, 各件連行)**잇** 잇의 한 갈래로 두 가지 또는 두 가지 더 되는 움직임이 각각 다른 임자 또는 한 임자로 말미암아 차례가 드러남을 보이는 잇. (1910)에는 "다른 일"로 바뀜. (각건 > 다른 일)

> **보기** 각건(各件, 各件連行)잇~先後 動이 아모 相係되는 바가 없이 다른 가지 의 일로 그 先後의 次序만 잇는 것.
>
> (본) 고
>
> (풀이) 글을 읽고 밥을 먹겠다. (원고본 51-②)
>
> 다른 일~잇어함의 한 갈래로 몬저 움과 나종 움이 서로 아모 關係없이 다른 가지의 일로 그 몬저와 나중의 次序만 잇는 것.
>
> (본) 고
>
> (풀이) 글을 읽고 밥을 먹겠다. (국어문법 84)

간때(끗기의 때) ① 끗기의 과거시제를 나타내는 것으로 말하는 사람이 말하고 있
는 그 때보다 앞선 지난 때를 말함. 즉 사건시가 발화시에 선행하는 시간(과거)
을 말함. 선어말 어미 '-았-, -었-, -였-'으로 표시하고 회상은 '-더-'로 표시함.

　[보기]　간때~그 남이 이때에 다 되어 잇는 것과 되엇다가 없어진 것.

　　　　(본) 그 사람이 가앗다. — '앗다'가 끗기니 '앗'은 간때의 표라(보임이
　　　　라).

　　　　그 마당을 씰엇엇다. — '엇엇다'가 끗기니 '엇엇'은 간때에 표라.
　　　　이는 남이 '씰'이 다 되어 그 '씰'을 홈의 다 됨이 깨끗홈으로 잇
　　　　다가 다시 더럽게 되어 '씰'을 홈의 들어남이 없어진 것이니 몬
　　　　저 '엇'은 '씰'이 다 됨을 보임이요, 알에 '엇'은 그것이 없어짐을
　　　　보이는 것이라.　　　　　　　　　　　　　(원고본 61-①, 국어문법 100)

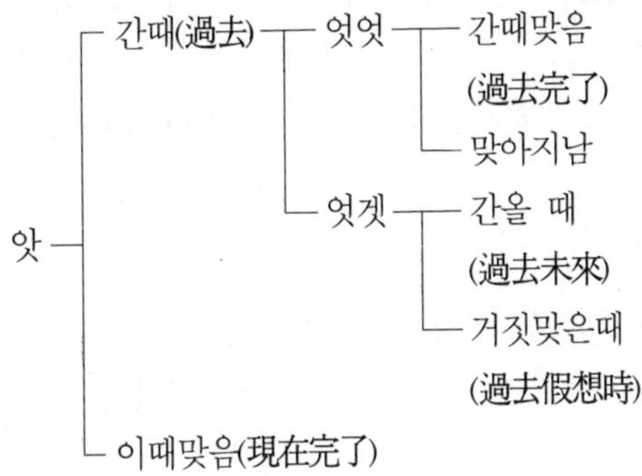

간때(잇기의 때) ② 잇기의 과거시제를 나타내는 것으로 사건시가 발화시에 선행
하는 시간을 말함. ⇒ 간때(끗기의 때)

　　　　(본) 가앗으니, 가앗는데, 먹엇으니, 먹엇는데. '앗, 엇'은 간때를 보이는 표라.
　　　　　　　　　　　　　　　　　　　　　　　(원고본 59-①, 국어문법 97)

　　　　(필자 주) 시제를 나타내는 형태소 '앗/엇'이 잇기와 결합하면 잇기의 간때이
　　　　고, 끗기와 결합하면 끗기의 간때로 처리하였음.

간때맞음(맞아지남) 끗기 때의 하나로 지난때에 움직임이 막 끝나고 그 결과가 그
때에 드러나 있었음을 보이는 때매김으로 과거완료에 해당함.

　　　　(알이) '씰엇엇다'라 흐는 '엇엇'과 같은 것은 그 남이 '씰'이 다 맞아 잇다가
　　　　없어진 것이니, 간때맞음이라 흐든지 맞아지남이라 홀 것이요.
　　　　　　　　　　　　　　　　　　　　　　　(원고본 62-①, 국어문법 100)

간올때(거짓맞은때) 끗기 때의 하나로 장래에 움직임이 막 끝나고 그 결과가 드러
나 있겠음을 보이는 때매김으로 미래완료에 해당함.

> 보기 '꼿이 되엇겟다'흐면 '엇겟'은 간때표 '엇'에 올때표 '겟'이 더흔 것이니
> '피'가 되엇다고 거짓뜻홈이라. 이를 간올때라 흐든지 거짓맞은 때라 흘
> 것이니 한자로 譯흐면 과거장래(過去將來)라 흐든지 과거가상시(過去假
> 想時)라 흘 것이다.

(원고본 62-②, 국어문법 101)

갈 論, 學, 硏究의 뜻. 움직씨 '갈다'(磨)의 줄기를 취하여 만든 용어. 배움, 알아내
기의 뜻

> 보기 ① 갈~硏의 뜻과 같은 말이니 배호나 알아내의 뜻. 곧 學이나 硏究의
> 뜻과 한가지로 쓰어 각기의 결에를 배홈을 이름이라.

(원고본 19-①, 국어문법 27)

> ② 갈~우에 몬저 보인 뜻과 한가지니 여러 듬의 결에를 배홈을 이름이라.

(원고본 24-①, 국어문법 36)

⇒ 기난갈, 짬듬갈

같음 ① 끗기의 서분(序分). 높임의 요소가(성분) 들어 있지 않는 것을 말함.

> 보기 같음~(본) 저 대가 푸르오. — '오'가 끗기니 이 말을 듯는 이를 같게 말
> 흐는 것.
> (잡이) 가시오. — '시오'가 끗기니 '오'만 쓰이는 것보다 높으니라.
> (알이) 中年에 쓰는 것.

(원고본 60-②, 국어문법 99)

같음 ② 잇기 서분(序分)의 하나로 높임의 성분이(요소) 들어있지 않는 것을 말함.

> 보기 같음~平稱흐는 것이니 序分을 이름이 없는 것.
> (본) 가니.

(원고본 59-②~60-①, 국어문법 98)

거짓뜻흐는 때(올때됨) 끗기의 때를 말하는 것으로 가상시(假想時)를 말함. ⇒ 올
때됨

(원고본 62-①, 국어문법 100)

거짓맞은때 끗기의 때의 하나로 과거의 장래 또는 과거 가상시를 말함. ⇒ 올 때

(원고본 62-②, 국어문법 101)

견줌억 ① 억의 한 갈래. 풀이말이 어떠함을 견주어 말하는 억으로 가리킴 어찌씨
 (指示副詞)에 해당함.

  보기 견줌(억)~그 남이의 엇더홈을 그와 같은 것으로 견주어 말흐는 것.
    (본) 이러흐게, 저러흐게, 그러흐게, 이같이, 이처럼.

(원고본 55-②, 국어문법 91)

견줌엇 ② 엇의 한 갈래. 이것과 저것을 견주는 엇으로 가리킴그림씨(指示形容詞)
 의 줄기에 해당함.

    (본) 이러하, 저러하, 그러하   (국어문법 73)

결 '겨레'란 뜻.[族]

  보기 결은 갈래와 한 뜻도 됨.   (원고본 25-②)
    결은 결에나 갈래와 한뜻이라.
    만이결, 줄기결, 금이결, 가지결   (국어문법 39)

결에 '겨레'의 뜻.

  보기 결에~族, 同種類의 뜻과 같은 말

(원고본 19-①, 국어문법 27)

    결에~類   (원고본 25-①)

결이결 빗과 금을 말함.   (원고본 25-②)
    ⇒ 가지결, 줄기결, 붙이결. (국어문법 38)에는 붙이결로 나옴.

겸행(兼行)잇 잇의 한 갈래. 한 임자 또는 두 임자가 두 가지의 움직임을 동시에
 하는 것을 보이는 것. (국어문법 84)에는 '함게'로 나타남.

  보기 兼行(잇)~두 動作을 한 겹에 行흐는 것.
    (본) 면서, 으면서
    (풀이) 가면서 노래흐오.   (원고본 51-②)
      함게(잇)~두 움을 한 때에 하는 것.
    (본) 면서, 으면서
    (풀이) 그 사람이 가면서 노래하오.   (국어문법 84)

겹소리(合音) 둘 이상으로 쪼갤 수 있는 소리를 이르는 것으로 여기에는 웃듬소리

의 겹소리, 붙음소리의 겹소리가 있고, 붙음겹소리는 다시 섞임소리, 짝소리,
덧소리로 분류하였다.

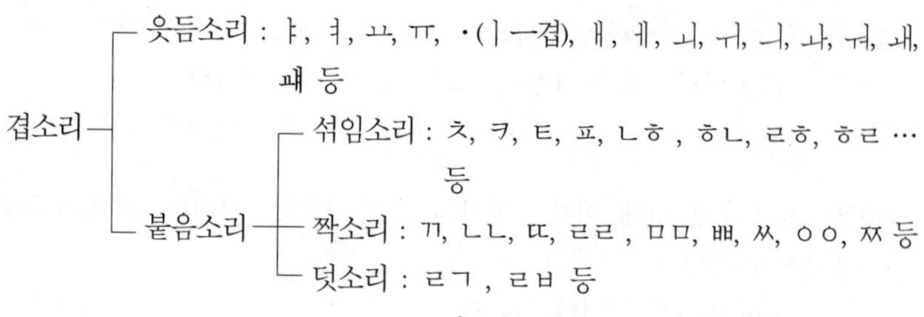

(원고본 1-②~2-①, 7-①, 국어문법 2, 10~11)

겻 기난. 임자말이나 부림말 밑에 붙는 모든 토씨와 자리를 표시하는 모든 토씨를
가리키는 것으로써 이음토씨인 '과, 와'를 제외한 모든 토씨를 포함한다. 즉 이
음토씨를 제외한 토씨의 대부분을 가리킴.

> **보기** 겻~임기의 만이나 움기의 자리를 이르는 여러가지 기를 다 이름이라.
> (서로 얽히는 뜻이라)
>
> (본) 가, 이, 를, 을, 도, 는, 에, 에서, 로, 으로

(원고본 19-②, 국어문법 28)

겻의 갈래 뜻에 따라 나눈 토씨(겻)의 갈래를 가리킴. 겻은 만이와 금이로 나누고
만이는 다시 12갈래, 금이는 11갈래로 나누었음.

```
        ┌ ① 임홋만(單主格) - 가, 이
        │ ② 씀홋만(單物格) - 를, 을
        │ ③ 덩이몸임만(衆合主格) - 에서
        │ ④ 한가지만(同格) - 도
        │ ⑤ 다름만(不同格) - 은, 는
만이     │ ⑥ 다름한만(差同格) - ㄴ들, 인들, 라도, 이라도
(格表)   │ ⑦ 안가림만(不擇格) - 든지, 이든지, 나, 이나
        │ *⑧ 낫가지만(單取格) - 나, 이나
        │ ⑨ 특별홈만(特有格) - 야, 이야
        │ ⑩ 홀로만(獨有格) - 만
        │ ⑪ 부름만(呼格) - 아, 야, 여, 이여
        └ ⑫ 낫한만(各同格) - 마다
```

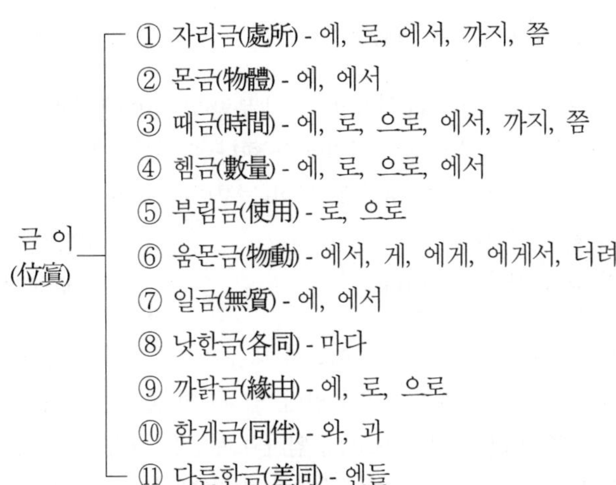

(참고) *⑧의 '낫가지만'은 『국어문법』에서 '낫됨만' 으로 바뀜.

겻의 간략한 갈래

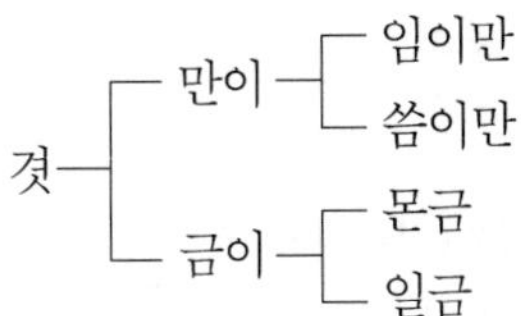

(원고본 45-①~50-②, 국어문법 74~83)

곳억   장소(處所)를 나타내는 어찌씨(副詞)를 이르는 말.

> **보기** 저리.   (원고본 23-①, 국어문법 35)

국어습관소리(國語習慣소리)   어떠한 소리가 변하여 나타나 거나 아주 발음이 되지 아니하는 소리를 습관소리(익음소리, 1914)라 함.

> **보기** 國語의 習慣으로 變하는 소리와 發하지 안이하는 소리가 有하니 左와 如함. 'ㄹ'을 잇다금 웃듬소리와 'ㅎ' 上에서도 'ㄹㄹ '로 發함
> (본) '날아가'를 '날라가'라 할 時가 有하고 …

(원고본 15-①~17-①, 국어문법 22~24)

그럼억   어찌씨의 한 갈래로 허락의 뜻을 나타내는 어찌씨.

> **보기** 그럼억~'그럼'은 認定의 뜻과 같이 씀이니 그 남이를 許諾ᄒ는 것.
> (본) 참, 글세, 과연

(풀이) 글을 배호기가 참 어렵소.　　　　　(원고본 55-②, 국어문법 91)

금이　꾸미는 말의 줄기를 말함. 즉 임이(임자말), 씀이(부림말), 남이(풀이말)에는 각
각 꾸밈말이 붙어 있는데 이것을 금이(꾸밈말)라 한다. 임이를 꾸미는 말은 임
이금이요, 씀이를 꾸미는 말은 씀이금이요, 남이를 꾸미는 말은 남이금이다.
　　보기　금이~각 금을 이름이라.　　　　　　　　　(원고본 25-①)
　　　　금이~여러 금을 각각 이름이라.　　　　　　　(국어문법 38)

금이나 자리(겻)　겻기의 큰 갈래의 하나. 풀이말의 내용이 이루어지는 자리(위치)
를 가리키는 말을 표시해 주는 토씨를 말함인데, 임자씨의 풀이말에 대한 관계
를 임자와 부림과 꾸밈의 세 가지로 보고서, 임자와 부림을 나타내는 토는 '만
이(格表)'라 하고, 꾸밈을 나타내는 토를 '금이나 자리(位實)'라 하였다. 이것은
다시 11갈래로 하위분류 하였다. 그러므로 이 '금이나 자리'는 대부분 어찌자
리토씨에 해당하는 것이다. ⇒ 겻의 갈래
　　보기　금이나 자리(位實)~남이의 자리를 금흐는 것.
　　　　곳 움즉임의 자리를 가르치는 것.
　　　　곳 임기 알에 더흐여 억기 몸 곳 금이(가) 되게 흐는 것.

```
        ┌ ① 자리금(處所) - 에, 로,에서, 까지 쯤
        │ ② 몬금(物體) - 에, 에서
        │ ③ 때금(時間) - 에, 로, 으로,에서, 까지, 쯤
        │ ④ 헴금(數量) - 에, 로, 으로, 에서
        │ ⑤ 부림금(使用) - 로, 으로
  금이 ─┤ ⑥ 움몬금(物動) - 에서, 게, 에게, 에게서, 더려
        │ ⑦ 일금(無質) - 에, 에서
        │ ⑧ 낫한금(各同) - 마다
        │ ⑨ 까닭금(緣由) - 에, 로, 으로
        │ ⑩ 함게금(同伴) - 와, 과
        └ ⑪ 다른한금(差同) - 엔들
```

　　　　　　　　　　　　　　(원고본 48-①~50-②, 국어문법 79~83)

금이겻 또는 어더흠이겻(如何部)　임이(임자말)와 씀이(부림말)와 남이(풀이말)를
꾸미는 말을 이름.

보기 여기서 말하는 세 금은 '임이금, 씀이금, 남이금'을 말함.

금이결~세 금을 말함   (원고본 25-②, 국어문법 39)

결에를 난호고자ᄒ면 임, 씀, 남 세 이를 다 줄기결이라 ᄒ고 …… (중략)

…… 세 금을 금이결이나 어더홈이결(如何部)이라고도 홈.

(원고본 25-①~25-②, 국어문법 38~39)

(알이) 금이결이 모도 세 몸이니 임, 씀, 남의 세금이라.

(원고본 27-②, 국어문법 43)

금이드 꾸밈월을 가리키는 것으로 월에서 임자말을 꾸미는 매김월(언드, 관형절)과 풀이말을 꾸미는 어찌월(억드, 부사절)이 있다. 이것을 도표로 그려보면 다음과 같다.

금이드(꾸밈월) ┬ 임지말을 꾸미는 매김월 - 언드(관형절)
              └ 풀이말을 꾸미는 어찌월 - 억드(부사절)

보기 금이드~(본드 九) 이마가 붉은 두름이가 소리가 길게 울더라.

① '이마가 붉은'은 금이드라 ᄒ거나 언드라 ᄒ니 '이마가'는 임이듬이요, '붉은'은 그 남이가 그러ᄒ나 '붉'이 그 끗(빗)은 없고 '은'을 붙이어 언(금이) 노릇을 홈으로 '이마가 붉은'은 다 이 '두름이'를 엇더ᄒ다ᄒ는 드가 됨을 이름이라.

② '소리가 길게'는 금이드라 ᄒ거나 억드라 ᄒ니 '소리가'는 임이듬이요, '길'은 그 남이가 그러ᄒ나 '길'이 그 끗(빗)이 없고 '게'를 붙이어 억(금이) 노릇을 홈으로 '소리가 길게'가 다 '울기'를 엇더ᄒ게 ᄒ다고 ᄒ는 드가 됨을 이름이라.

(원고본 31-②, 국어문법 50)

금이듬 임이(임자말)와 씀이(부림말)를 꾸미는 매김말과 남이(풀이말)을 꾸미는 어찌말을 말함인데, 월에서 꾸미는 말로 쓰이는 꾸밈성분에 해당함. 이 금이듬은 금이와 금이빗을 합한 것을 말함.

보기 금이듬~임이나 씀이나 남이가 제 빗을 가지지 못하고 금이되는 빗을 가지어 금이됨을 이름이니 금이듬이라 함이 곳 금(함)이라 함과 한가지라.

(국어문법 38)

저 소가 푸른 풀을 잘 먹소.

(알이) 'ㄴ'이 '푸르'에 더ᄒ여 한낫 언기도 일움을 보임이니 'ㄴ'은 남
　　　　이의 뜻을 가진 '푸르'를 금이가 되게 하는 것이라. 이러함으로
　　　　금이 빗이요, '푸른'은 금이니 '푸르'가 금이되는 빗 'ㄴ'을 더
　　　　하여 된 금이라. 이러함으로 금이듬이라 할 만하니라.

(원고본 27-①, ②, 국어문법 41~42)

　　　　(필자 주) 푸르 - ㄴ

　　　　　　<u>(금이) (금이빗)</u>

　　　　　　(금이듬)

금이빗　금이(꾸밈말)를 만들어 주는 형태소를 말함. 즉 꾸미는 말의 토씨 또는 씨
　　끝을 이름이다.

　　　　(필자 주) 푸르 - ㄴ

　　　　　　<u>(금이) (금이빗)</u>

　　　　　　(금이듬)

▣보기　금이빗~금이되는 **表**라 함과 같은 뜻.　　　　　　　　(원고본 25-①)

　　　　금이되게 하는 빗을 이름이니 곳 임이나 남이를 금이가 되게하는 빗을
　　　　이름이라. 이러함으로 금이빗은 금이되는 빗이라 함(씀)이라.

(국어문법 38)

　　　　(알이) 저 소가 푸른 풀을 잘 먹소 — …'푸른'의 'ㄴ'은 남이의 뜻을
　　　　가진 '푸르'를 금이가 되게 하는 것이다. 이러함으로 금이 빗이요…

(원고본 27-①~27-②, 국어문법 41~42)

기　씨, 품사, 낱말의 뜻으로도 쓰임.

▣보기　기(>씨)~낫말을 이르는 것으로 씀이니 여러가지 몬이나 일을 따르어 이
　　　　르는 말을 각각 부르는 이름으로 씀이라.

　　　　(본) 우리나라가 곱다 하면 '우리'와 '나라'와 '가'와 '곱'과 '다' 모도
　　　　다섯 기(>씨)니라.

(원고본 19-①, 국어문법 27)

　　　　기(>씨)~낫말을 이름이니 한 낫(의) 몬이나 일을 이름이라.

(원고본 24-①, 국어문법 36)

　　　　⇒ 기난갈(>씨난갈)

기갈래의 난틀 기(>씨)의 내용을 설명한 것으로써 '갈래'는 종류를 뜻하고, '난틀'
　은 나눈 틀 곧 분류표를 뜻하는 것이니, 이는 씨(품사)의 하위분류에 해당하는
　말이다.　　　　　　　　　　　　　　　　　　　　　(원고본 42-①, 국어문법 69)

기결에>씨결에>씨겨레 씨의 族, 類 씨의 同種類.

　　　　　　　　　　　　　　　　　　　　　　　　　(원고본 23-②, 국어문법 35)

기난 '기'는 씨(품사)에 해당하고, '난'은 분류(分類)라는 뜻이니 '기난'은 씨(품사)
　분류에 해당되는 말임.
　　⇒ 기난갈.　　　　　　　　　　　　　(원고본 19-①, 26-①, 국어문법 43)

기난갈(>씨난갈) 씨를 나누는 학문 곧 씨 분류론에 해당하는 말임.
　보기　기난갈~실을 꿈일 각 낫기를 배호는 것이라 이름이라.　　(원고본 19-①)
　　　　기난갈~다를 꿈일 각 낫기를 배호는 것이라 이름이라.　　(국어문법 27)

기난틀(>씨난틀) '기(>씨)'는 품사이고, '난틀'은 분류표를 뜻하는 것이니, '기난
　틀'이란 씨 분류표를 뜻함.
　보기　기난틀~틀은 案이라 홈과 한가지니 곳 一統의 典이라 홈과 같음을 이
　　　　름이라.

```
            ┌ 임 - 사람, 개, 돌, 뜻, 잠, 아츰…
            │ 엇 - 히, 단단하, 이르, 이러하…
            │ 움 - 가, 잡, 자, 먹이, 잡히…
            │ 겻 - 가, 를, 도, 는, 에,에서, 로
  기(>씨) ──┤ 잇 - 와, 과, 고, 면, 나, 는데…
            │ 언 - 이, 저, 큰, 착한, 한, 두…
            │ 억 - 다, 잘, 이리, 곱게, 매우…
            │ 놀 - 아, 하, 참
            └ 끗 - 다, 냐, 아라, 도다, 오, 소
```

　　　　　　　　　　　　　　　　(원고본 19-①, ②, 국어문법 27~28)

기 뜻박굼 씨(품사)는 바꾸지 않고 뜻만을 바꾸는 조어법으로 어의전성(語義轉成)
　에 해당하는 말이다.
　보기　(본) 돌질~'돌'은 임인데 '질'을 더하여도 임이라. 그러하나 '돌'과 '돌질'

은 그 뜻이 한가지가 안이니 이 '질'은 그 뜻을 박구랴고 더한 것이라. 이와 같은 것이 많으니라.

(원고본 71-②, 국어문법 116)

기 몸박굼 한 기(>씨, 품사)가 다른 기로 꼴을 바꾸는 것을 이르는 것이니, 곧 새 말 만들기를 이르는 것으로 파생법에 의한 품사전성을 뜻하는 말이다. (조어법에 해당)

> 보기 기 몸박굼~각 기를 서로 박구어 쓰지 못ᄒ면 말(다)을 꿈일 수가 없으므로 각 기의 결에를 서로 박구어 씀이 잇으니 이를 기 몸박굼이라 이름이라.

(원고본 62-①, 국어문법 101)

기몸헴(>씨몸셈) 기의 몸의 수효를 이르는 것이니, 뿌리의 어우름을 이르는 것이다. 이는 합성법에 해당되는 말이다.

기몸헴(1909, 1910), 씨몸헴(1911), 씨몸셈(1913)으로 나타남.

> 보기 기몸헴~각 기를 몇 몸으로 된 것인지 가르는 것을 이름이라.

(원고본 71-①, 국어문법 115)

기잇 잇기의 마디. 잇기가 붙어 두 낱말로 짜인 것으로 이어지는 말의 종류에 의한 분류로 낱말과 낱말을 잇는 것을 말한다.

> 보기 기잇~기와 기를 잇는 것.
>
>   (본) 소와 말, 길고 크다, 가며 노래ᄒ요.

(원고본 58-①, ②, 국어문법 96)

길 정도(程度)와 같은 뜻.

> 보기 길~程度와 한가지의 뜻으로 씀이라.
>
>   (본) 다, 더, 매우, 잘
>
>   (풀이) 비가 자조 오니 풀이 잘 자라오.
>
>   '잘'은 '자라'의 길을 금하는 금이라.

(원고본 34-②, 23-①, ②, 국어문법 56, 35)

까닭금(緣由) 겻의 한 갈래. 임자씨 뒤에 붙어서 그것이 움직임의 까닭(理由)이 되는 것임을 보이는 토씨. 즉 밑의 말의 이유를 보이는 토씨.

보기 까닭금~남이의 까닭을 가르치어 내는 것.
(본) 에, 도, 으로
(풀이) 봄이 된 까닭에 꽃이 되오.
봄이 됨으로 꽃이 되오.
봄된고로 꽃이 피오.

(원고본 50-①, 국어문법 82)

끗 기난(>씨난). 9기(>씨, 품사) 중의 하나로 『우리말본』의 풀이씨의 마침법의 각종 씨끝(語尾)에 해당.

보기 끗~한 말을 다 맞게 홈(함)을 이르는 여러가지 기를 다 이름이라. 마지막의 뜻이라.
(본) 다, 이다, 냐, 이냐, 아라, 어라, 도다, 오, 소

(원고본 19-②~20-①, 국어문법 28~29)

끗기의 때 때(時制)를 나타내는 끗기를 말하는 것으로, 때를 나타내는 형태소는 끗기의 한 부분으로 보기도 하고, 잇기의 한 부분으로 보기도 하는데, 이는 끗기와 결합하면 끗기가 되고, 잇기와 결합하면 잇기가 된다. 이 끗기의 때는 이때, 간때, 올때의 세 가지로 나누어진다.

보기
- 이때~그 남이가 이때에 되어 가는 것.
  (본) 말이 뛰오. 그 말이 검다. 이것이 먹이다.
- 간때~그 남이가 이때에 다 되어 있는 것과 되엇다가 없어진 것.
  (본) 그 사람이 가앗다. 그 마당을 씰엇엇다.
- 올때~그 남이가 이 담 때에 될 것.
  (본) 비가 오겟다.

(원고본 61-①~62-②, 국어문법 99~100)

끗의 갈래 끗은 풀이씨의 마침법 씨끝에 해당하는 것으로 말할이와 들을이와의 사이에 주고 받는 관계와 말할이의 생각의 태도에 따라 '이름, 물음, 시김, 홀로'의 네 갈래로 나누었다.

이는 서법에 따른 분류로 그의 서법의식을 정리하여 표로 보이면 다음과 같다.

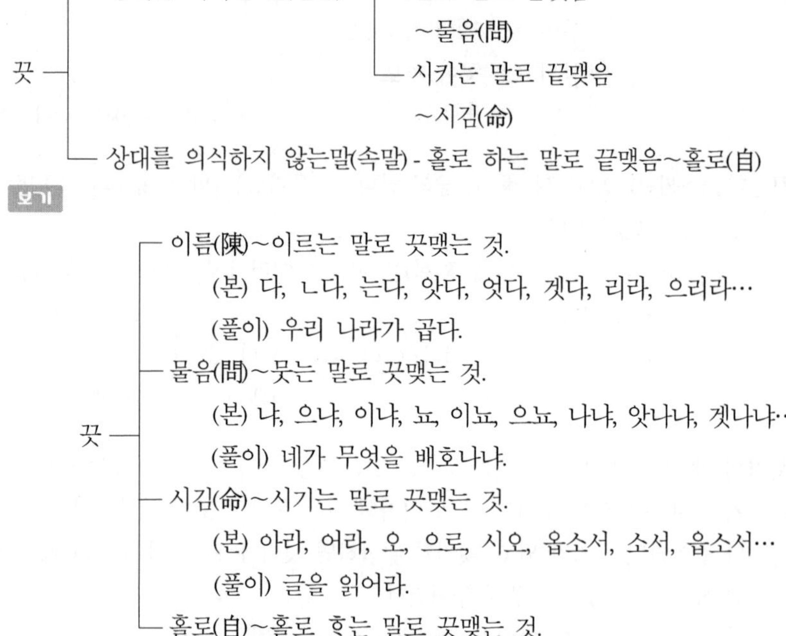

보기

(원고본 56-①~57-②, 국어문법 92~94)

끗기의 序分 높임법 또는 높임의 등분을 '서분'이라고 하고 주시경은 이를 잇기와 끗기에서 다루고 있다. 이는 안맺음 씨끝을 잇기와 끗기의 한 부분으로 다루었기 때문이다. 이 서분은 말하는이와 들을이와의 관계를 생각하여 말듣는 이를 기준으로 '높음(듣는이를 높이어 말하는 것), 같음(듣는 이를 같게 말하는 것), 낮음(듣는이를 낮추어 말하는 것)의 세 등분으로 나누었으며, 그 나누는 기준은 존비보다 나이에 초점을 맞추었다.

보기 끗기의 序分~長幼尊卑의 다름을 가르는 것.

① 높음(본) 저 대가 푸릅니다. - 'ㅂ니다'가 끗기니 이 말을 듯는이를 높이어 말ᄒᆞ는 것.

그 어른이 오십데다. - '십데다'가 끗기니 오는이와 듯는이를 다 높이
어 말흐는 것. (알이) 老年에 쓰는 것.
② 같음(본) 저 대가 푸르오. - '오'가 끗기니 이 말을 듯는이를 같게 말흐
는 것. (알이) 中年에 쓰는 것.
③ 낮음~下稱흐는 것.
(본) 저 대가 푸르다. - '다'가 끗기니 이 말을 듯는이를 낮히어 말흐는
것.
(알이) 幼年에 쓰는 것.

(원고본 60-②, 국어문법 99)

난 분류(分類)의 뜻.
> **보기** 난~分의 뜻과 같은 말이니 각 낫기의 바탕(性質)을 따르어 결에 되는 分
別 잇음을 이름이라.
>> ⇒ 기난갈(씨난갈)   (원고본 19-①, 국어문법 27)

남움 움의 한 갈래. 남움직씨(他動詞)의 줄기에 해당함.
> **보기** 남움은 他動이라.   (원고본 69-②)
>> (알이) … 씀이가 잇는 다의 남이는 반듯이 남움이 되나니라. 남움은
>> 그 움즉임이 남의 몸에 이르어 됨을 이름이라.   (국어문법 41)
> 남움~남의 몸에 움즉이는 것.
>> (본) 잡, 따리, 먹, 먹이
>> (잡이) '먹이'와 같은 기는 남움에 特別한 것이니 남이 움즉이게 하랴
>> 고 움즉이는 것이라.
>> ⇒ 타동, 동성(動性)   (국어문법 41)

남움의 두 갈래 남움(남움직씨, 他動詞)은 다시 두 갈래로 나누었는데, 제홀로 충
분히 풀이가 되는 씀남움(으뜸움직씨, 主動)과 월의 임자가 직접적으로 실질적

인 움직임을 하지 아니하고, 남에게 그 움직임을 하게 하는 형식적 움직임을 나타내는 시김남움(使動動詞, 하임움직씨)으로 나누었다.

> 보기 (잡이) 남움에 두 갈래(두 가지 뜻[性質]으로 난호임을 이름)가 잇으니 이 알에 적음이라.
>
> ┌ 씀~씀이가 그 남이를 받게만 흐는 것.
>   (본) 먹 (풀이) 나는 밥을 먹는다.
> └ 시김~씀이가 그 남이를 받아서 제가 또 움즉이게 흐는 것.
>   (본) 먹이
>   (풀이) 나는 아기를 먹이오.

(원고본 71-①, 국어문법 114)

남이 짬듬갈(월갈, 문장론, 통사론)의 용어로 풀이말(說明語)의 줄기에 해당함.

> 보기 남이~'남'은 '나'(現出)에 'ㅁ'을 더흐여 임기를 만드는 것.

(원고본 24-②)

(본드) 아기가 자라오.
(듬난) 아기(임이)가(임이빗) 자라(남이)오(남이빗)

(원고본 26-①)

남~움기 '나'에 'ㅁ'을 더하여 임기되게 한 것.

(국어문법 37)

남이금 짬듬갈(월갈, 문장론, 통사론)의 용어로 월에서 풀이말을 꾸미는 말을 이르는 것으로 어찌말(副詞語)에 해당됨.

> 보기 남이금~엇더혼(한) (남이)이라 흠(함)을 이름이라.

(원고본 25-①, 국어문법 38)

(본드 三) 저 소가 푸른 풀을 잘   보소.
(듬난)   (남이금) (남이)(남이빗)
                  (남이듬)

(원고본 27-①, 국어문법 41)

남이듬 짬듬갈(월갈, 문장론, 통사론)의 용어로 풀이말 줄기(남이)와 그 씨끝(남이빗)을 아울러 이르는 것으로 『우리말본』의 풀이말에 해당하는 것이다.

> 보기 남이듬

(원고본 25-①, 국어문법 38)

　(본드 一) 아기가 <u>자라오</u>.
　(듬난)　　　(<u>남이</u>)(<u>남이빗</u>)
　　　　　　　　(남이듬)
　(본드 二) 아기가 젓을 <u>먹소</u>.
　(듬난)　　　　　(<u>남이</u>)(<u>남이빗</u>)
　　　　　　　　　(남이듬)

　　　　　　　　　　(원고본 26-①~26-②, 국어문법 38~41)

남이붙이　짬듬갈(월갈, 문장론, 통사론)의 용어로 풀이말 줄기와(남이) 그 씨끝(남이빗)과 그 꾸밈말(남이금)을 아울러 하는 말이므로 풀이조각(서술부)에 해당하는 말이다.

　보기　남이와 남이의 빗과 남이의 금을 다 남이붙이[成(>說)者部 或 成(>說)者屬]이라 홈.

　(그림)

$$\text{남이붙이} \longleftarrow \begin{cases} \text{남이금} \\ \text{남이} \\ \text{남이빗} \end{cases}$$

　　　　　　　　　　(원고본 25-②, 국어문법 39)

　(본드 三) 저 소가 푸른 풀을 잘　　<u>먹소</u>
　(듬난)　　　　　　(<u>남이금</u>)(<u>남이</u>)(<u>남이빗</u>)
　　　　　　　　　(남이붙이)

　　　　　　　　　　(원고본 27-①, 국어문법 41)

남이빗　풀이말을 만들어 주는 형태소를 말함. 즉 풀이말의 씨끝을 이름이다.
　보기　남이빗~남이의 직권표(職權表)라 홈과 같은 혼 뜻.

　　　　　　　　　　(원고본 25-①, 국어문법 37)

　(본드 一) 아기가 자라오.
　(듬난)　　　(<u>남이</u>)(<u>남이빗</u>)
　　　　　　　　(남이듬)

　　　　　　　　　　(원고본 26-①, 국어문법 40)

낫가지만(單取格)(>낫됨만)　겻의 한 갈래. 임자말이나 부림말이 될만한 여럿 중에서 반드시 한가지만이 선택된다는 뜻으로 쓰이는 토씨로 가림도움토씨에 해당함. 여기에는 다시 낫가지임만과 낫가지씀만으로 나눌 수 있다.

> 보기 낫가지만~한 남이에 임이나 씀이가 될만혼 衆者中에 其一만 되는 것.
>   (본) 나, 이나
>   (풀이) 내나 가겠다. 나는 밥이나 먹겠다.

(원고본 47-②, 국어문법 78)

낫가지씀만(>낫됨씀만) 낫가지만의 하위분류로 겻의 한 갈래. 부림말이 될만한 여럿 중에서 반드시 한가지만 선택된다는 뜻으로 쓰이는 토씨로 가림도움토씨에 해당함.

> ⇒ 낫가지만

> 보기 (풀이) 나는 밥이나 먹겠다. - 이 말에 '이나'가 낫가지만이니 '밥'이 남이 '먹'에 씀이 됨이 여러 食物中에 單有ㅎ다훔을 表훔인데 此는 낫가지씀만(>낫됨씀만)이라.

(원고본 47-②, 국어문법 78)

낫가지임만(>낫됨임만) 겻의 한 갈래로 낫가지만의 하위분류. 임자말이 될만한 여럿 중에서 반드시 한가지만 선택된다는 뜻으로 쓰이는 토씨로 가림도움토씨에 해당함.

> ⇒ 낫가지만

> 보기 내나 가겠다. - 이 말에 '내'가 낫가지만이니 남이 '가'에 임이 될 바가 여럿 가온데서 '내'가 임이 됨이 單有ㅎ다훔을 表훔이니 此는 낫가지임만(>낫됨임만)이라.

(원고본 47-②, 국어문법 78)

낫내 소리의 한 마디. 낱말 또는 낱말의 일부를 이루며 하나의 종합된 소리의 느낌을 주는 소리의 단위를 말함.

> 보기 웃듬소리 뿐이든지 웃듬소리가 붙임소리를 附하여 發함이든지 獨發함이든지 合發함이든지 一團으로 發하는 음을 다 낫내라 이름이니…
>   (본) 우리나라가 밝고 곱다 - 아홉 낫내
>   ⇒ 낱내, 소리마디, 음절

(국어문법 11)

낫몸 한 기(낱말)가 하나의 기로 된 것을 말하는 것으로 단순어에 해당함. 여기에는 임기의 낫몸, 엇기의 낫몸, 겻기의 낫몸이 있음.

[보기] 낫몸~한낫의 기로 된 것.

(본) 사람, 새, 고기, 돌, 흙, 물, 불 - 임기의 낫몸

크, 검, 차, 착ᄒ, 흔ᄒ - 엇기의 낫몸

에 - 겻기의 낫몸

(원고본 71-②, 문법 115~116)

낫한금(各同)   겻의 한 갈래. 하나도 빼지 않고 한결로, 또는 하나도 차등없이 골고루함의 뜻을 나타내는 토씨로 자리를 나타내는 말에 붙어 금이가 되게 하는 토씨를 말함. '마다'가 여기에 속함.

[보기] 낫한금(各同)~움즉임의 됨이 일마다나 몸마다에 잇음을 가르치어 내는 것.

(본) 마다

(풀이) 봄에는 꽃이 곳마다 피오.

꽃이 봄마다 피오.   (원고본 50-①, 국어문법 82)

낫한만(各同格)   겻의 한 갈래. 낱낱이 한가지란 뜻으로 쓰인 토씨. 하나도 빼지 않고 다 한결로, 또는 하나도 차등없이 골고루함의 뜻을 보이는 토가 임자말이나 부림말에 붙을 때는 낱낱이 같은 임자말이나 부림말이 되게하는 토씨. 여기에 속하는 겻으로는 '마다'가 있다.

[보기] 낫한만~한 남이에 임이나 씀이됨이 各同ᄒ 것.

(본) 마다

(풀이) 사람마다 숨을 쉬오. - 이 말에 '마다'가 낫한만이니 아모 사람이든지 숨을 쉬기에 各同ᄒ 임이가 되는 것.

(원고본 48-①, 국어문법 79)

낮음   끗기의 서분. 말할이가 듣는이를 낮추어 말하는 것.

[보기] 낮음~下稱ᄒ는 것.

(본) 저 대가 푸르다. - '다'가 끗기니 이 말을 듯는이를 낮히어 말ᄒ는 것.

(알이) 幼年에 쓰는 것.

(잡이) 서로 한 가지의 序分을 쓸 때에는 다 같음이라 홀 만ᄒ다.

(원고본 60-②, 국어문법 99)

놀 기난. 9기(씨) 중의 하나. 느낌이나 놀람을 나타내는 느낌씨(감탄사)를 가리킴.

　　보기 놀~놀라거나 늣기어 나는 소리를 이르는 기를 다 이름이라.

　　　　　(본) 아, 하, 참('놀나'의 '놀'만 씀이라)

(원고본 19-②~20-①, 국어문법 28~29)

높음 ① 잇기의 서분 ② 끗기의 서분

말할이가 월의 임자말이 지시하는 대상 곧 월의 주체를 높이어 말하는 주체높임과 들을이를 높이어 말하는 상대높임을 말하는 것이다. 잇기의 서분에서 높음은 주체 높임 등분을 설명하는 것이고 끗기의 서분에서 높음은 상대높임 등분을 설명한 것이다.

　　보기 ① 잇기의 서분

　　　　높음~尊稱ᄒ는 것.

　　　　(본) 가시니. - '시니'가 높이는 잇기니 '시'는 높이는 표라.

　　　　(잡이) 높이어 말홈으로 '가옵시니' 홀 때도 잇으니 '시오'가 높임이요, '가오니' 홀 때도 잇으니 '오'가 높임이라. 그러ᄒ나 '시'만 두어 높임으로 삼음이 떳떳함이라.

(원고본 59-②~60-①, 국어문법 98)

　　　② 끗기의 서분

　　　　높음 (본) 저 대가 푸릅니다. - 'ㅂ니다'가 끗기니 이 말을 듯는이를 높이어 말ᄒ는 것.

　　　　　　그 어른이 오십데다. - '십데다'가 끗기니 오는이와 듯는이를 다 높이어 말ᄒ는 것.

　　　　(잡이) 이는 다 줄인 말이라.

　　　　(알이) 老年에 쓰는 것.

(원고본 60-②, 국어문법 99)

다 둘 이상의 낱말이 모여 짜여진 말을 이름이니 이은말, 마디, 월들이 다 포함된다.

보기 다~둘로붙어 둘 더 되는 기로 짠 말을 (다) 이름이라.

(원고본 24-②, 국어문법 36)

다 된 마듸 마디 중에서 끗기가 있어서 완전히 끝맺은 마디를 말함. ⇒ 마듸

보기 (본드 四) 이 소는 누르고 저 말은 검다.

알에 마듸 남이는 그 빗이 잇음으로 다 된 마듸라 홈.

(원고본 28-②, 국어문법 44)

다른한금(差同) 겻의 한 갈래. 역시 마찬가지임을 보이는 토씨에 해당함. 보기로
보인 '엔들'은 사실은 '에+ㄴ들'로 짜여진 토씨임.

보기 ① 그 남이에 금이될 權限이 初에는 較勝흔 分量이 有흐다가 終에는 結
果가 相同홈에 歸흐는 것.

(본) 엔들

(풀이) 그러흐게 큰 고기야 가람엔들 잇겟느냐.

(원고본 50-②)

② 그 남이에 금이가 될 힘이 첨에는 그 뜻한 어느 것이 금이가 될만한
일보다 더하다가 나종에 되는 것은 서로 같음에 돌아가는 것. (본)
엔들

(풀이) 그러하게 큰 고기야 가람엔들 잇겟나뇨.

(국어문법 82)

다름만(不同格) 겻의 한 갈래. 어떤 것이 다른 것하고 서로 다름을 보이는 토씨.
여기에는 임다름만과 씀다름만이 있음.

보기 ① 이 임이의 남이가 어느 임이의 남이와 다른 것과 이 씀이가 그 임이
의 節制를 受홈이 어느 씀이가 그 임이의 節制를 受홈과 다른 것.

(본) 는, 은

(풀이) 나는 가오. 아기가 젓은 먹으오.

풀은 푸르오.   (원고본 46-②)

② 이 임이의 남이가 그 뜻한 어느 임이의 남이와 다른 것과 이 씀이가
그 임이의 움즉임을 받음이 그 뜻한 어느 씀이가 그 임이의 움즉임
을 받음과 다른 것.

(본) 는, 은

(풀이) 나는 가오. 아기가 젓은 먹으오.

풀은 푸르오.   (국어문법 76)

다름한만(差同格) 겻의 한 갈래. 다르기는 하지마는 끝에 가서는 역시 같은 결과
가 되고 마는 토씨.

> **보기** ① 此 임이나 씀이가 한 남이에 對흔 權限이 始는 某 임이나 씀이의 그
> 남이에 對흔 權限보다 較優ㅎ거나 較劣흔 分量 곧 不同흔 事實이 有
> ㅎ다가 終에 結果는 相同흠에 歸ㅎ는 것.
>
> (본) ㄴ들, 인들, 라도, 이라도
>
> (풀이) 쟝슌들 메야 뽑겟나냐. 아긴들 젓이야 먹지. 스승이라도 모르오
>
>   (원고본 46-②)
>
> ② 이 임이나 씀이가 한 남이에 힘이 첨에는 그 뜻한 어느 임이나 씀이
> 가 그 남이에 힘보다 더 낫거나 더 못한 **分量** 곳 같지 안이한 일이
> 잇다가 나종에 되는 것은 서로 같음에 돌아가는 것.
>
> (본) ㄴ들, 인들, 라도, 이라도   (국어문법 77)

다 못 일운 마듸 마디 중에서 끗기가 없어서 완전히 끝맺지 못하는 마디를 말함.
⇒ 마듸

> **보기** (본드 四) 이 소는 누르고 저말은 검다. - 웃마듸의 남이는 남이빗이 없고
> 그 만을 잇기 '고'가 아우르어 가짐으로 웃마듸는 다 못일운 마듸라 흠
> (함).   (원고본 28-②, 국어문법 44)

단결(團結) 잇(>덩이잇) 잇의 한 갈래. 여러가지의 임자씨와 임자씨를 이어서, 그
것이 한 덩이가 되어서 한낱의 월성분이 되게하는 토씨의 일부와(예 : 와, 과)
풀이씨가 그 앞의 임자말의 풀이가 되어 끝맺지 아니하고, 다른 말을 잇게하는
씨끝의 일부가(예 : 고) 속함.

> **보기** ① 단결잇~단결(團結)되게 ㅎ기만 爲ㅎ여 問置ㅎ는 것.
>
>   (본) 와, 과, 고
>
>   (풀이) 벼루와 먹이 잇소. 북과 먹이 잇소.
>
>   입고 먹기가 어렵소. 그 말은 희고 크오.
>
>   네 말의 히고 큼이 내 말과 비슷하다.
>
>   (원고본 51-①)

② 덩이 잇~한덩이가 되게만 하라고 사이에 두는 것.

　　(본) 와, 과, 고 　　　　　　　　　　　　　　　　　(국어문법 83)

단유(單有)잇(>홀로잇)　잇의 갈래. '오직, 유독'의 뜻을 나타내는 이음씨끝(연결어미)에 해당함.

　보기　① 단유잇~여러 일 중에 그 **結果**를 **成**홀 것은 한가지에만 잇는 것.

　　　　(본) 아야, 어야

　　　　(풀이) 보아야 알겟다.

　　　　(알이) 이를 단유가상(**單有假想**)이라 흐든지 단상(**單想**)이라 홀만흔 것
　　　　　　이라. 　　　　　　　　　　　　　　　　　　(원고본 53-①)

　　　② 홀로잇~여러 일에서 될 것은 한가지에만 잇는 것.

　　　　(본) 아야, 어야

　　　　(풀이) 보아야 알겟다. 　　　　　　　　　　　　(국어문법 87)

단유가상(單有假想) 또는 단유(單有)(>홀로 거짓 또는 낫 뜻)　　　(원고본 53-①)

　⇒ 단유(單有)잇.

대신임(>대임, 넛임)　임의 한 갈래. 대이름씨(대명사)에 해당함.

　보기　어느 몬이나 일의 본 이름을 대신흐(하)는 이름으로 씀을 이름이다.

　　　(본) 이것이 먹이다. 　　　　　　　　　(원고본 32-②, 국어문법 52)

　　　　⇒ 대표(**代表**)이름.

대표(代表)이름　임의 한 갈래. 대이름씨의 뜻. 어떠한 일정한 일몬을 나타내지 아니하고 다만 가리키기만 하는 씨. (참고) 대신임, 대임, 넛임, **代表**는 '대신'의 뜻.

　보기　① 제 이름을 대신하는 이름. 　　　　　　　　　(원고본 42-②)

　　　② 제임을 **代表**하는 이름. 　　　　　　　　　　(국어문법 69)

代表이름의 갈래

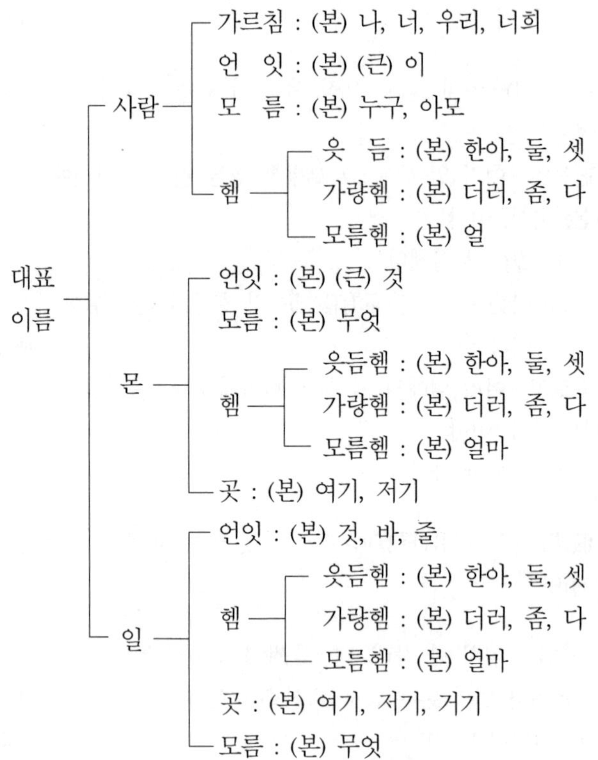

(원고본 42-②~43-②, 국어문법 69~71)

대임 대이름씨.

　　보기 제임을 대표하는 이름.　　　　　　　　　　　　　(국어문법 69)

　　　　(참고) 조선어문법(1913)에는 '넛임'으로 나타남.

　　　　　⇒ 대표이름

덧소리 겹닿소리의 한 종류를 일컬음.

　　　　(본) ㄹㄱ , ㄹㅂ 등

　　　　　⇒ **疊合音**(첩합음)　　　　　　　　　　　(원고본 7-①, 국어문법 11)

덩이몸임만(衆合主格)(>덩이임만) 겻의 한 갈래. 덩이로 된 임자씨 뒤에 쓰이는
임자자리 토씨. 즉 여럿이 겹쳐서 한 덩이로 임자말이 되는 것.

　　보기 ① 衆體가 合ᄒ여 한 團體로 임이 됨을 表ᄒ는 것.
　　　　　(본) 에서
　　　　　(풀이) 우리나라에서 이기엇소.　　　　　　　　　　(원고본 46-①)
　　　　② 덩이임만~여럿이 겹치어 한 덩이 몸으로 임이가 됨을 보이는 것
　　　　　(본) 에서　　　　　　　　　　　　　　　　　　　(국어문법 76)
　　　　　　　덩이임만 ⇒ 덩이몸임만

동권(動權)(>움힘)　움의 한 갈래. 움직씨의 주체가 제 스스로 움직임을 하느냐, 남
의 움직임을 받느냐를 기준으로 하여 분류하는 방법. 여기에는 다시 직동(直動)
과 피동(被動)으로 나눔.
　　보기 ① 動權~動作ᄒ는 權力
　　　　　┌ 直動~自由로 動ᄒ는 것.
　　　　　│　(본) 따리, 자, 잡
　　　　　└ 被動~他의 動홈을 被홈으로 動ᄒ는 것
　　　　　　(본) 잡히　　　　　　　　　　　　　　　　　(원고본 44-②~45-①)
　　　　　　　　┌ 바로움~自由로 움즉이는 것.
　　　　② 움힘 ┤　(본) 따리, 자, 잡, 날
　　　　　　　　└ 입음움~남의 움즉임을 입어 움즉이는 것.
　　　　　　(본) 잡히　　　　　　　　　　　　　　　　　　(국어문법 74)

동성(動性)(>움뜻)　움의 한 갈래. 움직임의 대상이 있느냐 없느냐를 기준으로 하
여 분류하는 방법인데 여기에는 움직임의 대상이 부림말(씀이듬)을 취하지 않
는 자동(自動)(>제움)과 움직임의 대상이 부림말(씀이듬)을 취하는 타동(他動)
(>남움)으로 나눌 수 있다.
　　보기 ① 動性~動作ᄒ는 性質
　　　　　┌ 自動~自體에서 動ᄒ는 것.
　　　　　│　(본) 자, 날, 잡히
　　　　　└ 他動~他體에 動ᄒ는 것.
　　　　　　(본) 잡, 따리, 먹, 먹이　(원고본 44~②)

② 움뜻~움직이는 성질

   ┌─ 제움~제 몸에서 움즉이는 것.

   │   (본) 자, 날, 잡히

   └─ 남움~남의 몸에 움즉이는 것.

      (본) 잡, 따리, 먹, 먹이   (국어문법 73)

동작(動作)(>움)언 언의 갈래. 움직씨가 임자씨를 한정하는 것으로『우리말본』의 체계로는 움직씨의 매김꼴(동사의 관형사형)에 해당하는 말. (動作언>움언)

  보기 動作(>움)언~움기로 언기가 된 것.

    (본) 간, 먹은, 가는, 먹는, 갈, 먹을, 가던, 먹던, 씰엇던, 가앗던

    (풀이) 길로 가는 저 사람이 누구요.

        (원고본 54-①, 국어문법 89)

되는 때 끗기의 때. 현재진행을 나타냄.

  보기 (알이) 그 남이의 되고 못됨으로 말ㅎ면 '이때'라 홈은 그 남이가 이때에 되어 가는 것이니 되는 때라 홀 것이요.

        (원고본 62-①, 국어문법 100)

두로 제이름의 한 갈래(임의 한 갈래). 한가지의 일과 몬에 두루 쓰이는 이름씨인 두루이름씨를 가리킴. 여기에는 몬과 일로 나누어진다.

  보기 두로 ┬ 몬 - (본) 사람, 개, 새, 나비, 고기, 메, 물, 돌, 붓, 옷, 바람, 번개

              └ 일 - (본) 뜻, 일, 말, 아츰, 사랑

        (원고본 42-①, 국어문법 69)

드 임자말(임이)와 풀이말(남이)의 결합에서 이루어진 언어형식으로써 마디나 월에 해당하는 말을 이른다.

  보기 ① 드~한 짠 말에 남이가 잇어 다 맞은 말을 이름이라.

        (원고본 24-②, 국어문법 37)

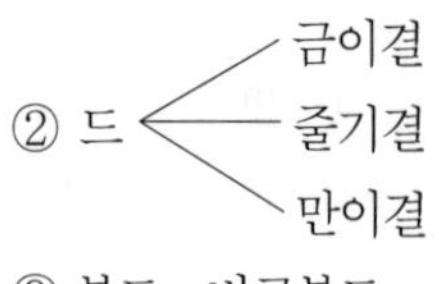

  ② 드 ← ┬ 금이결

       ├ 줄기결

       └ 만이결   (원고본 25-②, 국어문법 39)

  ③ 본드~버금본드   (원고본 26-①~38-②, 국어문법 39~64)

④ 드는 한 낫의 꿈인 말이 아모리 적어도 남이가 잇음을 이름이니 본드
는 본보기의 드라 함이라.

(원고본 26-①, 국어문법 40)

⑤ (알이) … 一, 二, 본드를 보면 한 낫의 드가 아모리 적어도 줄기결과
만이결로 꿈이 어짐을 알 것이요, 이 드는 갓가지로 꿈이어짐이니…

(원고본 27-②, 국어문법 43)

⑥ 이 소는 누르고 저 말은 검다.
(알이) … 이 말은 우 알에 두 마듸를 ‘고’가 잇음으로 두 마듸로 된
한 낫의 드라함.

(원고본 28-②, 국어문법 45)

⑦ (잡이) 드는 아모리 적어도 임 남 두 이가 잇음을 이름이니라.

(원고본 31-②, 국어문법 50)

⑧ 익힘드 　　　　　　　　(원고본 39-①~42-①, 국어문법 64~69)

드잇 잇기의 마디. 이어지는 말의 종류에 따른 분류로 마디를 잇는 것을 말하는데
이것은 다시 두 가지로 나누어진다. 하나는 덜마친 마디를 잇는 ‘못맞은드잇’
이고 다른 하나는 끝난 월을 잇는 ‘맞은드잇’이다.
　[보기] 드잇~드와 드를 잇는 것.

　　┌ 못맞은드잇 - (본) 바람은 가볍고 구름은 히오. ‘고’는 못맞은드 곳 끗
　　│　　기가 없는 드. ‘바람은 가볍’에서 드 ‘구름은 히오’를 잇는 것.
　　└ 맞은드잇 - (본) 날이 춥다마는 나는 가겟다. ‘마는’은 맞은드 곳 끗기
　　　　가 있는 드. ‘날이 춥다’에서 드 ‘나는 가겟다’를 잇는 것.

(원고본 59-①, 국어문법 96)

듬 ① 말이 꾸며지는 여러가지 방법 즉 월 구성법의 뜻.
　② 格과 같은 뜻.
　[보기] ① 듬~말이 꿈이어지는 여러가지 **法**을 이르는 이름으로 씀이라.

(원고본 24-①, 국어문법 36)

　② 듬~格과 같은 뜻이니 임이듬은 임이되는 **格**이라 함이요 알에도 다
　　이러함.
　　⇒ 짬듬갈 　　　　　　　　　　　(원고본 25-①, 국어문법 37)

듬난 짬듬갈. 통사론적 사실. '듬'은 성분 또는 월 구성법의 뜻이고, '난'은 분류(分類)의 뜻이므로 '듬난'은 월 구조의 성분 분석에 해당된다. 짬듬갈의 뜻으로도 쓰임.

> **보기** ① 듬난은 듬을 난홈이라 함이라.

> > (원고본 28-①, 국어문법 43)

> ② (잡이) 듬난은 임이듬과 씀이듬과 남이듬과 금이 들(듬)을 뜨임이니 한 드의 잇기는 그 우에 마듸의 남이에 붙이어 뜨일지니라.

> > (국어문법 64)

> ③ 듬난을 기난갈의 사이에 둠은 이러ᄒ게 ᄒ여야 그 뜻을 알기가 쉽겟다 홈이라.

> > (원고본 73-①, 국어문법 118)

때금(時間) 겻의 한 갈래. 풀이씨의 내용이 드러나는 것이 때임을 가리키는 토씨로 때를 나타내는 임자씨 뒤에 결합되는 곳자리토씨(처소격 조사)의 한 부분임.

> **보기** 때금~남이가 때에 됨을 가르치는 것.

> > (본) 에, 로, 으로, 에서, 까지, 쯤

> > (풀이) 이슬이 아침에 오오. 꼿이 아츰에 새롭다.

> > 리치는 예로 여까지 한가지요.

> > 그 사람이 저녁때쯤 오겟다.

> > 내가 아홉시서 열시까지 노래를 배호오.

> > > (원고본 48-②, 국어문법 80)

때억 억의 갈래. 때를 나타내는 어찌씨와 월에서 때를 나타내는 어찌말이 해당됨.

> **보기** ① 때억~남이의 때.

> > (본) 곳, 늘, 잇다금, 일즉이, 벌서, 빠르게, 오래, 늦게, 길이, 이제, 악가, 아츰에, 밤에, 어적게, 때때로, 날날이, 달달이, 이내

> > > (원고본 55-①, 국어문법 90)

> ② 잘, 자로, 천천이, 펄펄, 다, 정ᄒ게, 저리, 곳, 몬저, 착ᄒ게… 다 억기니 '곳, 몬저'와 같은 기들은 때요.

> > (원고본 23-①, 국어문법 35)

때언 시간을 나타내는 매김씨(관형사)에 해당함.

보기 붉은, 적은, 저, 한, 어린, 그, 무슨, 이른 … 다 언기니 '이른'과 같은 기들
은 때요.

(원고본 23-①, 국어문법 35)

때엇 엇의 갈래. 때가 어떠하다고 이르는 그림씨의 줄기를 말함.

보기 ①때의 엇더함 ②때가 엇더하다 이르는 것

(본) 이르, 늦, 오라, 길 (원고본 44-①, 국어문법 72)

❍

마듸 마디. 절(節). 월의 한 부분을 가리킴.

보기 (본드 四) '이 소는 누르고 저 말은 검다.'에서

(알이) '이 소가 누르'를 웃마듸라 ㅎ거나 몬저 마듸라 홈.

'저 말은 검다'를 알에 마듸라 ㅎ거나 끗마듸라 홈.

이 말은 우 알에 두 마듸를 '고'가 잇음으로 두 마듸로 된 한 낫
의 드라 홈(함).

웃마듸의 남이는 남이빗이 없고 그 만을 잇기 '고'가 아우르어 가
짐으로 웃마듸는 다 못일운 마듸라 홈(함).

알에 마듸의 남이는 그 빗이 잇음으로 다 된 마듸라 홈(함).

(원고본 28-①, ②, 국어문법 44)

막이억 억의 한 갈래. 거절 또는 부정의 뜻을 나타내는 어찌씨에 해당함.

보기 막이억~막은 拒絶의 뜻이라. 그 남이를 막는 것이니 곳 그 남이를 許諾
ㅎ지 안이ㅎ는 것이요 또 그 남이가 그러ㅎ지 안이ㅎ다 ㅎ는 것이라.

(본) 안이, 못, 다만, 그러ㅎ나, 마는, 특별이

(풀이) 내가 밥을 안이 먹겟다.

(원고본 55-①, 국어문법 90)

만 임자말(임이)과 부림말(씀이)의 구실로만 쓰이는 토씨(겻기). ⇒ 만이

[보기] 만~固有의 權, 職, 任과 한가지의 뜻으로 씀이라.

(원고본 20-①, 국어문법 29)

만이 겻의 큰 갈래로 이것은 다시 12갈래로 하위분류 됨. 줄기가 되는 월성분인 줄기 성분에 붙는 것. 格, 資格의 뜻. 월에서 임자말이나 부림말의 뒤에 붙어서 앞 말이 임자말이나 부림말임을 나타내는 토씨.

[보기] ① (본) 이, 가, 을, 를, 는, 은

(원고본 23-①, 국어문법 34)

② 만이(格表)~임이와 씀이의 만의 다름.
곳 主物者 職權의 分別.
곳 職權의 如何홈을 表ㅎ는 것.

(원고본 45-①)

③ 만이~임이와 씀이의 만의 다름.
곳 임이와 씀이의 職權의 分別.
곳 임이나 씀이가 되는 表.
곳 임기의 職權이 엇더함을 보이는 것.

(국어문법 74)

만이결 토씨와 씨끝을 말함. 임이빗(임자자리토씨), 씀이빗(부림자리토씨), 남이빗(풀이말 씨끝)이 여기에 속함.

```
만이결 ┬ 임이빗(임자자리토) - 가 ┐
       ├ 씀이빗(부림자리토) - 을 ├ 소가 풀을 먹소.
       └ 남이빗(풀이말 씨끝) - 소 ┘
```

[보기] 가지결은 둘로 난호아 세 빗을 만이결(關係部) 곳 (職權部)이라 ㅎ고 세 금을 금이결…

(원고본 25-①, ②, 국어문법 38)

(듬난) 아기(임이)가(임이빗) 젓(씀이)을(씀이빗) 먹(남이)소(남이빗) …
'가, 을, 소' 만이결 곳 가지결이니

(원고본 27-②, 국어문법 43)

(필자 주) 여기서 '빗'은 허사로서 문법소에 해당하는 말임.

말 기(낱말)와 '다'를 합해서 '말'이라 한다. 즉 '말'은 일정한 소리에 일정한 뜻이

뒷받침하고 있는 말의 단위인 언어 형식(linguistic form)에 해당된다.

그런데 언어형식은 작은 것으로는 형태소에서 큰 것으로는 월에 이르기까지 여러가지 단위의 말들을 일컫고 있으나 주시경 문법에서의 '말'은 낱말을 더 작게 쪼갠 형태소는 생각한 것 같지 않다(낱말을 가장 작은 말의 덩이로 단위로 생각한 듯). 그리고 이 말은 '기'와 '다'로 나뉘는데, '다'는 다시 '모, 드, 미'로 나뉜다.

> **보기** 말~뜻을 나타내는 소리니 낫말(곳 기)이나 짠말(곳 다)을 다 이름이라.

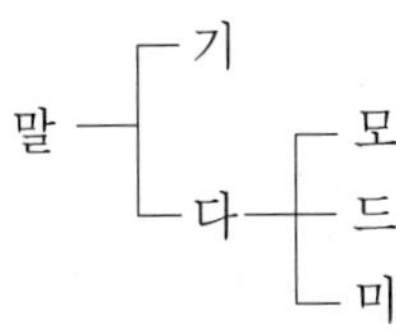

(원고본 24-①, ②, 국어문법 36~37)

말듬 '말'은 언어형식이고, '듬'은 성분 또는 월 구성법이니 '말듬'은 언어형식이 이어지는 여러가지 법에 해당됨. (즉 통어법, 문장법)

> **보기** ① 말듬을 알지 못ᄒ면 기난의 참뜻을 깨닷기가 어렵은 지라.
>
> (원고본 23-②, 국어문법 36)
>
> ② 말듬을 갈기에 없을 수 없는 이름을 만들고 그 뜻을 알에 말ᄒ노라.
>
> (원고본 24-①, 국어문법 36)
>
> ③ 말듬을 알기 쉽게 ᄒ랴고 낫 다를 가리어 그 듬을 난호아 말ᄒ고…
>
> (원고본 26-①, 국어문법 39)

맞아잇음(이때맞음) 끗기의 때로 간때를 나타냄. 움직임이 이제 막 끝나서, 그 결과가 방금 들어나 있음을 보이는 때매김인 현재완료에 해당함. 맞아잇음을 나타내는 형태소는 '-앗-/-엇-'이 있음.

> **보기** (알이) …간때라 홈의 '가앗다'라 ᄒ는 '앗'과 같은 것은 그 남이가 다 맞아 있는 것이니 이때맞음이라 ᄒ든지 맞아잇음이라 홀 것이요,…
>
> (원고본 62-①, 국어문법 100)

맞아지남(간때맞음) 끗기의 때로 과거완료에 해당함.

⇒ 간때맞음

(원고본 62-①, 국어문법 100)

맞은드 끝난월[終結文]. (참고) 드잇, 맞은드잇

　　보기 (본) 날이 춥다<u>마는</u> 나는 가겟다.

　　　　　'마는'은 맞은드 곳 끗기가 있는 드.

　　　　　'날이 춥다'에서 드 '나는 가겟다'를 잇은 것.

(원고본 59-①, 국어문법 96)

맞은드잇 잇기의 마디. 끝난 월을 잇는 것. (참고) 드잇

　　보기 (본) 날이 춥다<u>마는</u> 나는 가겟다.

　　　　　'마는'은 맞은드 곳 끗기가 있는 드.

　　　　　'날이 춥다'에서 드 '나는 가겟다'를 잇은 것.

(원고본 59-①, 국어문법 96)

명호언 언의 한 갈래. 월에서 이름씨가 두 개 나란히 쓰여서 앞의 이름씨가 뒤의 이름씨를 한정하는 역할을 할 때 앞의 이름씨를 매김씨로 본 것.

　　보기 ① 名號(언)~임기가 언기되는 것.

　　　　　(본) 돌집 - 이 말에 '돌'이 名號언이니 '돌'은 임기나 그 '집'은 무엇으로 지은 '집'이라고 ㅎ는 것이 '돌'인고로 '돌'은 '집'에 언기로 쓰이어진 것이라.

(원고본 54-①~②)

　　　　② 임(언)~임기가 언기 노릇하는 것.

　　　　　(본) 돌집.

(국어문법 89)

모 풀이말이 없는 이은말에 해당함. '흰 조히, 검은 먹' 따위가 '모'에 해당됨.

　　보기 모~한 짠말에 남이가 없음을 (다) 이름이라.

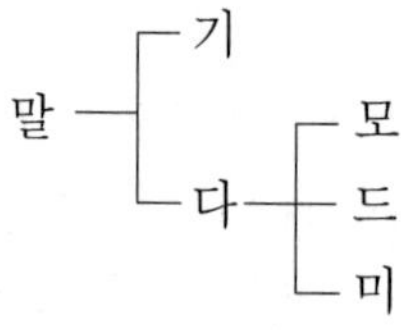

(원고본 24-②, 국어문법 36)

모(貌)엇 엇의 갈래. 모양의 어떠함을 나타내는 그림씨의 줄기에 해당함.

　　보기 ① 貌엇~諸般物貌와 行爲의 如何.

(본) 크, 적, 히, 졍ㅎ, 좁, 길, 급ㅎ, 분ㅎ, 답답ㅎ …   (원고본 44-①)
② 여러가지 몬과 **行品**의 엇더함.   (국어문법 73)

모름억 억의 갈래. 말할이의 태도를 표시하는 어찌씨로 풀이말에 의문을 요구하는
것. 『우리말본』의 말재어찌씨(**話式副詞** 또는 **陳述副詞**)의 한 갈래에 해당함.

　　보기 모름(억)~그 남이의 모르는 바가 잇는 것.

　　　　(본) 왜, 엇더ㅎ게

　　　　(풀이) 네가 글을 <u>엇더ㅎ게</u> 배호앗나냐.

　　　　　　　　　　　　　　　　　　(원고본 55-②, 국어문법 91)

모름언 언의 한 갈래. 말하는이가 발화현상이나 월 밖에 존재하는 대상을 가리키
는 매김씨로 분명히 잡히지 않음을 보이는 매김씨.

　　보기 모름(언)~무슨(들어내지 안이한)   (원고본 23-①)

　　　　(본) 엇더한 (풀이) 엇더한 붓이 질기오. 이 말에 엇더한이 모름언이라.

　　　　　　　　　　　　　　　　　　　　　　　(국어문법 89)

　　　⇒ **不知**(부지)   (원고본 54-①)

모름엇 엇의 갈래. 안잡힌 가리킴그림씨(형용사)에 해당함.

　　보기 모름(엇)~나타나지 안이한 것.

　　　　(본) 엇더ㅎ.   (원고본 44-①, 국어문법 72)

모잇 잇기의 마디. 이어지는 말의 종류에 의한 잇기 분류의 하나로 이은말과 이은
말을 잇는 것을 말한다.

　　보기 모잇~모와 모를 잇는 것.

　　　　(본) <u>힌 조히</u>와 <u>검은 먹</u>.   (원고본 58-②, 국어문법 96)

모힌 몸 한 기(낱말)가 둘의 기로 되어 있는 것을 말하는 것으로 『우리말본』의 ‘벌
인겹씨’에 해당하는 말(합성법에 의해 이루어진 합성어).

　　보기 모힌 몸~둘로붙어 둘 더 되는 기가 모히어 한 기의 몸으로 쓰이는 것.

　　　　(본) 물불(임기), 검붉(엇기), 에는(겻기)

　　　　　　　　　　　　　　　　　(원고본 71-②, 국어문법 115~116)

몬금(物體) 것의 갈래. 풀이씨의 내용이 드러나는 것이 물건임을 나타내는 토씨(겻
기)로 『우리말본』의 곳자리토(처소격조사)에 해당됨.

　　[보기] 몬금~움즉임이 몬에서 됨을 가르치는 것.

　　　　　　(본) 에, 에서

　　　　　　(풀이) 먹이 벼루에 잇다.

　　　　　　　　향긔가 꼿에서 나오.　　　　　　　(원고본 48-②, 국어문법 79)

몬대표이름(>몬대임) 대이름씨의 갈래. 사람 밖의 모든 것을 가리키는 데에 쓰이
는 대이름씨로 몬대이름씨(物代名詞)에 해당함. 이것, 그것, 저것, 무엇, 어느것,
여기, 저기, 거기, 어데, 아무데, 이리, 그리, 저리 등이 여기에 속함. 몬대표이름
의 하위분류를 보이면 다음과 같다.

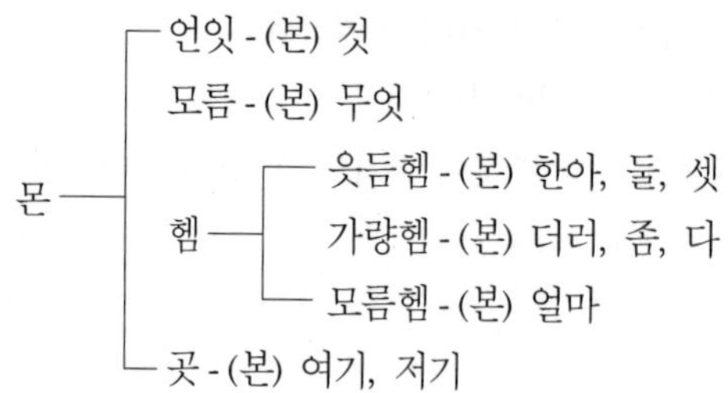

　　　　　　　　　　　　　　　(원고본 42-②~43-①, 국어문법 70)

몬억 억의 갈래. 대체로 물건의 이름을 나타내는 이름씨에 토씨가 결합하여 월에
서 어찌말 구실을 하는 월성분을 억으로 처리한 것.

　　[보기] 몬(억)~몬 임기에 겻기가 더ㅎ여 억기로 쓰이는 것.

　　　　　　(본) 나무에, 돌에, 소에, 소에게, 붓에, 붓에서, 붓에는, 붓에야, 붓에
　　　　　　　　만, 붓에든지, 붓엔들, 붓으로, 붓마다, 나와

　　　　　　(풀이) 붓에 먹을 찍어라.

　　　　　　　　붓으로 그림을 그리어라.

　　　　　　　　붓마다 먹을 찍어라.

　　　　　　　　내가 너와 가겟다.　　　　　　　(원고본 55-②, 국어문법 91)

몬저마듸(웃마듸) 먼저 마디. 앞마디. 마디. 절. 월의 한 부분을 가리킴.

　　　　　　　　　　　　　　　　　(원고본 28-①, 국어문법 44)

　　⇒ 마듸

몬(제이름) 제임의 갈래. 몬(物)의 이름을 나타내는 이름씨로 한가지의 몬에 두루
　　쓰이는 두루이름씨(보통명사)에 해당함.

　　보기 (본) 사람, 새, 개, 나비, 고기, 메, 물, 돌, 붓, 옷, 바람, 번개

　　　　　　　　　　　　　　　　　　　　　(원고본 42-①, 국어문법 69)

몸 體, 語體. 형태소와 같은 뜻으로 쓰이기도 하고 경우에 따라서는 두 개의 형태
　　소로 된 것도 몸으로 처리하기도 하였다.

　　보기 ① 줄기결이 모도 세 몸이니 임, 씀, 남의 세 금이라.

　　　　　　　　　　　　　　　　　　　　　(원고본 27-②, 국어문법 43)

　　　　② 기몸헴 : 임기의 몸, 낫몸, 모힌몸, 엇기의 몸, 겻기의 몸.

　　　　　　　　　　　　　　　　　　　(원고본 71-②, 국어문법 115~116)

못맞은드잇 잇기의 마디. 덜마친 마디를 잇는 것.

　　보기 (본) 바람은 가볍고 구름은 히오.
　　　　　　‘고’는 못맞은드 곳 끗기가 없는 드.
　　　　　　‘바람은 가볍’에서 드 ‘구름은 히오’를 잇는 것.

　　　　　　　　　　　　　　　　　　　　　(원고본 59-①, 국어문법 96)

　　　　⇒ 드잇.

무별성(無別性) 성(性)을 구별할 수 없는 일이나 물건을 가리킴.

　　보기 무별성~感覺이 없는 몬과 體質이 없는 일로 된 임기의 性.
　　　　　(본) 나무, 풀, 돌, 물, 흙, 불, 빗, 뜻, 일, 이제, 아츰, 봄

　　　　　　　　　　　　　　　　　　　　　(원고본 58-①, 국어문법 94)

무별성(無別聲) 소리의 하위 단위.

　　보기 웃듬소리와 붙음소리의 分別이 無한 聲이니라.
　　　　　(본) 風, 雷, 木, 石, 等의 聲.
　　　　　소리 ┬ 有別聲 ┬ 웃듬소리 - 自發하는 音
　　　　　　　　　　　　└ 붙음소리 - 웃듬소리에 附發하는 音.
　　　　　　　　└ 無別聲 - 風, 雷, 木, 石.

　　　　　　　　　　　　　　　　　　　　　(원고본 1-①, 국어문법 1)

물모(物貌)언 언의 갈래. 일과 몬의 모양이 어떠함을 그리어 내는 그림씨의(속겉그림씨, 性狀形容詞) 매김꼴(관형사형)에 해당함.

> [보기] 物貌(언)~各種物狀態의 如何. 여러가지 몬의 貌樣이 엇더한.
>
> (본) 큰, 힌, 적은, 정흔
>
> (풀이) 나는 큰 말을 사오.　　　　　　　　(원고본 53-①, 국어문법 88)

물모(物貌)엇 엇의 갈래. 몬의 모양을 그리는 그림씨의 줄기에 해당함.

> [보기] 物貌 (엇)~各種物貌樣의 如何. 여러가지 몬의 貌樣이 엇더하다 이르는 것.
>
> (본) 크, 적, 히, 정흔, 좁, 길　　　　　　　(원고본 44-①, 국어문법 72)

물음(問)끗 끗기의 갈래. 서법에 따른 끗기의 분류 중의 하나로 상대방에게 묻는 뜻으로 월을 끝맺는 마침법의 물음꼴(의문형)에 해당함.

> [보기] 물음(問)~뭇는 말로 끗맺는 것.
>
> (본) 냐, 으냐, 이냐, 뇨, 이뇨, 으뇨, 나냐, 앗나냐, 엇겟나냐, 나뇨…
>
> (풀이) 네가 무엇을 배호나냐.
>
> 　　　　　　　　　　　　　　　　　　　　(원고본 57-①, 국어문법 93)
>
> 　　　　　　　　　　　　　　　　　　　　(원고본 23-②, 국어문법 35)

물품(物品)언 언의 갈래. 일과 몬의 성질이 어떠함을 그리어 내는 그림씨의 매김꼴(관형사형)에 해당함.

> [보기] 物品(언)~各種物品質의 如何. 여러가지 몬의 品이 엇더한.
>
> (본) 좋은, 귀흔, 천흔, 무른, 무겁은, 부드럽은, 연흔, 질겁은
>
> (풀이) 내가 좋은 붓을 사앗다.
>
> 　　　　　　　　　　　　　　　　　　　　(원고본 53-②, 국어문법 88)

물품(物品)엇 엇의 갈래. 물건의 품질(성질)이 어떠하다고 이르는 그림씨의 줄기에 해당함.

> [보기] 物品(엇)~各種物品質의 如何. 여러가지 몬의 品이 엇더하다 이르는 것.
>
> (본) 좋, 귀흔, 천흔, 무르, 단단흔, 무겹, 강흔, 부드럽, 연흔, 질기, 서늘흔, 덥, 차　　　　　　　　　　　　　　　(원고본 44-①, 국어문법 72)

뭇금이남이 풀이씨를 꾸미는 억기의 겹침. 남이(설명어)가 두 개의 금이(한정어)로 금함이 된 월을 말한다. 즉 풀이말이 두 개의 한정어에 의하여 수식된 월을 말한다(衆限定說明語).

  보기 (버금본드 三) 그 말이 들로 뛰어 가더라.

  　　　(알이) 이러훈 말을 뭇금이남이라 훈니 남이 '가'가 '들로'와 '뛰어'의 금이로 금훔(함)이 잇음을 이름이라.

  　　　　　　　　　　　　　　　　　　　　(원고본 33-①, 국어문법 53)

  　　⇒ 뭇금이드

뭇금이드 꾸밈말의 겹침. 꾸밈말이 겹쳐지는 경우는 두 가지가 있는데, 그 하나는 뭇금이임으로 임자씨를 꾸미는 언기의 겹침이고, 또 하나는 뭇금이남으로 풀이씨를 꾸미는 억기의 겹침이다.

  보기 (본드 八) 저 붉은 봄 꽂이 곱게 피오. 〈뭇금이임〉

  　　　　　　　　　　　　　　　　　　　　(원고본 31-①, 국어문법 48)

  　　　(버금본드) 그 말이 들로 뛰어 가더라. 〈뭇금이남〉

  　　　　　　　　　　　　　　　　　　　　(원고본 33-①, 국어문법 53)

뭇금이임 임자씨를 꾸미는 언기의 겹침으로 임이가 두 개의 금이로 금함이 된 월을 말한다. 즉 거듭되는 한정을 받는 이름씨(衆限定名詞).

  보기 (본드 八) 저 붉은 봄 꽂이 곱게 피오.

  　　　(알이) '꽂'을 뭇금이임이라 훈니 '저'와 '붉은'과 '봄'의 언기로 금훔이 잇음을 이름이라.

  　　⇒ 뭇금이 드　　　　　　　(원고본 30-②~31-①, 국어문법 49)

뭇남이 한 월 속에 들어있는 둘 이상의 풀이말을 가리킴(衆說明語).

  보기 (본드 五,六,七의 잡이) 뭇임이와 뭇씀이와 뭇남이로 츠례를 삼음이 좋을 듯후나 그 츠례는 엇더후든지 관계홈이 없느니라.

  　　　　　　　　　　　　　　　　　　　　(원고본 30-②, 국어문법 47)

뭇남이드 한 월에서 풀이말이 둘 이상 있는 월을 가리킴(衆述語文, 衆說明語文)

  보기 (본드 五) 저 사람이 노래후면서 가오.

  　　　(잡이) 이런 말들을 뭇남이드라 후니 둘로 둘 더 되는 남이가 한덩이

의 남이 노릇홈을 이름이라.　　　　　(원고본 29-②, 국어문법 46)

(참고) 풀이말의 겹침 - 풀이말이 겹칠때는 반드시 임자말이 동일해야 한다. 그리고 풀이말을 임자말 부림말과 같이 '와/과'의 이음토씨가 아닌 이음씨 끝에 의하여 병렬된다. 그러나 이 이음씨끝은 '잇기'의 갈래 중에서 '함께'의 뜻을 나타내는 '-(으)면서'만 풀이말이 병렬되게 하는 구실을 한다.(홍양추, 1980 : 1)

뭇씀이　한 월 속에 들어있는 둘 이상의 부림말을 가리킴(衆自的語)

　보기　(본드 七) 내가 소와 말과 닭과 오리와 거위를 기르오.

　(본드 五,六,七의 잡이) 뭇임이와 뭇씀이와 뭇남이로 츠례를 삼음이 좋을 듯흐나 그 츠례는 엇더흐든지 관계홈이 없느니라.

　　　　　　　　　　　　　　　　(원고본 30-②, 국어문법 47)

　⇒ 뭇씀이드.

뭇씀이드　부림말의 겹침을 말함. (重客語文) 부림말을 가지는 풀이말은 반드시 남움직씨어야 하는데 부림말이 겹치는 '드' 즉 '뭇씀이드'는 임자말과 풀이말이 동일하여야 한다. 부림말도 임자말이 겹쳐지는 경우와 비슷하며, 또 어떤 행위의 대상이 시간적으로 어떤 순서를 가지지 않고 병렬된다. 그러므로 이들 성분이 겹쳐지는 데는 '와/과'의 잇기에 의해 연결되어 대등적인 자격을 가진다.

　보기　뭇씀이드.

　(본드 七) 내가 소와 말과 닭과 오리와 거위를 기르오.

　① (본드 五,六,七의 잡이) 뭇임이와 뭇씀이와 뭇남이로 츠례를 삼음이 좋을 듯흐나 그 츠례는 엇더흐든지 관계홈이 없느니라.

　　　　　　　　　　　　　　　　　　　　　　(원고본 30-②)

　② (본드 五,六,七의 잡이) 뭇임이와 뭇씀이와뭇남이로 씀이 좋을 듯하나 그 몬저와 나중은 엇더하든지 관계함이 없나니라.

　　　　　　　　　　　　　　　　　　　　　　(국어문법 48)

뭇임이　한 월 속에 들어있는 둘 이상의 임자말을 가리킴(衆主語).

　보기　(본드 六) 소와 말이 풀을 먹소.

　(본드 五,六,七의 잡이) 뭇임이와 뭇씀이와 뭇남이로 츠례를 삼음이 좋을 듯흐나 그 츠례는 엇더흐든지 관계홈이 없느니라.

⇒ 뭇임이드   (원고본 30-②, 국어문법 47)

뭇임이드 한 월에서 임자말이 둘 이상 있는 월을 가리킴(衆主語文).

> **보기** (본드 六) 소와 말이 풀을 먹소
>
> (알이) 이런 말을 뭇임이드라 ᄒ니 둘로 둘 더 되는 임이가 덩이지어
> 한 몸의 임이 노릇홈을 이름이라.
>
> (원고본 30-①, 국어문법 47)
>
> (참고) 임자말의 겹침 - 한 풀이말에 대해서 임자말이 이음토씨 '와/과'에
> 의해 병렬되는 형태를 말함.   (홍양추, 1980 : 179)

미 한 월을 일컫는 말로 속뜻을 전혀 가지지 않는 '다'를 말함.

> **보기** 한 일을 다 말홈을 (다) 이름이라. 한 일을 다 말하여 길게 된 말을 다 이
> 름이라.   (원고본 24-②, 국어문법 39)

밋 밑, 原, 本의 뜻.

밋언 본래매김씨를 가리키는 말. ⇒ 원형명.

> **보기** (알이) 이, 저, 그는 밋언이니 다른 기가 박구이어 언몸이 된 것이 안이요
> 그 몸의 밋이 언이라 함이라.   (국어문법 87)

ㅂ

바로움(直動) 움의 갈래. 움직씨의 주체가 제 스스로 움직임을 하는 움직씨.(直動>
바로움)

> **보기** ① (잡이) … 줄이와 돋우와 묵히는 다 바로힘으로 쓰는 것이니 남움은
> 의례 바로움이 되나니라.   (원고본 70-①)
>
> ② 直動~自由로 動ᄒ는 것.
>   (본) 따리, 자, 잡   (원고본 45-①)
>
> ③ 바로움~自由로 움즉이는 것.
>   (본) 따리, 자, 잡, 날 (국어문법 74)

⇒ 동권(動權), 直動.

바로입음(直被動) 움의 갈래. 움직임의 주체가 남의 움직임을 받아 움직이는 움직씨를 말함.

  보기 ① (잡이) 줄, 줄어지, 돈, 돈아지, 일, 일어나, 걸, 걸어지, 묵은 다 바로입음으로 두루쓰되 …   (원고본 70-①)

  ② 被動~他의 動흠을 被흠으로 動ㅎ는 것.

  (본) 잡히   (원고본 45-①)

  ③ 입음움~남의 움직임을 입어 움직이는 것.

  (본) 잡히   (국어문법 74)

  ⇒ 동권(動權).

바로힘(直動) 움의 갈래. 움직임의 주체가 제움직임을 하는 움직씨.

  보기 (잡이) … 줄이와 돈우와 묵히는 다 바로힘으로 쓰는 것이니 …

                                                            (원고본 70-①)

  ⇒ 바로움. 直動. 動權.

바탕 성질과 같은 뜻.

  보기 ① 바탕~性質과 한가지의 뜻으로 씀이라.

                                    (원고본 19-①, 32-①, 국어문법 27, 51)

  ② … 가람, 나물, 금, 돌은 다 바탕이 잇는 몬의 임인데 …

                                           (원고본 22-②, 국어문법 33)

  ③ … '맘'은 임이의 바탕이 잇음을 보임이라.

                                           (원고본 32-①, 국어문법 51)

반순(反順)잇 잇의 갈래. 한 일이 그와 매인 일의 뜻에 뒤집힘을 보이는 잇기.(반순>뒤집힘)

  보기 ① 反順~한 말이 다른 일에 反順이 되는 것.

    (본) 나, 되, 아도, 어도, 라도, 이라도, 거늘, 어늘, 이어늘, 고도

    (풀이) 그 글을 배호나 그 뜻을 모르겟소

    (잡이) 마는과 그러ㅎ나와 그러ㅎ되와 그러흔(홀)지라도와 같은 말들
    은 … 이러흔 것들도 反順잇기나 …   (원고본 52-①, ②)

② 뒤집힘~한 일이 그와 관계된 일의 뜻에 뒤집히는 것.

　　(본) 나, 이나, 으니, 되…　　　　　　　　　　　(국어문법 85~86)

③ 그 남이는 뒤집는(反順) 뜻이 됨에 쓰는 것이라.

　　　　　　　　　　　　　　　　(원고본 63-①, 국어문법 102)

버금본드　으뜸의 바로 아래 딸린 보기월(본보기월)의 뜻. 딸린 예문의 뜻. 버금본
드>버금보기드(1913)

　　　　　　　　　　　　　　　　(원고본 32-①, 국어문법 51)

번억　억의 갈래. 번(番), 회수(回數), 빈도(頻度)의 뜻을 나타내는 억기.

　보기　'자조'와 같은 기들은 다 번이요.

　　　　　　　　　　　　　　　　(원고본 23-①, 국어문법 35)

보람　직권표. 빗(表)의 뜻.

　보기　빗은 보람과 같은 뜻이니 임이빗은 곧 임이의 **職權表**라 흠과 같은 뜻.

　　　　　　　　　　　　　　　　(원고본 24-②, 국어문법 37)

보통성(普通性)　임기의 성류의 한 갈래. 중성(中性) 음성과 양성의 성을 구별하지
않고 통하는 것.

　보기　普通性~陰陽性을 가르지 안이ᄒ고 **通稱**ᄒ는 것. 곳 **陰性**에도 쓰고 **陽性**
에도 쓰는 것.

　　(본) 사람, 짐승, 소, 말, 새, 고기　　　　(원고본 58-①, 국어문법 94)

본　보기. 본보기. 예(例)의 뜻.

　보기　본은 본보기의 뜻이라.

　　　　　　　　　　　　　　(원고본 19-①, 20-①, 국어문법 27, 29)

본드　보기월. 본보기월. 例文의 뜻.

　보기　본드~본보기의 드라 함이라.

　　　본은 본보기라 흠이요.

　　　드는 한 낫의 꿈인 말이 아모리 적어도 남이가 잇음을 이름이니 본드는
　　　본보기의 드라흠이라.　　　　　　　　(원고본 26-①, 국어문법 40)

부림금(使用) 겻의 갈래. 임자씨 뒤에 붙어서 그것이 움직임의 연장(도구)이 되는 것임을 보이는 토씨에 해당함. 곧 연장(도구)를 표시하는 토씨.

> 보기 부림금(使用)~움즉임이 어느 몬을 부리어 됨을 가르치어 내는 것. 곧 有無質(몬이나 일)의 임기가 그 임이에 움즉임에 부리어짐이 됨을 가르치어 내는 것.
>
> (본) 로, 으로
>
> (풀이) 내가 광이로 땅을 파오.
>
> 내가 붓으로 글시를 쓰오.　　　　　(원고본 49-②, 국어문법 81)

부름만(呼格) 겻의 갈래. 임자씨 뒤에 붙어서 그것이 부름자리에 서는 것을 보이는 자리토인 부름자리토씨(호격조사)에 해당함.

> 보기 부름만(呼格)~부름을 被훈(입은) 임이.
>
> (본) 아, 야, 여, 이여
>
> (풀이) 돌아 글을 읽어라.
>
> 쇠내야 나의 말을 들어라.
>
> 사랑ᄒ시는 부모여 만년을 살으소서.
>
> 밝으신 하날이여 굽어 살피소서.
>
> 　　　　　　　　　　　　　　(원고본 48-①, 국어문법 78)

부지(不知)언 언의 갈래. 안잡힌 가리킴그림씨(형용사)의 매김꼴(관형사형)에 해당함.(不知언>모름언)

> 보기 ① 不知언~現出ᄒ지 안이훈 것.
>
> (본) 엇더훈
>
> (풀이) 엇더훈 붓이 질기오.　　　　　　　　　　　(원고본 54-①)
>
> ② 모름언~들어나지 안이한.
>
> (본) 엇더한
>
> (풀이) 엇더한 붓이 질기오.
>
> 이 말에 '엇더한'이 '모름언'이라.　　　　　　　(국어문법 89)

부지(不知)엇 엇의 갈래. 안잡힌 가리킴 그림씨(형용사)의 어간에 해당함.(不知엇>모름엇)

> 보기 ① 不知엇~現出ᄒ지 안이훈 것.

　　　(본) 엇더ᄒ　　　　　　　　　　　　　　　　　　(원고본 44-②)

　② 모름엇~들어나지 안이한 것. (국어문법 73)

붙음소리　닿소리. 자음(子音)에 해당하는 말.

　붙임(음)소리>닷소리>닿소리. 자음

　보기　붙임소리>붙음소리~스스로 나지 못ᄒ고 웃듬소리에 붙어나는 소리를

　이름이니 子音이라 홈과 한가지 이름으로 씀.

　　　　　　　　　　　　　　　　　(원고본 30-①, 45-②, 국어문법 47)

붙음소리 접변　음절의 끝닿소리가 뒤에 오는 닿소리와 만날 때 어느 한 쪽이 다른

　쪽을 닮아서 그와 비슷하거나 같은 소리로 바뀌기도 하고 양쪽이 서로 닮아서

　두 소리가 다 바뀌기도 하는 닿소리 닮음현상(자음동화)에 해당하는 설명임.

　보기　붙음소리가 相連하여 發할 時에 그 連發하는 形勢의 自然함을 因하여

　변함이 有하니 곳 合性의 관계라.

　　　(본) 'ㄱ'이 'ㄴ'과 'ㄹ'과 'ㅁ'과 'ㅇ' 上에서는 'ㅇ'으로 變하나니라…

　　　　　　　　　　　　　　　(원고본 13-①~15-①, 국어문법 19~22)

　　　(참고) 이것은 주시경의 여러 저서에 각각 다른 용어로 나타남. 즉 자

　　　　　음접변(1908), 붙음소리의 접변(1910, 1911), 닷소리의 접변(1913),

　　　　　닷소리의 잇어 박구임(1914).

붙음소리의 초종의 형세(初終의 形勢)　닿소리의 끝소리 규칙에 해당하는 것임.

　보기　붙음소리는 始發하고 終發하는 形勢로 相異함이 有하니 初聲으로는 本

　音대로 發하되 終聲으로는 變하거나 未現함이 有하니라.

　　　(본) 'ㅅ, ㄷ, ㅈ, ㅎ'가 '사, 다, 자, 하'라 할 時에는 各各 本音대로 發

　　　　　하여지되 各各 終聲으로 止하여 'ᄉ,ᄃ,ᄌ,ᄒ' 할 時에는 그 終聲이

　　　　　相同하니 此는 其 勢의 自然함이니라.

　　　(잡이) 'ㅊ, ㅌ'도 終聲으로 止하면 'ㅅ, ㄷ, ㅈ, ㅎ'와 相同하니라.

　　　　　　　　　　　　　　　　　　　　　　　　(국어문법 21)

붙이　부(部), 또는 속(屬)에 해당하는 말. 임이(임자말), 씀이(부림말), 남이(풀이말)에

　빗과 금이가 붙어서 복잡하게 꾸며진 조각을 말함.

(예) <u>저 소가   푸른 풀을   잘 먹소</u>
　　　(임이붙이) (씀이붙이) (남이붙이)

보기 임이와 임이의 빗과 임이의 금을 다 임이붙이(主者部 或 主者屬)라 ㅎ고,
　　　씀이와 씀이의 빗과 씀이의 금을 다 씀이붙이(物者部 或 物者屬)라 ㅎ고,
　　　남이와 남이의 빗과 남이의 금을 다 남이붙이(成者部 或 成者屬)라 홈.

(원고본 25-②, 국어문법 39)

붙임드　붙임 월. 붙임드＞버금본드 八(1910)

(원고본 35-②, 국어문법 58)

사람 대표이름　임의 갈래. 사람을 가리키는데 쓰이는 사람대이름씨를 말함.(사람
대표이름 ＞ 사람대임)
그리고 '이'는 사람을 가리키는 매인이름씨(의존명사)인데, 이것을 언잇이라고
한 것은 반드시 언(매김씨)에 이어져야 하기 때문이다.

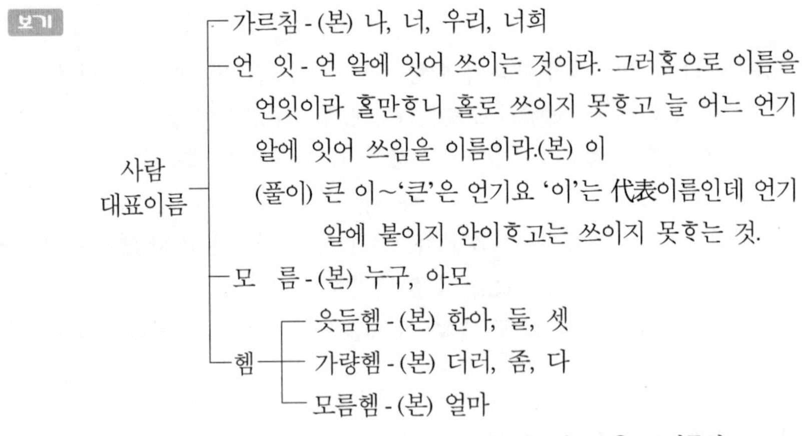

(원고본 42-②, 국어문법 69~70)

서분표(序分表)　'서분'은 높임의 뜻이고, '表'는 형태의 뜻이니, '서분표'는 높임의

뜻을 나타내는 형태소를 나타내는 것이다. 주체 높임을 나타내는 형태소 '-시-'를 높임의 表라 하였는데, 이는 풀이씨의 어찌꼴을 억기(어찌씨, 부사)로 보았기 때문에 '보시게'와 같은 말도 억기가 된다. 그러므로 억기에도 높임이 있도록 설명이 되어 있다.

> **보기** 序分表~'보시게 들이어라' ᄒ는 말에 '보시게'가 억기요 '시'는 높이는
> 表로 둠이니 이 '시'와 같은 것들이라.

(원고본 56-②, 국어문법 92)

설비(設比)언 언의 갈래. 가리킴그림씨(지시형용사) 중에서 어떠함을 알고서 꼭 잡아서 가리키는 잡힘 가리킴그림씨의 매김꼴에 해당함.(設比언>견줌언)

> **보기** ① 設比언~彼를 此로 代ᄒ여 類홈을 比ᄒ는 것.
>   (본) 이러훈, 그러훈, 저러훈
>   (풀이) 이러훈 붓을 사오.
> ② 견줌언~이것을 다른 것으로 견주어 엇더훈.
> (본) 이러한, 저러한, 그러한
> (풀이) 이러한 붓이 질기오.

(원고본 54-①, 국어문법 88)

설비(設比)엇 엇의 갈래. 가리킴그림씨(지시형용사) 중에서 어떠함을 알고서 꼭 잡아서 가리키는 잡힘 가리킴그림씨의 줄기에 해당함.(설비엇>견줌엇)

> **보기** ① 設比엇~此를 他로 代ᄒ여 類를 比ᄒ는 것.
>   (본) 이러ᄒ, 저러ᄒ, 그러ᄒ, 이같이만ᄒ   (원고본 44-②)
> ② 견줌엇~이것을 다른 것으로 견주는 것.
>   (본) 이러하, 저러하, 그러하   (국어문법 73)

섞임소리 混合音(혼합음).
   (본) ᄎ, ᄏ, ᄐ, ᄑ, ᄂᄒ, ᄒᄂ, ᄅᄒ, ᄒᄅ, ᄆᄒ, ᄒᄆ, ᄉᄒ, ᄒᄉ, ᄋᄒ,
   ᄒᄋ, 등   (원고본 1-②~2-①, 국어문법 10)
      ⇒ 겹소리

속뜻 월 속에 그 사상이 다 표현되지 못하고, 표면에 나타나지 아니하는 내부의 사실에 포함된 내용을 말함. '먹는다'란 말은 그 쓰이는 상황에 따라서는 하나의

완성된 월(드)이 될 수 있다. 그 상황이란 말 밖에 있는 임자말과 부림말을 속으로 짐작할 수 있는 환경을 말한다. 이 말의 그림풀이에서 임자말과 부림말의 자리를 비워놓고 그 빈 자리에 'ㅅ'을 표하고서, 임자말이나 부림말 자리에 이러한 표를 한 것은, 그 자리에 "숨은 임이(임이빗, 씀이, 씀이빗) 곳 속뜻으로 잇는 임이(임이빗, 씀이, 씀이빗)를 그림이라"고 설명하고 있다.

숨은 말이 속뜻으로 있다는 표현은 속구조(deep structure)를 표현하는 말로는 매우 적당한 표현이다. 바로 속뜻으로 있는 것이 겉으로는 숨어서 나타나지 않았다는 것을 분명히 하고 있는 것이다.

> **보기** 속뜻~숨은 뜻
>
> (버금본드 二) 먹는다

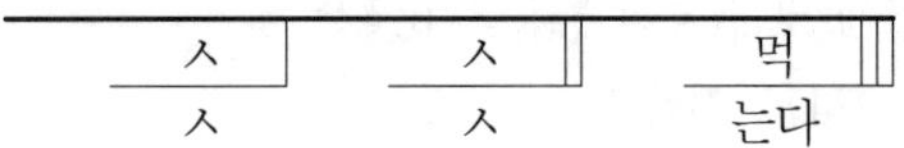

(원고본 32-②, 국어문법 53)

수(陽性)   임기의 성류. 양성 또는 남성에 해당하는 것으로 수컷의 성질을 가지고 있는 것을 말함이다.

> **보기** 수(陽性)~雄性이 잇는 것.
>
> (본) 아비, 오랍이   (원고본 57-②, 국어문법 94)

수량(數量)언   언의 갈래. 수량을 나타내는 매김씨(관형사)와 양을 나타내는 그림씨의 매김꼴(관형사형)이 포함됨.(數量언>헴언>셈언)

> **보기** ① 數量언~數量의 如何.
>
> (본) 한, 두, 세, 네, 일곱, 많은, 적은, 흔흔
>
> (풀이) 두 새가 날아가오.   (원고본 54-①)
>
> ② 헴언~헴의 엇더한.   (국어문법 88)

수량(數量)엇   엇의 갈래. 양을 나타내는 그림씨(형용사)의 줄기에 해당함.
(數量>헴>셈)

> **보기** ① 數量엇~數量의 如何.
>
> (본) 많, 적, 흔흔   (원고본 44-②)
>
> ② 헴엇~헴의 엇더함   (국어문법 73)

시간(時間)언 언의 갈래. 때를 나타내는 매김씨(관형사)와 때를 나타내는 풀이씨의
  매김꼴(관형사형)에 해당.(時間언>때언)
  > 보기 ① 時間언~時間의 如何.
  >   (본) 이른, 늦은, 오란
  >   (풀이) 나는 이른 아침에 일어나앗소.　　　　　　　(원고본 54-①)
  > ② 때언~때의 엇더한　　　　　　　(국어문법 88)

시간(時間)엇 엇의 갈래. 때를 나타내는 그림씨의(엇기) 어간에 해당함.
  (時間엇>때엇)
  > 보기 ① 時間엇~時間의 如何.
  >   (본) 이르, 늦, 오라, 길　　　　　　　(원고본 44-②)
  > ② 때엇~때의 엇더함.　　　　　　　(국어문법 73)

시김(命)끗 끗이 갈래. 서법에 따른 끗기의 하위 분류의 하나로 남을 시키는 뜻으
  로 월을 끝맺는 것인데 마침법의 시킴꼴(命令形)에 해당함.
  > 보기 ① 시김(命)끗~시기는 말로 끗맺는 것.
  >   (본) 아라, 어라, 오, 으으, 시오, 옵소서, 소서, 읍소서, 시옵소서, 으시
  >   옵소서, 시옵시오, 십시오, 으시오
  >   (풀이) 글을 읽어라.　　　　　　　(원고본 57-①, 국어문법 93)
  > ② '어라'와 같은 기들은 다 시김(命說)이요.　　　(원고본 23-②, 국어문법 35)

시김(남움) 움의 갈래. 월의 임자가 직접으로 실질적인 움직임을 하지 아니하고,
  남에게 그 움직임을 하게 하는 형식적 움직임을 나타내는 하임움직씨(使動動
  詞)에 해당하는 것.
  > 보기 시김남움~씀이가 그 남이를 받아서 제가 또 움즉이게 ㅎ는 것.
  >   (본) 먹이
  >   (풀이) 나는 아기를 먹이오. - 씀이 '아기'가 그 남이 '먹이'의 움즉임
  >   을 받아 제가 또 움직이어 먹게 ㅎ는 것.
  >   (알이) '먹이'는 '먹게하'와 한가지니 '먹'에 '게'와 '하'를 더함은 씀남
  >   움 '먹'을 시김남움 되게 함이라.
  >   　　　　　　　(원고본 71-①, 국어문법 114)

실 '다와 같은 뜻'. 꿈인말 곳 組織語를 이르는 기를 씀이라.
⇒ 다.
(원고본 19-①, 국어문법 27

씀(남움) 움의 갈래. 단순히 부림말을 취하는 남움직씨를 말함.
> [보기] 씀(남움)∼씀이가 그 남이를 받게만 ㅎ는 것.

>> (본) 먹

>> (풀이) 나는 밥을 먹는다. - 씀이 '밥이' 그 남이 '먹'에 쓰이어질 따름
이니 이 '먹'과 한가지의 움기는 씀의 뜻(性質)이 잇는 움이라.
이러흠으로 이러흔 갈래를 씀이라.

>> (알이) '걸엇다' 이 말에 '걸'은 씀남움이라. '걸이오' 이말에 '걸'은 씀
남움인데 이는 그 '걸'에 더하여 시김남움이 되게 함이요 그
'ㄹ'은 말하는 버릇으로 두 'ㄹ' 소리를 내는 것이라 …
(원고본 71-①, 국어문법 114)

씀다름만 겻의 갈래. 다름만의 하위분류. ⇒ 다름만.
> [보기] ① (풀이) 아기가 젓은 먹으오. - 이 말에 '은'이 다름만이니 '젓'이 動作
'먹'의 節制를 受홈이 某物이 此動作 '먹'의 節制를 受ㅎ지 안이홈과
反對됨이 有흔 者라 홈을 表ㅎ는 것인데 此는 씀다름만이라.
(원고본 46-②)

> ② (풀이) 아기가 젓은 먹으오. - 이 말에 '은'이 다름만이니 '젓'이 '먹'의
움즉임을 받음이 그 뜻한 어느 몬이 이 '먹'의 움즉임을 받지 안이함
과 다름이 되는 것이라 함을 보이는 것이니 이는 씀다름만이라.
(국어문법 76)

씀이 짬듬갈(월갈, 문장론, 통사론)의 용어로 부리말(목적어)을 말한다.
> [보기] ① 씀∼'쓰'에 'ㅁ'을 더ㅎ여 임기를 만든 것이니 用과 같은 뜻.
(원고본 24-②)

> ② 씀∼움기 '쓰이'의 '이'를 덜고 'ㅁ'을 더하여 임기되게 한 것. 이∼者
와 한 뜻.
(국어문법 37)

> ③ (본드 二) 아기가 젓을 먹소.

>> (듬난) 아기(임이)가(임이빗) 젓(씀이)을(씀이빗) 먹(남이)소(남이빗)
(원고본 26-②, 국어문법 41)

씀이금 부림말(씀이)을 꾸미는 말을 말함(목적어 꾸밈말).

   (예) 저 소가 <u>푸른</u>   풀을 잘 먹소.

       (씀이금) (씀이)(씀이빗)

   [보기] 씀이금~엇더흔(씀이)이라 홈을 이름이라.   (원고본 25-①, 국어문법 38)

    (본드 三) 저 소가   <u>푸른</u>   풀을 잘 먹소

     (듬난)   (씀이금) (씀이)(씀이빗)

                    (원고본 27-①, 국어문법 41~42)

씀이듬 부림말(목적어) 줄기(씀이)와 부림자리토씨(목적격 조사, 씀이빗)을 합해서 '씀이듬'이라 하므로 토씨를 가진 부림말(목적어)에 해당됨. 즉 부림말과 그 토씨를 아울러 말한다.

   (예) 소가 풀 — 을   먹소.

     <u>(씀이)(씀이빗)</u>

       (씀이듬)

   [보기] ① 씀이듬.   (원고본 25-①, 국어문법 38)

      ② (본드 二) 아기가 젓을 먹소

       (듬난) 젓(씀이)을(씀이빗) 젓을(씀이듬)

                  (원고본 27-①, 국어문법 41~42)

씀이붙이(物者部 或 物者屬) 부림말 줄기(목적어, 씀이)와 부림자리토씨(목적격조사, 씀이빗)와 부림말 꾸밈말(씀이금, 관형어)을 아울러 하는 말.

```
            ┌ 씀이금
씀이붙이 ┼ 씀이
            └ 씀이빗
```

   (예) 저 소가 <u>푸른 풀을</u> 잘 먹소.

       (씀이붙이)

   [보기] ① 씀이붙이~씀이와 씀이의 빗과 씀이의 금.   (원고본 25-②)

      ② 씀이와 씀이의 빗과 씀이의 글을 다 씀이붙이라고 한다.   (원고본 39)

```
            ┌ 씀이금
    ③ 씀이붙이 ┼ 씀이
            └ 씀이빗
```
                  (원고본 25-②, 27-①, 국어문법 39, 41)

씀이빗 짬듬갈(월갈, 문장론, 통사론)의 용어로 부림말을 표시해 주는 형태소. 즉 부림말의 토씨를 말하는 것으로 부림자리토씨에 해당함.

(예) 젓-을(씀이빗), 풀-을(씀이빗)

> **보기** ① 씀이빗~씀이의 職權表라 흠과 같은 뜻.　　(원고본 25-①, 국어문법 37)
>
> ② (본드 三) 아기가 　젓을　 먹소.
>
> 　　(듬난)　　　 (씀이)(씀이빗)
>
> 　　　　　　　 (씀이듬)

(원고본 26-②, 국어문법 40~41)

씀한만 겻의 갈래. 한가지만의 하위분류.

> ⇒ 한가지만

> **보기** ① (풀이) 아기가 밥도 먹으오. - 이 말에 '도'가 한만이니 씀이 '밥'이 임
> 이 '아기'의 動作 '먹'의 節制를 受흠이 此와 相對ㅎ여 뜻흔 某物이
> 動作 '먹'의 節制를 受흠과 相同흔 씀이가 된다흠을 表ㅎ는 것이니
> 此는 씀한만이라.　　　　　　　　　　(원고본 46-①, ②)
>
> ② 이 말에 '도'가 씀한만이니 씀이 '밥'이 임이 '아 기'의 남이 '먹'의 움
> 즉임을 받음이 이와 마주어 뜻한 어느 몬이 '먹'의 움직임을 받음과 서
> 로 같은 씀이가 된다함을 보이는 것이니 이는 임한만(씀한만)이라.

(국어문법 76)

씀홋만(單物格) 겻의 갈래. 단순히 부림말(목적어)만을 표시하는 토씨. 임자씨 뒤에 붙어서 그것이 남움직씨의 목적물이 됨을 보이는 자리를 나타내는 토씨로 '를, 을'이 있는데 '를'은 모음 아래 '을'은 자음 아래 쓰이는 것이다.

> **보기** ① 씀홋만~別義없이 單純ㅎ게 씀이되는 職權만 表ㅎ는 것. 곳 임기가
> 別關係없이 씀이되는 職權이 有흠을 表ㅎ는 것.
>
> (본)를, 을
>
> (풀이) 저 사람이 조히를 접으오. - 이 말에 '를'이 씀홋만이니 …
> 　　　 사람이 말을 타오. - 이 말에 '을'이 씀홋 만이라.
>
> (알이) 우리나라 말에 씀홋만 겻기는 '를'과 '을' 뿐이요 … 某義는 -
> 　　　 般인데, '를'은 웃듬소리 알에 쓰이는 것이요, '을'은 붙음소리
> 　　　 알에 쓰이는 것이라.

② 씀홋만~아모 다른 뜻이 없이 單純하게 씀이 되는 職權만 보이는 것.
곳 임기가 아모 관계없이 씀이되는 職權만 잇음을 보이는 것.
(본) 를, 을
(국어문법 75)

아마억   억의 갈래. 가상(假想)의 뜻을 나타내는 어찌씨(부사)에 해당하는 말.
　보기 아마억~'아마'는 疑心의 뜻과 같이 씀이니, 그 남이를 疑訝ᄒᆞ는 것.
　　　(본) 아마, 글세, 혹, 가령
　　　(풀이) 아마 비가 오겟다.
(원고본 55-②, 국어문법 91)

안가림만(不擇格)   겻의 갈래. 둘 또는 두 가지 넘어 되는 것 가운데서 가리지 않고
아무것이나 취한다는 뜻으로 쓰이는 토씨. 여기에는 안가림임만과 안가림씀만
이 있는데 안가림임만은 안가림만의 토씨(조사, 겻)가 임자말(주어)에 붙은 것
이고, 안가림씀만은 안가림만 토씨가 부림말(목적어)에 붙은 것을 말한다.
　보기 ① 안가림만(不擇格)~한 남이에 對ᄒᆞ여 임이나 씀이가 됨이 많음에서
　　　　彼此를 不分ᄒᆞ는 것.
　　　(본) 든지, 이든지, 나, 이나
　　② 안가림만~한 남이에 임이나 씀이가 됨이 많음에서 이와 저를 가리
　　　지 안이하는 것.
　　　(본) 든지, 이든지, 나, 이나
　　　(풀이) ① 소든지 말이든지 다 풀을 먹는다.
　　　　　　소나 말이나 다 풀을 먹는다.
　　　이 두 말에 '든지, 이든지'와 '나, 이나'가 다 안가림만이니 '소'와 '말'
　　　이 그 남이 '먹'에 對ᄒᆞ여 임이됨이 一般이요, 彼此의 別이 無ᄒᆞᆷ을 表
　　　ᄒᆞᆷ 이니 此는 안가림임만 이라.
　　　(풀이) ② 개는 밥이든지 고기든지 다 먹소.
　　　　　　개는 밥이나 고기나 다 먹소

이 두 말에 '이든지, 든지'와 '이나'와 '나'가 다 안가림만이니 '밥'과
'고기'가 임이 '개'의 남이 '먹'의 節制를 受홈이 彼此의 別이 無홈을
表홈이니 此는 안가림씀만이라.

(원고본 47-①, 국어문법 77~78)

안가림씀만   겻의 갈래. 안가림만의 하위분류.
　　⇒ 안가림만.　　　　　　　　　　　　　　　(원고본 47-①, 국어문법 78)

안가림임만   겻의 갈래. 안가림만의 하위분류.
　　⇒ 안가림만.　　　　　　　　　　　　　　　(원고본 47-①, 국어문법 77)

알에   '아래'의 뜻.　　　　　　　　　　　　　(원고본 23-②, 국어문법 36)

알에 마듸   아래 마디.
　　⇒ 마듸.　　　　　　　　　　　　　　　　　(원고본 28-①, 국어문법 44)

알이   알아야 할 것. 註에 해당함.
　　[보기] 알이~알아야할 것이라 하는 뜻으로 씀이라.

(원고본 26-②, 국어문법 40)

암(陰性)   임기의 성류. 여성 또는 암컷을 나타내는 이름씨.
　　[보기] 암(陰性)~雌性이 잇는 것.
　　　　(본) 어미, 누의(이)

(원고본 57-②, 국어문법 94)

어더홈이결(如何部) 또는 금이결   임자말과 부림말과 풀이말을 꾸미는 말을 말함.
　　[보기] 어더홈이결(如何部) 또는 금이결~세 금(임이금, 씀이금, 남이금)을 말함.
　　⇒ 금이결, 줄기결.　　　　　　　　　　　　(원고본 25-②, 국어문법 39)

억(기)   기(>씨)난. 풀이씨(용언)의 앞에서 그 뒤의 풀이씨가 어떠하게 들어남을 보
　　이는 씨인 어찌씨(부사)와 풀이씨의 어찌꼴(용언의 부사형)인 「줄기+아/어」와
　　「줄기+게」와 임자씨에 어찌자리 토가 붙은 말도 모두 '억기'로 보았으므로 이
　　는 월에서 어찌말(부사어)로 쓰인 것을 모두 억기로 처리하였다.

보기 ① 억~엇더흐게 (움)라 이르는 여러가지 기를 다 이름이라.

(본) 다, 잘, 이리, 저리, 그리, 천천이, 꼭, 정흐게, 매우, 곳, 크게, 착흐게 '엇더흐게'의 '어'와 'ㄱ'만 가리어씀이라.

(원고본 19-②~20-①, 국어문법 28~29)

② 억의 갈래.

(원고본 54-②~56-①, 국어문법 89~92)

억드   듬난의 하나. 어찌월(부사절)에 해당.

⇒ 금이드.
(원고본 31-②, 국어문법 50)

억의 갈래   억기(어찌씨)도 다른 씨와 같이 뜻에 의하여 11갈래로 나누었다. 그런데 이 억기에는 '억의 갈래'에서 보인 보기말을 보면 오늘날의 어찌씨(부사)와 풀이씨(용언)의 어찌꼴(부사형)인 '-게, -아/어'와 임자씨에 어찌자리 토씨가 붙은 말들도 모두 억기로 보고 있다.

풀이씨의 어찌꼴을 억기로 보았기 때문에 '보시게 들이어라'와 같은 말의 '보시게'도 억기에 포함되며, 높임의 서분이 있도록 설명이 되어 있다.

<blockquote>

① 엇덤~잘, 천천이, 빠르게, 가만이, 모질게, 착흐게,

② 자리~이리, 저리, 그리, 길로, 들에, 들로, …

③ 때~곳, 늘, 잇다금, 일즉이, 벌서, 빠르게, 오래, 늦게, 길이 …

④ 헴이나 길~다, 거진, 겨우, 매우, 좀, 흔이, …

⑤ 막이~안, 못, 다만, 그러흐나, 마는, 특별이

억 ── ⑥ 그럼~참, 글세, 과연

⑦ 아마~아마, 글세, 혹, 가령

⑧ 모름~왜, 엇더흐게

⑨ 견줌~이러흐게, 저러흐게, 이같이, 이만흐게,

⑩ 몬~나무에, 들에, 소에, 소에게, 붓에서, 붓에는 …

⑪ 일~뜻에, 일에, 큼에, 아츰에, 적음에, 엇더함에 …

</blockquote>

(원고본 54-②~56-①, 국어문법 89~92)

억본움   기(씨) 몸박굼. 어찌씨(억)가 몸바꿈하여 움직씨(움)로 되는 방법을 말함이다. (예) 더(억) → 더하(움), 다(억) → 다하(움), 잘(억) → 잘하(움)

보기 억본움~억몸이 움몸되게 흐는 것.

(본) 더ㅎ, 다ㅎ, 잘ㅎ, 못ㅎ

(알이) 더와 다는 억몸으로 쓰는 것이라.

(원고본 64-①, 국어문법 104)

언 기(씨)난. 임자씨(체언)의 앞에서 그 임자씨가 어떠한 것이라고 매기는 매김씨(관형사)와 풀이씨의 매김꼴(용언의 관형사형)과 '임자씨+의'가 모두 이에 해당된다. 이는 월에서 매김말(관형어)로 쓰인 것은 모두 언기로 처리하였다.

보기 언~엇더ㅎ (임기)이라 이르는 여러가지 기를 다 이름이라.

(본) 이, 저, 그, 큰, 적은, 엇더ㅎ, 무슨, 이른, 착ㅎ, 귀한, 한, 두, 세 ('엇더ㅎ'의 '어'와 'ㄴ'만 씀이라.)

(원고본 19-②~20-①, 국어문법 28~29)

언드 듬난. 매김월(관형사절)에 해당함.

⇒ 금이드.

(원고본 31-②, 국어문법 50)

언붙이임 '붙이'는 임자말(임이), 부림말(씀이), 풀이말(남이)에 빗과 금이가 붙어서 복잡하게 꾸며진 조각을 말하는 것인데, '언붙이임'이란 항상 언기(매김씨) 뒤에 붙어 쓰이는 매인이름씨(의존명사)에 해당하는 말이다.

보기 (버금본드 ─) 이것이 먹이다.

(알이) '것'은 언붙이임이라 ㅎ니 홀로는 쓰임이 없고 늘 언에 붙어야 말이됨을 이름이라.

(원고본 32-②, 국어문법 52)

언의 난틀(形名의 類分) 언기를 뜻에 따라 11갈래로 분류한 것.

```
    ┌─ ① 指目(지목)(>가르침)~이, 저, 그
    │  ② 物品(물품)~좋은, 귀ㅎ, 쳔ㅎ, 무른, 무겁은, 부드럽은, 연ㅎ, 질겁은
    │  ③ 物貌(물모)~큰, 흰, 적은, 경ㅎ
    │  ④ 行品(행품)~착ㅎ, 슌ㅎ, 강ㅎ
    │  ⑤ 行貌(행모)~급ㅎ, 분ㅎ, 답답ㅎ
언 ─┤  ⑥ 時間(시간)(>때)~이른, 늦은, 오란
    │  ⑦ 數量(수량)(>헴)~한, 두, 세, 네, 일곱, 많은, 적은, 흔ㅎ
    └─ ⑧ 設比(설비)(>견줌)~이러ㅎ, 그러ㅎ, 저러ㅎ
```

    ⑨ 不知(부지)(>모름)~엇더훈

    ⑩ 動作(동작)(>움)~간, 먹은, 가는, 먹는, 갈, 먹을, 가던, 먹던, 씰엇던, 가앗던

    ⑪ 名號(명호)(>임)~돌집

(원고본 53-①~54-②, 국어문법 87~89)

엇 기(>씨)난. 일과 몬의 성질과 모양과 존재의 어떠함을 그리어내는 그림씨(형용사)의 줄기에 해당함. (엇>그림씨, 형용사)

   [보기] 엇~여러가지 엇더훔을 이르는 기를 다 이름이라.

      (본) 히, 크, 단단ㅎ, 착ㅎ, 이르, 이러ㅎ

      ('엇더ㅎ'의 '엇'만 가리어 씀이라.)

(원고본 19-②, 국어문법 28)

엇의 갈래 엇(그림씨의 줄기)을 뜻에 의하여 나눈 갈래를 말함. 『원고본 국어문법』(1909)에서는 <物品, 物貌, 行品, 行貌, 때, 가량헴, 모름> 7갈래로 나누었으나 『국어문법』(1910)에서는 <가량헴과 모름>을 어울러 '헴(>셈)'을 설정하여 6갈래로 나누었다가 『조선어문법』(1911)에서는 '견줌'을 하나 더 설정하여 다시 7갈래가 되었다.

   [보기]

        ① 物品(물품)~좋, 귀ㅎ, 쳔ㅎ, 무르, 단단ㅎ, 무겁,

        ② 物貌(물모)~크, 젹, 히, 졍ㅎ, 좁, 길

        ③ 行品(행품)~착하, 어질, 악ㅎ, 슌ㅎ, 어리석,

  엇   ④ 行貌(행모)~급ㅎ, 분ㅎ, 답답ㅎ

        ⑤ 때~이르, 늦, 오라, 길

        ⑥ 가량헴~많, 흔ㅎ, 젹

        ⑦ 모름~엇더ㅎ

(원고본 44-①, 국어문법 72, 조선어문법 80)

엇덤억 억의 갈래. 움직씨(움)와 그림씨(엇)의 모양이 어떠함을 말하는 어찌씨(억)의 한 갈래.

   [보기] 엇덤억~움과 엇의 貌樣을 말하는 것. 곳 움과 엇의 엇더함.

      (본) 잘, 천천이, 빠르게, 가만이, 모질게, 착ㅎ게, 슌ㅎ게, 옳게, 길게, 크게, 젹게, 굵게, 뛰어, 날아, 돌아, 씹어

(풀이) 저 말이 빠르게 가오.

(원고본 54-②, 국어문법 89)

엇본억   기(>씨)몸박굼. 그림씨(엇)가 몸바꿈하여 어찌씨(억)로 파생되는 방법을 말
함인데 그림씨의 어찌꼴을 어찌씨로 본 것이다.

(예) 히(엇) → 히게(억), 검(엇) → 검게(억), 게르(엇) → 게르어(억)

　[보기] 엇몸이 억몸되게 흐는 것.

　　　(본) 히게, 검게, 흔흐게(흔케, 흔히, 흔이), 게르게(겔이, 겔리, 겔니),
　　　이르게, 일게, 누르게, 잘아, 약아, 좁아, 검어

(원고본 68-②, 국어문법 110)

엇본언   기(씨)몸박굼. 그림씨(엇)가 몸바꿈하여 매김씨(언)로 파생되는 방법을 말함
인데, 그림씨의 매김꼴을 매김씨로 본 것이다.

(예) 히(엇)→힌(언), 검(엇)→검은(언)

　[보기] 엇본언~엇몸을 언몸되게 흐는 것.

　　　(본) 힌, 검은　　　　　　　(원고본 65-②, 국어문법 106)

엇본임   기(씨) 몸박굼. 그림씨(엇)가 몸바꿈하여 임자씨로 파생되는 방법을 말함인
데, 현대 말본에서는 풀이씨의 이름꼴을 임기 즉 임자씨가 된 것으로 보고 있
다. 또 어찌꼴의 한가지로 보고 있는 '-지'도 임자씨를 파생하는 것으로 보았다.

(예) 히(엇)→힘(임), 검(엇)→검음(임), 히기, 히지

　[보기] 엇본임~엇몸을 임몸되게 흐는 것.

　　　(본) 힘, 검음, 히지, 검지, 히기, 검기, 깊

(원고본 62-②, 국어문법 101)

엇억본움   기(씨) 몸박굼. 그림씨(엇)가 몸바꿈하여 어찌씨(억)로 파생되었다가 다시
움직씨(움)로 파생되는 것을 이름이라. (예) 히(엇) → 히게(억) → 히게하(움)

　[보기] 엇억본움~엇몸이 억몸되고 다시 움몸되게 흐는 것.

　　　(본) 하게흐, 검게흐　　　　　　(원고본 64-②, 국어문법 104)

연유(緣由)잇   잇의 갈래(>이음씨끝의 갈래).

풀이씨가 풀이말이 되어서 그 말을 끝맺지 아니하고 그 다음에 다른 말을 잇
게하여 그 잇는 말의 까닭을 드러냄을 나타내는 것. (緣由(잇)>까닭(잇))

보기 緣由잇~한 말이 한말에 까닭으로 이어지는 것.

  (본) 니, 으니, 매, 으매, 아, 어, 아서, 어서

  (풀이) 봄이되니 꽃이 피오.

   바람이 불매 비가 가오.   (원고본 52-①)

   까닭~한 말이 한말에 까닭으로 이어지는 것   (국어문법 85)

연행(連行)잇   잇의 갈래(>이음씨끝의 갈래).

둘로 둘 더 되는 움직임을 차례로 이어서 행함을 나타내는 잇기로 여기에는 다시 一件(>한 일)과 各件(>다른 일)으로 나누어짐. (連行>잇어함)

보기 連行~二數 以上의 動作을 次第로 行ᄒᆞᆫ는 것.

  ┌ 一件(>한 일)~(본) 아, 어, 아서, 어서

  └ 各件(>다른 일)~(본) 고   (원고본 51-①, ②)

  잇어함~連하여 行함을 이름이니 둘로 둘 더 되는 움직임을 次第로 하는 것.

  ┌ 한 일~(본) 아, 어, 아서, 어서

  └ 다른 일~(본) 고   (국어문법 84)

⇒ 一件, 各件.

영속격(領屬格)   임자씨에 매김자리토씨 '-의'가 결합된 꼴을 하나의 매김씨(언)로 보고 이것을 영속격이라 함.

보기 영속격(領屬格)

  (본) 나의칼~'나의'가 '칼'의 언기니 영속격이라 하는 것이니라.

                                                (국어문법 89)

올때   ①끗기의 때. ②잇기의 때. 미래시제. 말하는 사람이 말하고 있는 그때보다 뒤에 올 때를 이름이니 곧 사건시가 발화시 이후의 시간을 나타냄. 이 올때(미래)는 끗기와 잇기에 나타나는데, 이것은 안맺음씨끝(선어말어미) '-겟'이끗기와 결합하면 끗기로, 잇기와 결합하면 잇기로 처리했기 때문이다.

보기 ① 올때(끗기)~그 남이가 이 담때에 될 것.

  (본) 비가 오겟다 — '겟다'가 끗기니 '겟'은 올때의 표라.

   이는 그 남이 '오'가 이담 때에 될 것을 보이는 것이라.

  (잡이) 올때를 표하는 '겟'은 거짓 뜻함을 보이는 것이라.

(원고본 62-②, 국어문법 100)

② 올때(잇기)~가겟으니, 가겟는데, 먹겟으니, 먹겟는데, '겟으니'와 '겟
는데'가 다 올 때의 잇기니 '겟'은 올때를 보이는 표라.
(잡이) … '겟으니'와 '겟는데'와 같은 잇기들의 때를 밝게 다시말ᄒ면
이 담에 될 것이니 곳 되리라고 거짓 뜻ᄒ는 것이요 …

(원고본 59-②, 국어문법 97)

올때됨(거짓 뜻ᄒ는 때)   끗기의 때 중 미래(올때)에 해당하는 것으로 장래에 이루
어짐을 나타내는 때를 말함.

> **보기** (알이) … 올때라 홈의 '오겟다'라 홈에 '겟'과 같은 것은 그 남이 '오'가
> 이담때에 될 것이니 <올 때 됨>이라 홀 것이다.
> 그러ᄒ나 이는 '오'가 되리라고 뜻ᄒ는 것이니 또한 <거짓 뜻ᄒ는 때>
> 라 할 것이다.
>
> ⇒ 올때.

(원고본 62-①, 국어문법 100)

움   기(씨)난. 움직임을 나타내는 풀이씨인 움직씨의 줄기에 해당하는 말.

> **보기** 움~여러가지 움즉임을 이르는 기를 다 이름이라.
> (본) 가, 날, 자, 먹, 따리, 잡, 먹이, 잡히
> ('움즉임'의 '움'만 가리어 씀이라.)

(원고본 19-②, 국어문법 28)

움의 갈래   움은 크게 동권(動權)(>움힘)과 동성(動性)(>움뜻)으로 나누고, 동권은
다시 움직임의 주체가 제 스스로 움직임을 하느냐, 남의 움직임을 받느냐를 기
준으로 직동(直動)(>바로움)과 피동(被動)(>입음움)으로 나누고, 동성은 움직임
의 대상이 있느냐 없느냐를 기준으로 하여 자동(自動)(>제움)과 타동(他動)(>남
움)으로 나누었다.

> **보기**

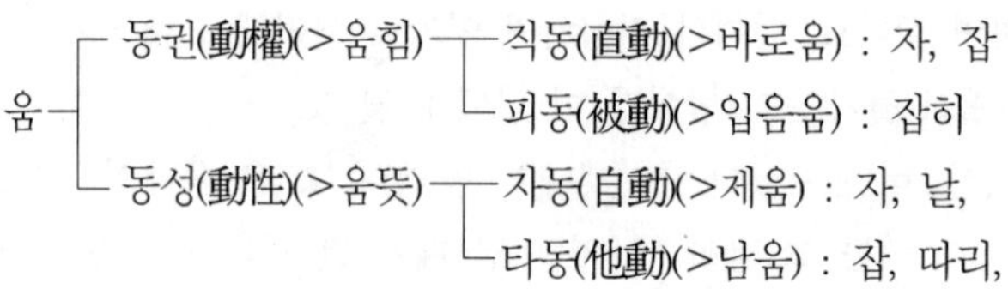

(원고본 44-②~45-①, 국어문법 73~74)

움몬금   겻의 갈래. 움직임의 대상이 되는 것을 가리키는 말에 붙는 토씨를 말함. 『우리말본』체계로는 어찌자리토씨(부사격조사)의 하위분류인 곳자리토씨(처소격조사)에 해당하는 토씨다.

> [보기] 움몬금(物動)~움즉임이 움즉이는 몸에 됨을 가르치어 내는 것.
>
> (본) 에서, 게, 에게, 에게서, 다려
>
> (풀이) 우리의 몸이 어버이에게서 나앗다.
>
> 네가 소의 젓을 아이에게 주어라.
>
> 네가 그 사람다려 오라고 ᄒᆞ여라.
>
> 잘 배호고 못 배홈이 스승에게 잇소.
>
> (원고본 49-②, 국어문법 81)

움본억   기(씨) 몸바꿈. 움직씨(움)가 몸바꿈하여 어찌씨(억)로 파생되는 방법을 말함인데 움직씨의 어찌꼴을 어찌씨(억)로 본 것이다.

(예) 가(움) → 가게(억), 먹(움) → 먹게(억), 일하(움) → 일하게(억)

> [보기] 움본억~움몸이 억몸되게 ᄒᆞ는 것.
>
> (본) 가게, 먹게, 일ᄒᆞ게, 동ᄒᆞ게, 오르게, 좇게, 덮게, 쌓게, 깎게, 붉게, 삶게, 밝게 …
>
> (원고본 68-①, 국어문법 111)

움본억   기(씨) 몸바꿈. 움직씨(움)가 몸바꿈하여 매김씨(언)로 파생되는 방법을 말함인데, 움직씨의 매김꼴을 매김씨로 본 것이다.

(예) 가(움) → 가는(언), 가(움) → 간(언), 가(움) → 갈(언)

> [보기] 움본언~움몸을 언몸되게 ᄒᆞ는 것.
>
> (본) 가는, 간, 갈, 가앗는, 씰엇엇는, 가겟는, 가던, 가앗던, 가겟던
>
> (원고본 66-①, 국어문법 106)

움본임   기(씨) 몸바꿈. 움직씨(움)가 몸바꿈하여 임자씨로 파생되는 방법을 말함인데, 움직씨의 이름꼴과 어찌꼴의 한가지를 파생법으로 처리한 것이다.

(예) 가(움) → 감(임), 먹(움) → 먹음(임), 가(움) → 가지(임)

> [보기] 움본임~움몸을 임몸되게 ᄒᆞ는 것.
>
> (본) 감, 먹음, 가지, 먹지, 가기, 먹기, 먹이, 갈, 썰에, 묻임, 막애, 남아, 남아지
>
> (원고본 63~②, 국어문법 102)

움억본움   기(씨) 몸바꿈. 움직씨(움)가 몸바꿈하여 어찌씨(억)로 파생되었다가 다시 움직씨(움)로 파생된 것을 이름이다.

(예) 자(움) → 자게(억) → 자게하(움), 먹(움) → 먹게(억) → 먹게하(움)

보기 움억본움~움몸이 억몸되고 다시 움몸되게 ᄒ는 것.

(본) 자게ᄒ, 먹게ᄒ

(원고본 64-②, 국어문법 104)

움즉임언   언의 갈래. 동작언 = 움즉임언 > 움언.

보기 붉은 적은 … 두, 세, 잇는은 다 언기니 …, … 잇는과 같은 기들은 다 움즉임이라.

⇒ 동작(언).   (원고본 23-①, 국어문법 35)

웃마듸(몬저마디)   마디, 먼저마디, 앞마디. 월의 한 부분을 가리킴.

⇒ 마듸.   (원고본 28-①, 국어문법 44)

원소(元素)   홑홀소리(단모음)를 이르는 말.

보기 ① 웃듬소리의 모든 겹소리는 'ㅏ, ㅓ, ㅗ, ㅜ, ㅡ, ㅣ' 六元素의 서로 겹치는 것이라.

② 'ㅏ, ㅓ, ㅗ, ㅜ, ㅡ, ㅣ' 六字는 分할 수 없는 훗웃듬소리요.

(국어문법 14, 17)

원형명(原形名)   움직씨나 그림씨의 매김꼴이 아닌 본래 매김씨(본래관형사). 또는 순수매김씨(순수관형사)를 가리킴. (1910)에서는 '밋언'으로 바뀌는데, 밋은 밑, 原, 本의 뜻이다. (원형명>밋언)

보기 ① (알이) 이, 그, 저는 原形名이니 다른 기라 변ᄒ여 形名體가 된 것이 안이요 其 體가 原來形名이라.   (원고본 53-②)

② (알이) 이, 그, 저는 밋언이니 다른 기가 박구이어 언몸이 된 것이 안이요 그 몸의 밋이언이라 함이라.   (국어문법 87)

위행(爲行)잇(>하랴함)   잇의 갈래. 행동의 직접 목적을 보이는 이음법(접속법)의 목적꼴에 해당하는 씨끝을 말함이라.(爲行>하랴함)

보기 ① 爲行(잇)~此 先動을 行홈은 某 後動을 行ᄒ기 爲ᄒ여 ᄒ는 것.

(본) 러

(풀이) 글을 배호러 가오.   (원고본 53-①)

② 하랴함~이 몬저 움을 하는 것은 저 나종 움을 하랴고 하는 것.

(국어문법 87)

유별성(有別聲) 무별성(無別聲)에 맞서는 용어로 일종의 분절음을 이르는 말임.

　보기　웃듬소리와 붙음소리의 分別이 有한 聲이니라.

　　(본) 動物聲　　　　　　　　　　　　(원고본 1-①, 국어문법 1)

⇒ 무별성.

유분(類分) 갈래.

　보기　① 動作의 類分.

　　② 움의 갈래.　　　　　　　　　(원고본 44-②, 국어문법 73)

음성(音性) 소리의 빗, 소리의 성질에 해당하는 말.

　보기　發體의 性을 隨하여 相異한 바니라.

　　(본) 人人의 不同, 木石의 不同　　　　(원고본 1-①, 국어문법 1)

웃듬결(또는 줄기결) 월에서 중심이 되는 세 가지 월성분 즉 임자말(주어, 임이), 부림말(목적어, 쓸이), 풀이말(서술어, 남이)을 가리킴.

　보기　결에를 난호고자 ᄒ면 임, 쓸, 남 세 이를 다 줄기결이라 ᄒ고 웃듬결이라고도 하며 …

⇒ 줄기결.　　　　　　　　　　　　　(원고본 25-①, 국어문법 38)

웃듬몸 원체부 곧 줄기결에 해당함.

　보기　또 이 그림의 가온데 굵은 줄 곳 웃듬 줄은 웃듬몸 곳 줄기결의 자리요, 웃듬몸의 왼편은 만이결의 자리요, 웃듬몸의 옳은 편은 금이결의 자리라.

⇒ 줄기결.　　　　　　　　　　　　　(원고본 27-②, 국어문법 43)

웃듬소리 홀소리. 모음(母音).

　보기　① (잡이) '가'와 '이'는 다 한가지로 임이빗이 되는 것인데 '가'는 웃듬소리 앞에 쓰이고 '이'는 붙임소리 앞에 쓰이느니라.

　　② 웃듬소리라 홈은 스스로 나는 소리를 이름이니 母音이라 홈과 한가지 이름으로 씀이요, …　　　　　(원고본 30-①, 국어문법 47)

웃듬소리의 때   때는 發하는 時間의 長短을 이름이라.

> [보기] 母音은 此 淸濁別外에 高低長短 廣狹 强弱의 別이 有하니 高低는 振數요
> 長短은 時度요 …   (국어문법 11)

의외(意外)잇(>뜻밖잇) 잇의 갈래. 풀이씨가 임자말의 풀이말이 되어 끝맺지 아니
하고, 그 뒤에 다시 그 일을 풀이하는 말이 오게 하는 꼴로 그 일 다음에는 그
것과 반대되는 뜻밖의 일이 일어남을 보이는 것을 말한다.

> [보기] 意外잇(>뜻밖)~이 일에는 나지 안이홀만혼 다른 일이 나는 것.
>   (본) ㄴ데, 는데, 인데, 은데
>   (풀이) 저 사람이 옳은데 웨 나물ㅎ오.
>   이것이 나문데 불에 안 타오.
>   (원고본 52-②, 국어문법 86)

이 월갈(문장론, 짬듬갈)의 용어로 임이(주어), 씀이(목적어), 남이(서술어, 설명어)와
같이 語란 뜻으로 쓰임.

> [보기] 이~①者와 같은 뜻. ②者와 한 뜻.
>   임이(主者), 씀이(物者), 남이(成者 或 說者)
>   (원고본 24-②, 국어문법 37)

이때 ①끗기의 때. ②잇기의 때. 현재시제를 나타냄. 말하는 사람이 말하고 있는
그 때를 가리킴. 즉 사건시가 발화시와 일치하는 시간을 나타내는 때. 이것은
'았/었, 겠'이 들어가지 않는 꼴이다.

> [보기] ① 이때(끗기)~그 남이가 이때에 되어가는 것.
>   (본) 말이 뛰오 - '오'가 끗기니 그 남이 '뛰'가 이때에 되어 가는 것이
>   라.
>   그 말이 검다 - '다'가 끗기니 그 남이 '검'이 이때에 들어나아 가
>   는 것이라.
>   이것이 먹이다 - '이다'가 끗기니 그 남이 '먹'이 이때에 잇어 가
>   는 것이라.   (원고본 61-①, 국어문법 99)
>   ② (알이) 그 남이의 되고 못됨으로 말ㅎ면 이때라 홈은 그 남이가 이때
>   에 되어가는 것이니 되는때라 홀 것이요, …
>   (원고본 62-①, 국어문법 100)

③ 이때(잇기)~(본) 가니, 가는데, 먹으니, 먹는데 '니'와 '으니'와 '는데'
는 다 이때의 잇기라.

(잡이) '니'와 '으니'와 '는데'와 같은 잇기들의 때를 밝게 다시 말ᄒ면
이때에 되는 것이요, …   (원고본 59-②, 국어문법 97)

이때맞음(맞아잇음)   끗기의 때. 간때. 현재완료에 해당함.

⇒ 맞아잇음.   (원고본 62-①, 국어문법 100)

이름(陳)   끗기의 갈래. 서법에 따른 끗기의 하위분류로 말할 이가 들을이에게 아무
요구없이 그저 말하는 데서 그치는 것으로 『우리말본』 체계의 풀이씨 마침법
의 베풂꼴에 해당하는 것이다.

보기 ① 이름(陳)~이르는 말로 끗맺는 것.

(본) 다, ㄴ다, 는다, 앗다, 엇다, 겟다, 리라, 으리라, 앗으리라, 엇으리
라 …

(풀이) 우리 나라가 곱다.   (원고본 56-②, 국어문법 92)

② 오아, 으오, 소, 어라, 느냐, 이요, 누나, 도다, 더라, 자는 다 끗기니 오
다, 으소, 소, 이요, 더라, 자와 같은 기들은 다 이름(陳說)인데 오, 소,
이요는 말ᄒ는 이의 뜻을 따르어 이름으로도 쓰고 …

(원고본 23-②, 국어문법 35)

이 온글의 잡이   '편집후기, 꼬리말' 등의 뜻으로 쓰인 말.

(원고본 72-①, 국어문법 106)

일건(一件)잇   잇의 갈래. 連行잇의 하위분류의 하나.

일건(一件) 잇>한 일잇. 한 임자가 두 가지 이상의 움직임을 차례차례 하여감
을 보이는 꼴인데, 앞 뒤의 움직임이 한가지의 일이 되게 함을 보이는 것이다.

보기 ① 一件잇~先後 動作이 다 一事가 되는 것.

(본) 아, 어, 아서, 어서

(풀이) 고기를 썰어 먹소.   (원고본 51-①)

② 한 일잇~몬저 움과 나중 움이 다 한 가지 일이 되는 것이다.

(본) 아, 어, 아서, 어서   (국어문법 84)

일금 겻의 갈래(금이겻). 풀이말의 대상이 되는 움직임이(물건이나 장소나 때나 사람에서 일어나지 않고) 어떠한 일에서 나타나는 것을 가리키는 토씨로『우리말본』체계로는 어찌자리토씨(부사격조사)의 하위분류인 곳자리토(처소격조사)에 해당하는 토씨다.

> **보기** 일금(無質)~움즉임이 일 임기에서 됨을 가르치어 내는 것. (본) 에,에서
>   (풀이) 큰 일이 큰 뜻에서 나오.
>   일의 일움이 뜻에 잇소.

(원고본 50-①, 국어문법 81)

일 대표이름(>일대임) 대임의 갈래. (일 대명사)일 대이름씨. 일 대표이름은 다시 '언잇, 헴, 곳, 모름'으로 하위분류하고 있다.

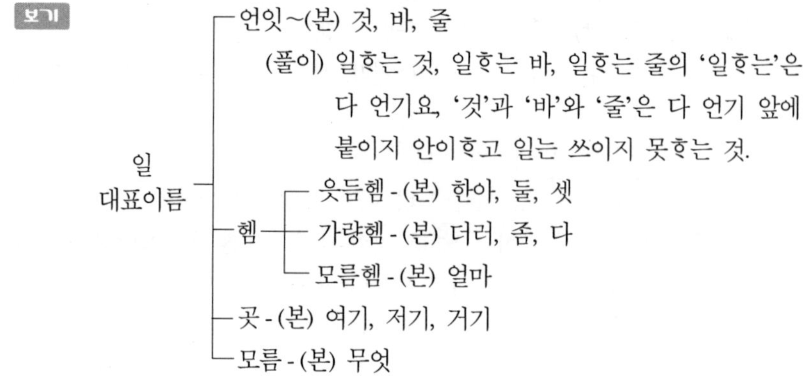

(원고본 43-①, ②, 국어문법 70~71)

일억 억의 갈래. 일 임자씨에 토씨가 결합되어 월에서 어찌말 구실을 하는 월성분을 가리키는 것이다.

> **보기** 일(억)~일 임기에 겻기가 더흐여 억기로 쓰이는 것.
>   (본) 뜻에, 일에, 큼에, 말에, 아츰에, 적음에, 엇더홈에, 일에서, 일에는, 일에야, 일에만, 일에든지, 일엔들, 일로, 일마다, 일과
>   (풀이) 그 사람의 맘이 늘 일에 잇소

(원고본 56-①, 국어문법 92)

일임 임의 갈래. 제임의 하위분류로 일의 이름을 나타내는 말로 두루이름씨(보통명사)에 해당하는 말.

> **보기** 일임~(본) 뜻, 일, 말, 아츰, 사랑

(원고본 42-①, 국어문법 69)

임 기(씨)난. 일반적으로 이름씨라고 하지만 이름씨, 대이름씨, 셈씨를 합한 임자씨와 풀이씨의 이름꼴인 「줄기+기, 음」과 「줄기+지」까지 모두 임으로 처리하였다.

> **보기** 임~여러가지 몬과 일을 이름하는 기를 다 이름이라.
> (본) 사람, 개, 나무, 돌, 흙, 물, 뜻, 잠, 아츰
> ('이름'의 '이'와 'ㅁ'만 가리어 씀이라)

(원고본 19-②, 국어문법 27)

임기의 성류(性類)　언어학에서 性(gender)은 인도-유럽어에서 이름씨. 대이름씨 등의 말본상의 성질의 하나로서 남성, 여성, 중성으로 나뉘는데, 주시경은 우리말에도 이것을 적용하여 이름씨를 <수, 암, 보통성, 무별성>의 4갈래로 나누었다.

> **보기** 임기의 性類~天賦의 性으로 類가 잇는 것.
> 수(陽性)~(본) 아비, 오랍이
> 암(陰性)~(본) 어미, 누의
> 普通性~(본) 사람, 즘승, 소, 말, 새, 고기
> 無別性~(본) 나무, 풀, 돌, 흙, 불, 빗, 뜻, 일, 이제, 아츰, 봄

(원고본 57-②, 국어문법 94)

임다른만　겻의 갈래. 임다른만>임다름만. 다름만(不同格)의 하위분류.

> **보기** ① (풀이) 나는 가오 - 이 말에 '는'이 다름만이니 '나'의 動作 '가'가 某의 動作과 不同호 者가 된다홈을 表호는 것이니 '나'의 動作 '가'는 某가 動作호지 안이호는 것인데 此는 임다른만이라.
> ② (풀이) 풀이 푸르오 - 이 말에 '은'이 다름만이니 '풀'의 形容 "푸르"가 某의 形容과 다르다홈을 表호는 것이니 '풀'의 形容 '푸르'는 뜻호 某物의 形容과 다르다홈을 表호는 것인데 此는 임다른만이라.

⇒ 다름만

(원고본 46-②, 국어문법 77)

임다름한만　겻의 갈래. 다름한만(差同格)의 하위분류.

> **보기** (풀이) 장슌들 메야 뽑겟나냐 - 이 말에 'ㄴ들'이 다름한만이니 '장슈'가

그 움직임에 힘이 尋常한 이보다 더함이 잇으나 '메'를 뽑지 못하기는
다 한가지라 그러함으로 그 나종의 結果는 서로 같음에 돌아가는 것이니
'ㄴ들'은 이러한 뜻을 보이는 것인데 이는 임다름 한만이라.
⇒ 다름한만   (원고본 46-②, 국어문법 77)

임본언 기(씨) 몸바꿈. 임자씨가 몸바꿈하여 매김씨로 파생되는 방법을 이름이다.
여기에는 '모시(옷), 오리알, 배나무, 우산자루 …' 등과 같이 두 임자씨가 합하
여 합성어가 된 것도 있고, '나문때문에, 돌인까닭에, 나무때문에, 돌까닭에, 나
의붓, 내붓, 광에쥐' 등과 같이 이은말과 '먹을 식(食), 나 아(我), 등과 같이 한
자의 새김과 음을 달때에 그 새김으로 하는 이름씨나 풀이씨의 매김꼴을 모두
언기로 처리하였다.

> **보기** 임본언~임몸이 언몸되게 ㅎ는 것.
>
> (본) 모시옷, 면쥬옷, 면쥬이불 …, 겹옷 …, 나문때문에, 돌인까닭에,
> 나의붓 …, 소우(牛), 귀이(耳), 풀무아(冶) …

(원고본 66-②~68-①, 국어문법 107~108)

임본엇 기(씨) 몸바꿈. 임자씨가 몸바꿈하여 그림씨로 파생되는 방법을 이름이다.
(예) 정(임) → 정ㅎ(엇), 사람(임) → 사람스럽(엇)

> **보기** 임본엇~(본) 정ㅎ(精), 해롭(害), 사람스럽, 사람답, 먹음직ㅎ, 쓸만ㅎ

(원고본 63-②, 국어문법 103)

임본움 기(씨)몸바꿈. 임자씨가 몸바꿈하여 움직씨로 파생되는 방법을 말함이다.
일(임) → 일하(움), 말(임) → 말하(움), 나무(임) → 나무하(움)

> **보기** 임본움~임몸을 움몸되게 ㅎ는 것.
>
> (본) 일ㅎ, 말ㅎ, 나무ㅎ, 동(動)ㅎ

(원고본 64-①, 국어문법 103)

임엇본임 기(씨) 몸바꿈. 임자씨가 몸바꿈하여 그림씨로 바뀌었다가 다시 임자씨
로 파생된 것을 말함이다. (예) 정(精)(임) → 정ㅎ(그림) → 정흠(임)

> **보기** 임엇본임~임몸이 엇몸되고 다시 임몸되게 ㅎ는 것.
>
> (본) 정흠(精)(정함)   (원고본 63-①, 국어문법 102)

임엇억본움 기(씨) 몸바꿈. 임자씨에서 파생된 그림씨가 다시 어찌씨로 파생된 것

을 또다시 몸바꿈하여 움직씨로 파생된 것을 말함이다. 즉 '임자씨 → 그림씨 → 어찌씨 → 움직씨'의 네단계 파생어를 말함이다.

(예) 정(임) → 정ㅎ(엇) → 정ㅎ게(억) → 정ㅎ게ㅎ(움)

보기 임엇억본움~(본) 정ㅎ게ㅎ(정하게하)   (원고본 64-②, 국어문법 104)

임움본임 기(씨) 몸바꿈. 임자씨가 몸바꿈하여 움직씨로 바뀌었다가 다시 임자씨로 파생된 것을 말함이다. (예) 일(임) → 일ㅎ(움) → 일홈(임)

보기 임움본임~임몸이 움몸되고 다시 임몸되게 ㅎ는 것.

(본) 일홈(일함)   (원고본 63-②, 국어문법 103)

임움억본움 기(씨) 몸바꿈. 임자씨가 몸바꿈하여 움직씨로 되었다가 다시 어찌씨로 파생된 것이 또다시 움직씨로 파생된 것을 말함이다. 즉 '임자씨 → 움직씨 → 어찌씨→ 움직씨'의 네 단계 파생어를 말함이다.

(예) 일(임) → 일하(움) → 일하게(억) → 일하게하(움), 동(임) → 동하(움) → 동하게
(억)→동하게하(움)

보기 임움억본움~임몸이 움몸되고 다시 억몸되고 다시 움몸되는 것.

(본) 일ㅎ게ㅎ(일하게하), 동ㅎ게ㅎ(동하게하)

(원고본 64-②, 국어문법 104)

임의 갈래 임은 크게 제이름과 대표이름으로 나뉜다. 제 이름은 다시 두로와 홀로로 나뉘는데, 두로는 두루이름씨(보통명사)이고 홀로는 홀로이름씨(고유명사)이다. 두로는다시 '몬, 일'로 나뉜다.

그리고 대표이름은 '사람, 몬, 일'로 나뉘고 사람은 다시 '가르침, 언잇, 모름, 헴'으로 나뉘고, '몬, 일'은 각각 '언잇, 모름, 헴, 곳'으로 하위분류하였다. 그리고 제이름은 뒷날 제임으로 대표이름은 대임(>넛임, 1913)으로 바뀌었다.

```
                         ┌ 몬 - (본) 사람, 새, 개, 물, 나비, 고기, 메 …
               ┌ 두로 ─┤
               │        └ 일 - (본) 뜻, 이르, 말, 아츰, 사랑
   ┌ 제이름 ─┤
   │           └ 홀로 - 삼개, 돌메
   │
   │             가름침 - (본) 나, 너, 즈긔, 우리, 너희
   │
   │             언  잇 - (본) (큰)이
   │
   └ 사람 ─  모  름 - (본) 누구, 아모
```

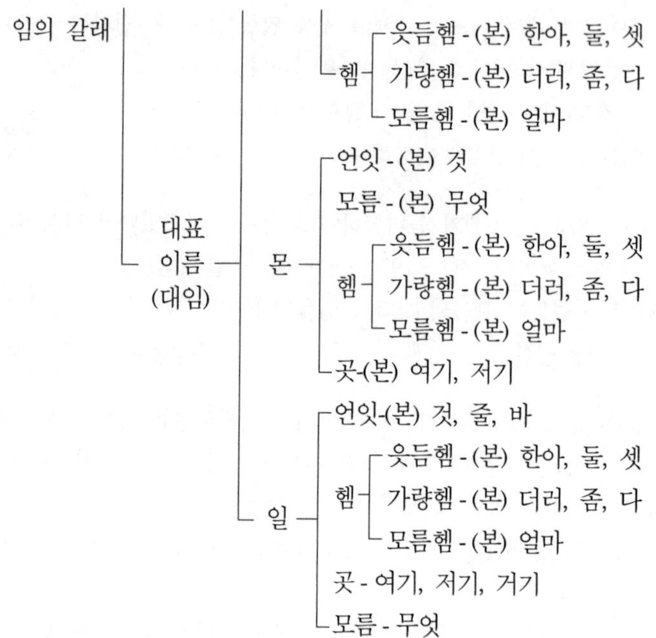

(원고본 42-①~43-②, 국어문법 69~72)

임이 월갈(문장론, 짬듬갈)의 용어. 임자말(주어)에 해당. 임자말(주어)로 쓰인 임자씨를 말함. (예) 소가 풀을 먹소 → 소(임이)

　　보기　① 임이 - 임~**主**와 같은 뜻(**主**와 한뜻)

　　　　　　　 이~**者**와 같은 뜻(**者**와 한뜻)

　　　　② (본드 →) 아기가 자라오.

　　　　　(듬난) 아기(임이)가(임이빗)

　　　　　　자라(남이)오(남이빗)　　　(원고본 24-②, 26-①, 국어문법 37, 40)

임이금 듬난. '임이'는 임자말로 쓰인 임자씨이고, '금'은 '꾸밈' 또는 '가르침'의 뜻으로 수식어에 해당하는 말이니, '임이금'은 임자말(임이)을 꾸미는 말로 매김말(관형어)에 해당되는 것을 말함이다.(주어 수식어에 해당)

　　　저　　　소가　　푸른 풀을 잘 먹소

　　(임이금)(임이)(임이빗)

　　　　　(임이듬)

보기 ① 임이금~엇더혼(임이)이라 흠을 이름이라.
　　　　금 - '금낸다'함이니 '가르치'의 뜻과 한가지라.

　　② 임이붙이 ┬ 임이금
　　　　　　　├ 임이
　　　　　　　└ 임이빗　　　　　　　　　(원고본 25-②, 국어문법 38~39)

　　③ (본드 三) 저 소가 푸른 풀을 잘 먹소
　　　　(듬난) 저(임이금), 소(임이), 가(임이빗)

　　　　　　　　　　　　　　　　　　　(원고본 27-①, 국어문법 41)

임이듬　듬난. '임이'는 임자말이고 '듬'은 '성분'에 해당하는 말이니, 임이듬은 임
자말의 줄기(임이)와 거기에 붙는 토씨(임이빗)를 아울러 말하는 것이니 이는
『우리말본』 체계로는 임자말에 해당한다.

아기 - 가 자라오
(임이)+(임이빗) → 임이듬
소 - 가 풀을 먹소
(임)+(임이빗) → 임이듬

보기 임이듬 - 듬~格과 같은 뜻이니 임이듬은 임이되는 **格**이라함이요 알에도
다 이러함.
　　(본드 一) 아기가 자라오.
　　(듬난) 아기(임이)+가(임이빗)→아기가(임이듬)

　　　　　　　　　　　　　(원고본 25-①, 26-①, 국어문법 37, 39~40)

임이붙이　듬난. 임자말의 줄기(임이)와 그 토씨(임이빗)와 그 꾸밈말(임이금)을 아
울러 이르는 말이니 이는 임자조각(주어부)에 해당하는 말이다.

　　저　　　소가　　푸른 풀을 잘 먹소
(임이금)(임이)(임이빗)
　　　　(임이붙이)

보기 ① 임이와 임이의 빗과 임이의 금을 다 임이붙이(主者部, 主者屬)라 흐고 …

　　② 임이붙이 ┬ 임이금
　　　　　　　├ 임이
　　　　　　　└ 임이빗　　　　　　　　　(원고본 25-②, 국어문법 39)

③ (본드 三) 저 소가 푸른 풀을 잘 먹소

(듬난) 저(임이금) 소(임이)가(임이빗) … 저소가(임이붙이)

(원고본 27-①, 국어문법 41~42)

임이빗 듬난. '빗'이란 월의 성분을 표시해 주는 형태소를 이르는 말이니, '임이빗'
은 임자말의 토씨를 이름이다. 곧 임자자리토를 가리킨다.

<u>아기</u>가 자라오.

(임이)(임이빗)

보기 ① 임이빗 - 빗 : 보람과 같은 뜻이니, 임이빗은 곧 임이의 職權表라 홈과
같은 뜻.

┌ 임이금
② 임이붙이 ─┤ 임이
└ 임이빗   (원고본 24-②, 25-②, 국어문법 37, 39)

③ (본드 一) 아기가 자라오

(듬난) 아기(임이)가(임이빗) 아기가(임이듬)

(원고본 26-①, 국어문법 40)

임한만 겻의 갈래. 한가지 만의 하위분류.

⇒ 한가지 만   (원고본 46-①, 국어문법 76)

임홋만(單主格) 겻의 갈래. 임자씨에 붙어서 그 임자씨가 월의 임자말이 되게 하
는 토니 이것은 임자말만을 표시하는 것으로 '가, 이'가 있다.

보기 임홋만(單主格)~別義없이 單純ᄒ게 임이되는 職權만 表ᄒ는 것. 곳 임기
가 別關係없이 임이되는 職權이 有홈을 表ᄒ는 것.

(본) 가, 이

(풀이) 새가 날더라. 대가 푸르오. 이것이 붓이요.

고양이가 나비요. 말이 뛰오. 물이 맑으오.

(원고본 45-①, ②, 국어문법 74)

입음힘(被動權)

보기 (잡이) … '줄어지'와 '돋아지'와 '일어나'와 '걷어지'를 흔히 '입음힘'으로
씀이 버릇이요 …

⇒ 동권   (원고본 70-①, 국어문법 113)

잇   기(씨)난. 이음토씨 '와, 과'와 풀이씨의 모든 이음씨끝과 잡음씨 '이다'의 이음
 끝이 이에 해당됨.

> **보기**   잇~한 말이 한 말에 잇어지게 홈을 이르는 여러가지 기를 다 이름이라.
> (본) 와, 과, 고면, 으면, 이면, 나, 으나, 이나, 다가, 는데, 아, 어
>   (한 말의 끗과 한 말의 끗을 서로 매어 따로 나게 흐지 안이흐고
>   한 줄이 되게흐는 뜻이라)

(원고본 19-②, 20-①, 국어문법 28~29)

잇의 갈래   잇기를 뜻에 의하여 11갈래로 나누어 풀이한 것. 이것을 표로 보이면
 다음과 같다.

                 ① 단결(團結>덩이)~와, 과, 고
                 ② 연행(連行>잇어함) ── 일건(一件>한 일)~아, 어, 아서, 어서
                                      └─ 각건(各件>다른 일)~고
                 ③ 중지(中止>그림)~다가
                 ④ 겸행(兼行>함게)~면서, 으면서
                 ⑤ 재석(再釋>풀이)~ㄴ데, 는데, 인데, 은데, 니 으니, 이니
       잇 ──   ⑥ 연유(緣由>까닭)~니, 으니, 매, 으매, 아, 어, 아서, 어서
                 ⑦ 반순(反順>뒤집힘)~나, 되, 아도, 어도, 라도, 이라도, 거늘, 어늘,
                    이어늘
                 ⑧ 이외(意外>뜻밖)~ㄴ데, 는데, 인데, 은데
                 ⑨ 가상(假想>거짓)~면, 으면, 이면, 거든, 어든, 이거든, 이어든
                 ⑩ 단유(單有>홀로)~아야, 어야
                 ⑪ 위행(爲行>하랴함)~러

(원고본 51-①~53-①, 국어문법 83~87)

잇기의 마듸   잇기(씨)의 마듸. 잇기는 이어지는 말의 종류에 따라 다음과 같이 분
 류된다.

      ┌ 기잇 - 기와 기를 잇는 것 : 소와 말. 길고 크다.
      ├ 모잇 - 모와 모를 잇는 것 : 흰조히와 검은 먹
 잇 ──├ 드잇 ┬ 못맞은드잇 : 바람은 가볍고 구름은 히오.
      │   └ 맞은드잇 : 날이 춥다마는 나는 가겟다.
      └ 드와 드를 잇는 것.

[보기] 잇기의 마듸~잇기로 잇는 마듸의 결에를 가르는 것

```
┌ 기잇
├ 모잇
└ 드잇 ┬ 못맞은드잇
        └ 맞은드잇
```

(원고본 58-②, 국어문법 96)

잇기의 때 잇기에 앞서는 안맺음씨끝(선어말어미)도 잇기의 한 부분으로 처리하였기 때문에, 잇기에는 시제가 표시되는 것인데, 이것을 현재(이때), 과거(간때), 미래(올때)의 세 가지로 나누어 설명하고 있다. ⇒ 이때, 간때, 올때.

[보기] 잇기의 때

```
┌ 이때 (본) 가니, 가는데, 먹으니, 먹는데
├ 간때 (본) 가앗으니, 가앗는데, 먹엇으니, 먹엇는데
└ 올때 (본) 가겟으니, 가겟는데, 먹겟으니, 먹겟는데
```

(원고본 59-②, 국어문법 97)

잇기의 序分 '서분'은 '높임을 나타내는 표지'의 뜻으로도 쓰이고 높임의 등분을 나타내기도 한다. 주시경은 잇기에 앞서는 안맺음씨끝(선어말어미)도 잇기의 한 부분으로 처리하였기 때문에 잇기에 높임의 등분이 표시되는 것으로 설명하였다. 그러나 여기서는 주체높임을 나타내는 형태소 '-시-'에 대해서만 언급하고 상대높임에 대해서는 구체적으로 설명하지 않고 있기 때문에 잇기에서의 서분은 주체높임의 등분에 관하여 주체높임 형태소 '-시-'가 있느냐 없느냐에 따라 '높음과 같음'으로 2등분하여 설명하고 있다.

[보기] 잇기의 序分

```
┌ 높음~尊稱ᄒ는 것
│    (본) 가시니→'시니'가 높이는 잇기니 '시'는 높이는 표라.
└ 같음~平稱ᄒ는 것이니 序分을 이름이 없는 것.
     (본) 가니
```

(원고본 59-②, 국어문법 98)

잇이 듣난. 연결어. '잇'은 잇기인데 잇기란 이름은 씨갈(기난갈)의 명칭이고, '이'는 '語'란 뜻으로 쓰이는데, '잇이'는 월갈(짬듬갈)의 이름으로 쓰인다. 예를들면 '이 소는 누르고, 저 말은 검다'에서 '-고-'는 씨난갈에서는 잇기이고, 월갈에서는 '잇이'이다. 그러므로 기난갈과 짬듬갈에서는 같은 말일지라도 그 이름을

각각 달리하고 있으니, 이것은 이 양자가 차원을 달리한 학문임을 나타내기 위
함이다.

보기 잇이~잇는 것이라 함이라.   (원고본 25-①, 국어문법 38)

자동(自動)   움의 갈래. 動性의 갈래(하위분류). 움직임의 대상이 있느냐 없느냐를
기준으로하여 움직임의 대상이 부림말(쓸이듬)을 취하지 않는 움직씨를 이름이
다.(自動>제움>제움직씨(자동사))   ⇒ 動性.

보기 自動~自體에서 動ᄒ는 것.

(본) 자, 날, 잡히   (원고본 44-②)

자리   겻의 갈래. 억의 갈래. 처소, 위치란 뜻으로 풀이씨의 내용이 드러나는 자리
를 가리키는 말로 쓰이고 있는 토씨를 이름이다.

보기 ① 이, 가, 을, 으로, 로…다 겻기니 아, 가, 을, 를, 는, 은과 같은 기들은
다 만이요, 으로, 로, 에, 에는, 보다와 같은 기들은 다 자리라.

(원고본 23-①, 국어문법 34)

② 자리~位眞와 한가지의 뜻으로 쓸이라.

(원고본 20-①, 국어문법 29)

자리금   겻의 갈래. 어찌자리토씨(부사격조사)의 하위분류인 곳자리토씨(처소격조
사) 중에서 풀이씨의 내용이 드러나는 것이 장소임을 나타내는 토씨를 말함.

보기 자리금(處所)~남이가 곳에서 됨을 가르치는 것.

(본) 에, 로, 에서, 까지, 쯤

(풀이) 나물이 들에 잇다.

내가 의쥬로 가오.

샘이 땅에서 나오.

내가 평양까지 가겟다.

그 사람이 지금 구리개쯤 가겟다.   (원고본 48-①, 국어문법 79)

자리억 억의 갈래. 위치를 나타내는 어찌씨(부사)와 위치를 나타내는 어찌말이 여기에 해당한다. 짜임으로 보아 '잘, 이리, 저리'들과 같이 '뿌리형태소'로만 된 것과 '곳곳이'와 같이 뿌리형태소에 파생가지가 결합된 것과 '길로, 들로, 들에, 들에서…'등과 같이 임자씨에 위치를 나타내는 토씨가 결합된 것들이 여기에 속한다.

> **보기** 자리 억~움즉이는 자리.
>
> (본) 이리, 저리, 그리, 길로, 들에, 들로, 들에서, 들에는, 들에도, 들에야, 들에만, 들에든지, 들엔들, 들에라도, 들이라도, 들에나, 곳곳이
>
> (풀이) 그 사람이 저리 가오.
>
> 그 사람이 길로 가오.　　　　　　　　(원고본 54-②, 국어문법 90)

잡이 주의(注意)와 같은 뜻.

> **보기** ① 잡이~잡아야 홀 것이라 하는 뜻으로 씀이라.
> 　　　　　　　　　　　　　　　　　　(원고본 19-②, 국어문법 29)
>
> ② 잡이는 맘에 가지어 두어야 할 것이라 함이라.
> 　　　　　　　　　　　　　　　　　　(원고본 27-②, 국어문법 42)
>
> ③ 잡이는 **注意**와 한 뜻.　　　　　　　　　　(국어문법 42)

재석(再釋)잇 잇의 갈래. 풀이씨가 임자말의 풀이말이 되어 끝맺지 아니하고 그 뒤에 다시 그 일을 풀이하는 말이 오게 하는 꼴이니『우리말본』체계로는 풀이씨의 풀이꼴(설명형)에 해당하는 것이다. (再釋잇>풀이잇)

> **보기** ① 再釋잇~一次 말ᄒ고 그 未詳홈을 다시 풀어 말하는 것.
>
> ② 풀이잇~이미 말한 것을 다시 풀어 말하는 것.
>
> (본) ㄴ데, 는데, 인데, 은데, 니, 으니, 이니
>
> (풀이) 한 새가 저 나무에 잇는데 빗은 누르고 노래는 아름답소.
>
> 해가 돋으니 사람이 일오나고 새가 잭잭ᄒ오.
> 　　　　　　　　　　　　　　　　　　(원고본 51-②, 국어문법 84)

제몸 움의 갈래. '저의 몸'의 뜻. 움직임이 제몸에서 움직이는 제움에 해당하는 말. ⇒ 제움.

> **보기** … 움기니 '가, 뛰, 자라, 자피…날'과 같은 기들은 다 제몸이 움즉임이

니, 그 움즉임이 제몸에만 잇음을 이름이요 …

(원고본 22-②, 국어문법 34)

제움 움의 갈래. 움직임의 대상이 있느냐 없느냐를 기준으로 하여 나눈 것으로 움직임의 대상이 없는 움직씨를 말함인데『우리말본』체계로는 제움직씨(자동사)에 해당하는 것임. (自動>제움) ⇒ 自動.

> **보기** ① 제움이 남움되게 흐는 것.
>
> ② (잡이) 제움은 우리나라 말로 自動이라 홈이요.
>
> ③ 줄이 - 제움몸 '줄'에 '이'를 더흐여 남움이 되게 흐는 것.
>
> 　　　돋우 - 제움몸 '돋'에 '우'를 더흐여 남움이 되게 흐는 것.
>
> 　　　묵히 - 제움몸 '묵'에 '히'를 더흐여 남움이 되게 흐는 것.

(원고본 69-②~70-①, 국어문법 112)

> ④ 자동(自動~自體에서 動흐는 것.
>
> (본) 자, 날, 잡히

(원고본 44-②)

> 제움 : 제몸에서 움즉이는 것.
>
> (본) 자, 날, 잡히

(국어문법 73)

제움몸 제움직씨의 줄기(자동사 어간)에 해당함. ⇒ 제움.

> **보기** (잡이) 돌이~제움몸 '돌'에 '이'를 더흐여 …

(원고본 69-②, 국어문법 112)

제이름 임의 갈래. 일이나 몬(物)의 이름을 나타내는 말. 제이름은 뜻에 의하여 두로와 홀로로 나누고, 두로는 다시 몬과 일로 나누었다. (제이름>제임>이름씨)

> **보기** ① 제이름~여러가지 몬과 일의 이름.
>
> ② 제임~여러가지 몬과 일의 이름.

```
                    ┌ 몬 - 사람, 새, 개, 나비, 고기, …
            ┌ 두로 ┤
제이름 ┤            └ 일 - 뜻, 일, 날, 아츰, 사랑
            └ 홀로 - 삼개, 돌메(사람이름)
```
(원고본 42-①, 국어문법 69)

주물자(主物者) 主者와 物者 곧 임이와 쓰이인 임자말과 부림말에 해당함.

> **보기** 만이(格表)~임이와 쓰이의 만의 다름 곳 主物者, 職權의 分別.

(원고본 45-①, 국어문법 74)

줄기(莖 或 原體) 듬난. 월갈(문장론)의 용어. 월에서 으뜸이 되는 성분 즉 주성분에 해당하는 말로 여기에는 임자말(주어), 부림말(목적어), 풀이말(서술어)를 이름이다. ⇒ 줄기결.

> **보기** ① 줄기~임과 씀과 남을 다 이름이라.
>
> ② (본드 一) 아기가 자라오.
>
> (듬난) 아기(임이) 자라(남이)
>
> 아기, 자라(웃듬결 곳 줄기결이니 낫낫이는 웃듬이나 줄기라 함)
>
> (원고본 25-①, 26-①, 국어문법 38, 40)

줄기결(莖部 或 原體部) 또는 웃듬결 듬난. 월갈(문장론) 용어. 월은 크게 임이붙이(임자조각), 씀이붙이(부림조각), 남이붙이(풀이조각)의 세부분으로 나뉘고, 이 세 붙이는 임이(임자말), 씀이(부림말), 남이(풀이말)와 그에 딸린 빗(토씨와 씨끝)과 또는 그것을 꾸미는 금이(꾸밈말)로 되는 것인데, 그 중에서 임이, 씀이, 남이의 세 부분은 월에서 중심이 되는 부분이기 때문에 줄기결 또는 웃듬결이라하고 빗과 금은 이에 딸려있는 부분이기 때문에 가지결 또는 붙이결이라 한다. 그러므로 아무리 복잡한 월일지라도 임이붙이, 씀이붙이, 남이붙이의 세 부분으로 되고, 각 붙이는 줄기결을 중심으로 하여 금이결과 만이결이 이에 따르고 있다.

(예)　저　　　소가　　　푸른　풀-을　　　잘　　먹-소
　　(임이금) (임이)(임이빗) (씀이금) (씀이)(씀이빗) (남이금) (남이)(남이빗)
　　　　(임이듬)　　　　　　(씀이듬)　　　　　　(남이듬)
　　(임이붙이)　　　　　(씀이붙이)　　　　(남이붙이)

> **보기** ① 결에를 난호고자 ᄒ면 임, 씀, 남, 세 이를 다 줄기결(莖部 或 原體部)이라 ᄒ고 웃듬결이라고도 하며 …
>
> (원고본 25-①, 국어문법 38~39)
>
> ② (본드 一) 아기가 자라오.
>
> (듬난) 아기, 자라 - (웃듬결 곳 줄기결이니 낫낫이는 웃듬이나 줄기라 함.)
>
> (본드 二) 아기가 젓을 먹소
>
> (듬난) 아기, 젓, 먹 - (웃듬결 곳 줄기결이니 낫낫이는 웃듬이나 줄기라 함.)　　　　(원고본 26-①, ②, 국어문법 40~41)

③ 줄기결이 모도 세 몸이니 임, 씀, 남의 세이요.

(원고본 27-②, 국어문법 43)

중지(中止)잇 잇의 갈래. 지금까지 하던 움직임을 그치고 다른 움직임으로나아가는 꼴을 나타내는 것으로『우리말본』체계로는 이음법의 그침꼴에 해당함.
(중지잇>그침잇)

> [보기] ① 中止잇~혼 動作을 行호다가 中塗에 止호고 다른 動作을 行호는 것.
> (본) 다가
> (풀이) 글을 읽다가 자오.
> ② 그침잇~한 움을 하다가 다 못하고 다른 움을 하는 것.

(원고본 51-②, 국어문법 84)

지난 때에 되어가는 것 과거시제. 끗기의 때. 과거지속에 해당함.

> [보기] (잡이) … '가더니'의 '더'는 지난 때에 맞지 안이혼 것이니 곳 지난 때에 되어가는 것이다.

지목(指目)언 언의 갈래. 발화 현상이나 월 밖에 존재하는 대상을 말하는 이가 가리키는 가리킴매김씨(지시관형사)에 해당하는 것으로 (보기)에서 보인 '이, 저, 그'는 고유어 가리킴매김씨로 그 가리키는 대상이 정해져 있다.
(指目언> 가르침언)

> [보기] ① 指目언~擇定호여 가르치어 내는 것.
> (본) 이, 저, 그
> (풀이) 저 나무가 푸르오.   (원고본 53-②)
> ② 가르침언~가리어 내는 것.   (국어문법 87)

직권표(職權表) 형태부에 속하는 것으로 토씨, 씨끝이 해당됨. 表=빗=보람.

> [보기] ① 임이빗~빗 : 보람과 같은 뜻이니, 임이빗은 곳 임이의 職權表라 홈과 같은 뜻.
> ② 씀이빗~씀이의 職權表라 홈과 같은 혼 뜻.
> ③ 남이빗~남이의 職權表라 홈과 같은 혼 뜻.
> ④ 금이빗~금이 되는 表라 함과 같은 뜻.

(원고본 24-②~25-①, 국어문법 37~38)

직동(直動) 움의 갈래. 動權의 갈래(하위분류). 움직임의 주체가 제 스스로 움직이
  느냐, 남의 움직임을 입어 움직이느냐에 따라, 주체가 제 스스로 움직이는 것
  을 직동이라 하였다. (直動>바로움>제힘움직씨(능동동사))
  ⇒ 動權, 바로움
  [보기] ① 直動~自由로 動흐는 것.
        (본) 따리, 자, 잡   (원고본 45-①)
      ② 바로움~自由로 움즉이는 것.
        (본) 따리, 자, 잡, 날   (국어문법 74)

짝소리 쌍합음(雙合音)
  (본) ㄲ, ㄴㄴ, ㄸ, ㄹㄹ , ㅁㅁ , ㅃ, ㅆ, ㅇㅇ, ㅉ 등
  ⇒ 겹소리.   (원고본 7-①, 국어문법 11)

짠말 구성어. 낱말로 짜여진 말. 조직어. 꿈인말(꾸민말).
  [보기] ① 짬듬갈은 다(짠말)가 꿈이어지는 여러가지 法을 배호는 것이라 이름
        이라.
      ② 말-뜻을 나타내는 소리니 낫말(끗기)이나 짠말 곳 다를 다 이름이라.
      ③ 다-둘로붙어 둘 더 되는 기로 짠 말을 이름이라.
      ④ 모-한 짠말에 남이가 없음을 이름이라.
      ⑤ 드-한 짠말에 남이가 잇어 다 맞은 말을 이름이라.
                                    (원고본 24-①, ②, 국어문법 36~37)

짬 '짜다'의 이름꼴로 짜서 만든다는 뜻. 조직, 구성, 꾸밈을 뜻함.
  [보기] 짬~움기 짜에 ㅁ을 더한 임기니 짜는 것이라 함인데 꿈임과 한 뜻이라.
  ⇒ 짬듬갈.   (원고본 24-①, 국어문법 36)

짬듬갈 짜서 만드는 것(짬)의 방법(듬)의 알아내기(갈)란 뜻이니 지금의 월갈(문장
  론, 통어론, syntax)에 해당하는 말이다. 즉 짜여진 말이 꾸며지는 여러가지 법을
  배우는 학문이라는 뜻이다.
  [보기] 짬듬갈~다가 꿈이어지는 여러가지 法을 배호는 것이라 이름이라.
                                          (원고본 24-①, 국어문법 36)

타동(他動)   움의 갈래. 동성(動性)의 하위분류. 움직임의 대상이 있느냐 없느냐에 따라 움직씨를 나눈 것으로, 움직임의 대상이 부림말(목적어, 씀이듬)을 취하는 것의 줄기를 말함.   (타동>남움>남움직씨(타동사))

[보기] ① 他動~他體에 動ᄒᆞ는 것.

    (본) 잡, 따리, 먹, 먹이

② 남움~남의 몸에 움즉이는 것

    (본) 잡, 따리, 먹, 먹이

    ⇒ **動性**, 남움   (원고본 44-②, 국어문법 73)

특별흠만(特有格)   것의 갈래. 무엇을 특별히 들어 말하는 특별함도움토에 해당하는 말로 여기에 다시 특별흔임만과 특별흔씀만으로 나뉘어진다.

특별흔임만은 어떤 풀이말 앞에 다른 것은 임자말이 될 수 없으나 특별히 그것만은 임자말(임이)이 될 수 있음을 표하는 토씨이고, 특별흔씀만은 어떤 풀이말 앞에 다른 것은 부림말(씀이)이 될 수 없으나 특별히 그것만은 부림말이 됨을 표시하는 토씨를 이름이다.

[보기] ① 한 남이에 此와 彼는 다 임이나 씀이되기 不能ᄒᆞ되 其一은 特別히 能ᄒᆞᆫ 것.

② 한 남이에 이와 저는]다 임이나 씀이가 될 수가 없으되 그 한아는 특별히 될 수가 있는 것.

    (본) 야, 이야

    (풀이) 그 사람이야 알지. - 이 말에 '이야'가 특별흔만이니 다른 사람은 그 남이 알에 임이(가) 될 수 없으나 그 사람은 특별히 임이 될 수 잇음을 表ᄒᆞ는 것인데 此는 특별흔 임만이라.

    (풀이) 아모 칼이라도 조히야 들지(베지) - 이 말에 '야'가 특별흔만이니 '조히'가 남이 '들'에 씀이됨이 특별흠을 表ᄒᆞ는 것인데 此는 특별흔씀만이라.

               (원고본 47-②, 국어문법 78)

특별흔씀만   겄의 갈래(특별흠만의 하위분류). 한 풀이말(남이)에 이것과 저것은 다 부림말(씀이)이 될 수가 없으나 그 하나는 특별히 될 수가 있음을 나타내는 토씨에 해당함.   ⇒ 특별흠만.   (원고본 47-②, 국어문법 78)

특별흔임만   겄의 갈래(특별흠만의 하위분류). 한 풀이말(남이)에 이것과 저것은 다 임자말(임이)이 될 수가 없으나 그 하나 특별히 될 수가 있음을 나타내는 토씨에 해당함.   ⇒ 특별흠만   (원고본 47-②, 국어문법 78)

표(表)   토씨나 씨끝(맺음씨끝, 안맺음씨끝) 등의 形態類에 해당하는 말로 보람, 빗, 職權表와 같은 뜻으로 쓰이는 말.

> [보기] ① (잡이) …'곱게'는 억이니 '게'는 엇기 '곱'을 억되게 흐는 표니 …
> ② (잡이) 억기에 序分表가 잇으니 '보시게 들이어라' 흐는 말에 '보시게'가 억기요 그 '시'는 높이는 表로 둠이니 …
> ③ 꼿이 되엇겟다 흐면 '엇겟'은 간때표 '엇'에 올 때 표 '겟'이 더흔 것이니.

⇒ 직권표   (원고본 31-①, 56-②, 62-①, 국어문법 49, 92, 100)

품(品)엇   엇의 갈래. 여러가지 일과 몬의 성질과 모양이 어떠함을 그리어내는 그림씨의 어간에 해당하는 말.

『우리말본』 체계로는 속겉그림씨(성상형용사)에 해당하는 말.

> [보기] ① 諸般의 物品과 行爲의 如何.
> ② 여러가지 몬의 品과 行爲의 엇더함.
>   (본) 좋, 귀흐, 천흐, 무르, 단단흐, 무겁, 부드럽, 연흐, 질기, 덥, 서늘흐, 차, 착흐, 어질, 악흐, 순흐, 어리석, 슬기롭

(원고본 44-①, 국어문법 72)

피동(被動)   움의 갈래(動權의 하위분류). 움직임의 주체가 제스스로 움직이느냐 남

의 움직임을 입어서 움직이느냐에 따라서 나눈 것으로 남의 움직임을 입어서 움직이는 것을 말함이다. 『우리말본』 체계로는 입음움직씨(피동동사)의 줄기에 해당하는 말이다. (피동>입음움)

보기 ① 被動~他의 動흠을 被흠으로 動하는 것.

(본) 잡히

② 입음움~남의 움즉임을 입어 움즉이는 것.

(본) 잡히

⇒ 動權(>움힘).   (원고본 45-①, 국어문법 74)

한가지만(同格) 겸의 갈래. 이것과 저것이 한가지임을 나타내는 도움토씨에 해당하는 것으로 '-도'가 있다. 이 '-도'가 임자말에 결합될 때는 임한만이라 하고 부림말에 결합될 때는 씀한만이라 한다.

보기 ① 이 임이의 남이가 어느 임이의 남이와 相同흔 것과 이 씀이가 그 임이의 節制를 受흠이 어느 씀이가 그 임이의 節制를 受흠과 相同흠을 表하는 것.

② 이 임이의 남이가 그 뜻한 어느 임이의 남이와 서로 같은 것과 이 씀이가 그 임이의 움즉임을 받음이 그 뜻한 어느 씀이가 그 임이의 움직임을 받음과 서로 같음을 보이는 것.

(본) 도

(풀이) 나도 가오. - 이 말에 '도'가 한가지만 니 나의 動作 '가'가 어느 임이의 動作 '가'와 相同흔 者가 된다흠을 表하는 것이니 此는 임흔만이라. (한만은 곳 한가지만이라.)

벌도 날더라. - 이 말에 '도'가 임한만이라.

풀도 푸르오. - 이 말에 '도'가 한만이니 '풀'의 形容 '푸르'가 相對하여 뜻흔 某物의 形容 '푸르'와 相同흔 임이된다 흠을 表하는 것이니 이는 임한만이라.

아기가 밥도 먹으오. - 이 말에 '도'가 한만이니 씀이 '밥'이 임이 '아기'의 動作 '먹'의 節制를 受홈이 此와 相對ᄒ여 뜻ᄒ 某物이 動作 '먹'의 節制를 受홈과 相同ᄒ 씀이가 된다홈을 表ᄒ는 것이니 此는 씀한만이라.

이것도 나무요. - 이 말에 '도'가 임한만이라.

(원고본 46-①, ②, 국어문법 76)

한만 한만은 곧 한가지만이라. 한가지만과 같은 뜻으로 쓰이는 말.

⇒ 한가지만

(원고본 46-①, 국어문법 76)

함게금(同伴) 겻의 갈래. 임자씨 뒤에 붙어서 그것과 함께 무슨 일을 함을 이르는 함께자리토에 해당하는 말로 '와, 과'가 있다. '너와 가겟다'의 '-와'를 말함인데, 그러나 '벼루와 먹이 잇소'의 '-와'는 잇기에 넣어 처리하였다.

> **보기** 함게금~이 임이와 어느 임이와 더불어 한 가지 움즉임이 잇음을 가르치어 내는 것.

(본) 와, 과

(풀이) 내가 너와 가겟다.

(원고본 50-①, 국어문법 82)

행모(行貌)언 여러가지 행위의 모양이 어떠함을 그리는 매김씨(관형사)로 이는 『우리말본』 체계로는 일과 몬의 성질과 모양이 어떠함을 그리어내는 속겉그림씨(성상형용사)의 매김꼴에 해당하는 것이다.

> **보기** ① 諸般 行爲의 現著ᄒ 品性의 如何.

(본) 급ᄒ, 분ᄒ, 답답ᄒ

(풀이) 나는 답답ᄒ 맘을 이기지 못ᄒ오.

② 여러가지 行爲의 貌樣이 엇더한

(본) 잰, 게른, 깃븐, 굼굼한, 반갑은, 답답한, 섭섭한, 분한, 급한

(풀이) 나는 깃븐 맘이 나오.

(원고본 53-②, 국어문법 88)

행모(行貌)엇 엇의 갈래. 행위의 모양이 어떠하다고 이르는 그림씨의 줄기에 해당하는 말을 이름.

보기 ① 諸般行爲의 現著혼 貌樣의 如何.

　　(본) 급혼, 분혼, 답답혼

② 여러가지 行爲의 貌樣이 엇더하다고 이르는 것.

(원고본 44-①, 국어문법 72)

행품(行品)언　언의 갈래. 여러가지 행위의 품성 또는 성질과 상태가 어떠하다고 이르는 매김씨(관형사)로 이는 『우리말본』 체계로는 그림씨의 매김꼴에 해당한다.

보기 ① 諸般行爲의 固有혼 品性의 如何.

　　(본) 착혼, 순혼, 강혼, 좋은

　　(풀이) 착혼 사람은 착혼 일을 사랑흐오.

② 여러가지 行爲의 品性이 엇더한.

(원고본 53-②, 국어문법 88)

행품(行品)엇　엇의 갈래. 행위의 품성 또는 성질과 상태가 엇더하다고 그리는 말로 『우리말본』 체계로는 속겉그림씨(성상형용사)의 줄기에 해당되는 말이다.

보기 ① 諸般行爲의 固有혼 品性의 如何.

　　(본) 착흐, 어질, 악흐, 순흐, 강흐, 어리석, 슬기롭

② 여러가지 行爲의 品性이 엇더하다고 이르는 것.

(원고본 44-①, 국어문법 72)

힝위의 품　억의 갈래. 여러가지 행위의 품성이 어떠하다고 이르는 것으로 이는 『우리말본』 체계로는 그림씨의 어찌꼴(형용사의 부사형)에 해당하는 말.

보기 '착흐게'와 같은 기들은 다 힝위의 폼이라.

(원고본 23-①, 국어문법 35)

헴　임기의 한 갈래. 대표이름(대임)의 하위분류로 헴>셈이 됨. 이는 『우리말본』 체계로는 셈을 드러내는 임자씨의 하나인 셈씨(수사)에 해당하는 말.

보기 '한아, 둘, 셋'과 같은 기들은 다 헴의 임기요.

(원고본 22-②, 국어문법 33)

헴금(數量)　겻의 갈래. 수량을 나타내는 말 뒤에 붙어서 그 수량을 나타낼 때 쓰이는 토씨에 해당하는 말. (헴금>셈금)

보기 헴금~움즉임이 數量에 됨을 가르치는 것.

(본) 에, 로, 으로, 에서

(풀이) 한아에 둘을 더하시오.

　　　　내가 둘로 여섯을 난호겟다.

　　　　내가 모시 한 끗으로 두루막이를 만들엇소.

　　　　내가 실 네 꾸리로 한 끗을 짜앗다.

　　　　일곱에서 셋을 덜어라.

　　　　너는 셋으로 아홉을 난호아라.

(원고본 49-①, 국어문법 80)

헴언　언기의 갈래. 일이나 몬의 수나 양을 나타내는 언기(매김씨)로 이는 단위성 매인이름씨(의존명사)와 결합하여 사물의 수량을 표시하는 것으로 『우리말본』 체계로는 셈숱 매김씨(수량관형사)에 해당하는 말이다.

> **보기**　붉은, 적은, 저,… 한 두 세 잇는은 다 언기니… 한, 두, 세와 같은 기들은 다 헴이요.　　　　　　　　　　　　　　　　(원고본 23-①, 국어문법 34)

헴이나 길억　억의 갈래. 풀이말의 수량이나 속성이 드러나는 정도를 나타내는 어찌씨(억기, 부사)로 여기에는 정도 어찌씨는 물론 그림씨의 어찌꼴, 수를 나타내는 셈씨에 어찌자리 토씨가 붙어서 월에서 어찌말(부사어)이 되는 것까지도 모두 포함하여 이르는 말이다.

> **보기**　헴이나 길~남이의 **數量**이나 **度數**를 말ᄒᆞ는 것.
>
> 　　　(본) 다, 거진, 겨우, 매우, 좀, 흔이, 넉넉이, 가득이, 많이, 크게, 적게, 넘어, 첫재, 온전이, 둘에, 둘에서, 둘에는, 둘에야, 둘에도, 둘엔들, 둘에나, 둘에만
>
> 　　　(풀이) 그 사람이 거진 가앗다.　　　　(원고본 55-①, 국어문법 90)

형명(形名)>언　월에서 매김말로 쓰이는 말을 모두 이름이다.　⇒ 언.

> **보기**　언의 난틀. **形名**의 **類分**.　　　　　　　　　(원고본 53-①)

형명체(形名體)　파생매김씨(파생관형사)를 이르는 말로 『우리말본』 체계로는 풀이씨의 매김꼴(관형사형)에 해당하는 말. (형명체>언몸)

> **보기**　① (알이) 이, 저, 그는 **原形名**이니 다른 기가 변ᄒᆞ여 **形名體**가 된 것이 안이요 …

② (알이) 이, 저, 그는 밋언이니 다른 기가 박구이어 언몸이 된 것이 안이요 …
　　　　　　　　　　　　　　　　　　　　(원고본 53-②, 국어문법 87)

형용(形容)　엇에 해당. (형용>엇)

　보기　① (잡이) 形容의 類分을 이보다 더 簡略히 ㅎ랴면 …
　　　　② (잡이) 엇의 갈래를 이보다 더 簡略하게 하랴면 …
　　　　　　　　　　　　　　　　　　　　(원고본 44-②, 국어문법 73)

홀로(自)끗　끗의 갈래. 서법(mood)에 따른 분류로 들을이 없이 홀로 하는 말로 끝맺는 것. 남과 상관함이 없이, 자기 혼자서 독백하는 말을 이름이다. 이는『우리말본』체계로는 풀이씨 마침법의 배풂꼴에 해당하는 것이다.

　보기　① 홀로(自)끗~홀로ㅎ는 말로 끗맺는 것.
　　　　　(본) 다, 이다, ㄴ다, 는다, 앗다, 엇다, 리다, 겟다, 으리라, 앗겟다, 엇겟다, 앗으리라, 엇으리라 …
　　　　　(풀이) 우리나라가 곱고나.　　　　　(원고본 57-②, 국어문법 94)
　　　　② '이요, 누나, 도라'와 같은 기들은 다 홀로(自說)라.
　　　　　　　　　　　　　　　　　　　　(원고본 23-②, 국어문법 35)

홀로만(獨有格)　겻의 갈래. 다른 것은 그러하지 아니한데, 이것만이 홀로 그러함을 보이는 토씨를 말함인데 여기에는 토씨 '-만'이 있다. 이 '만'이 임자말(주어, 임이)과 결합된 것은 홀로임만이라 하고 부림말(목적어, 씀이)과 결합된 것은 홀로씀만이라 하였다.

　보기　① 他는 다 無ㅎ 남이를 此 임이나 씀이는 홀로 有ㅎ 것.
　　　　② 다른 이는 다 없는 남이를 이 임이나 씀이는 홀로 잇는 것.
　　　　　(본) 만
　　　　　(풀이) 나만 가오. - 이 말이 '만'이 홀로만이니 他는 이 남이가 다 無ㅎ되 나는 홀로 有홈을 表홈인데 此는 홀로임만이라.
　　　　　　　　나는 밥만 먹으오. - 이 말에 '만'이 홀로만이니 '밥'이 그 남이 '먹'에 씀이됨이 홀로 有홈을 表홈인데 此는 홀로씀만이라.
　　　　　　　　　　　　　　　　　　(원고본 47-②, 국어문법 78)

홀로씀만　겻의 갈래(홀로만의 하위분류).

　　　⇒ 홀로만.　　　　　　　　　　　　　　　　　　(원고본 47-②, 국어문법 78)

홀로임만　 겄의 갈래(홀로만의 하위분류).

　　　⇒ 홀로만.　　　　　　　　　　　　　　　　　　(원고본 47-②, 국어문법 78)

홀로제임　 임의 갈래. 홀로이름씨(고유명사). 어떤 특정한 사물에만 홀로 쓰이는 이
름씨를 말함인데 이는『우리말본』체계로는 홀로이름씨(고유명사)에 해당한다.
　　보기　홀로~(본) 삼개(땅이름), 돌메(사람이름)

　　　　　　　　　　　　　　　　　　　　　　　　(원고본 42-②, 국어문법 69)

홋소리(單音)　 겹소리에 맞서는 용어로 홑홀소리(단모음)나 홑닿소리(단자음)을 이
르는 말.

　　홋소리 ┌─ 웃듬소리의 홋소리 : ㅏ, ㅓ, ㅗ, ㅜ, ㅡ, ㅣ
　　　　　　└─ 붙음소리의 홋소리 : ㄱ, ㄴ, ㄷ, ㄹ, ㅁ, ㅂ, ㅅ, ㅇ, ㅈ, ㅎ

　　　　　　　　　　　　　　　　　　　　　　　　(원고본 1-②, 국어문법 2)

한힌샘 주시경에 대한 연구 논저 목록
(2003년 2월말 현재)

---

* 이 연구 논저 목록은 강기진 님이 『한힌샘 연구(1)』(1988, 한글 학회)에 조사·작성한 연구 논저 목록과 이현희 님이 『주시경 학보(1)』(1988, 탑출판사)에 조사·작성한 연구 논저 목록을 종 합하여 다시 정리하고, 여기에다 1988년부터 2003년 2월까지 발표된 연구 논문과 저서를 필자가 조사하여 보충해 넣은 것이 다.

한힌샘 주시경에 대한 연구 논저 목록

(2003년 2월말 현재)

강기진(1985), 「주시경의 통사 이론(Ⅰ) : 최현배 이론과의 비교」, 국어국문학 83, 국어국문학회, 『주시경 선생에 대한 연구 논문 모음(1)』(1987)에 재록

강기진(1986), 「주시경의 품사 이론 연구 : 최현배 품사론과의 비교・분석」, 한글 191, 한글학회, 『주시경 선생에 대한 연구 논문 모음(1)』(1987)에 재록

강기진(1987), 「주시경의 통사 이론(Ⅱ) : 최현배 이론과의 비교」, 한국어 학과 알타이어학(우정 박은용 박사 환갑 기념 논총), 효성여대 출판부, 『주시경 선생에 대한 연구 논문 모음(1)』(1987)에 재록

강기진(1987), 「주시경의 언어관 연구 : 최현배 언어관과의 비교」, 재산 최세화 박사 환갑 기념 논문집, 동악어문학회

강기진(1988), 「한힌샘 주시경에 대한 연구 목록」, 한힌샘 연구 1, 한글학회

강우원(1989), 「주시경 지은 [국어문법]에 나타난 '잇기'에 대한 연구」, 국어국문학 26, 부산대 국어국문학과

감 메(최현배)(1936), 「주 스승님을 생각함」, 한글1-3, 조선어학회, 『나라사랑』 4(1971)에 재록

고영근(1979), 「주시경의 문법 이론」, 한국학보 17, 일지사, 『국어문법의 연구』(1983) ,『주시경 선생에 대한 연구 논문 모음(1)』(1987)에 재록

고영근(1982), 「주시경의 문법 이론에 대한 형태・통사론적 접근」, 국어학 11, 국어학회, 『주시경 선생에 대한 연구 논문 모음(1)』(1987)에 재록

고영근(1983), 「개화기의 국어 연구 단체와 국문 보급 운동 : [한글모 죽보기]를

중심으로」, 한국학보 13, 일지사

고영근(1986), 「주시경 선생과 한글 : 탄신 110주기를 맞으며」, 국민정신 10, 한국 정신문화 연구원

고영근(1986), 「주시경의 [국어문법] 해설」, 주시경, [국어문법], 탑출판사

고영근·이현희(1986)(교주), 『주시경, [국어문법]』, 탑출판사

고영근(1988), 「주시경 추모 일지」, 주시경 학보 1, 탑출판사, 『주시경 전서』 6(1992)에 재록

고영근(1988), 「주시경 연구의 어제와 오늘」, 주시경학보 1, 탑출판사 과학원 (1957)(편), 『주시경 선생 유고집』, 과학원 출판사(평양)

구연미(1992), 「주시경 [국어문법]의 짬듬갈 연구」, 부산한글 11, 한글학회 부산 지회

권덕규(1914), 「주시경 선생 역사」, 청춘 1, 청춘사, 『조선어문경위』(1923)에 재록

권덕규(1923), 「주시경 선생전」, 조선어문경위, 광문사

권덕규(1929), 「주시경 선생의 약전」, 신생 2-9(주시경 선생 15주기 기념호), 신생 사

권재선(1986), 「주시경이 권정선에게서 받은 영향」, 국어학 신연구(약천 김민수 박사 환갑 기념), 탑출판사

김계곤(1971), 「주시경 선생의 후계학자 최현배 선생」, 나라 사랑 4, 외솔회

김계곤(1988), 「한힌샘 주시경에 대한 연구-조어법」, 한힌샘 연구 1, 한글학회

김계곤(1991), 「한힌샘 주시경 선생의 이력서에 대하여」, 한힌샘 주시경 연구 4, 한글학회

김기성(1987), 「주시경의 말소리 연구」, 동아대 교육대학원 석사 논문

김명호(1997), 「주시경 문법의 의미·논리적 의존성에 대한 연구」, 경성대 석사 논문

김무림(1991), 「임규, "주시경론"(역주)」, 주시경학보 8, 탑출판사

김민수(1961), 「늦씨와 Morpheme」, 국어국문학 24, 국어국문학회, 『주시경 선생 에 대한 연구 논문 모음(1)』(1987)에 재록

김민수(1962), 「주시경의 업적」, 국어학 1, 국어학회, 『주시경 연구』(1977)에 재록

김민수(1962), 「주시경의 학술용어」, 한글 129, 한글학회, 『주시경 연구』(1977)에
　　재록

김민수(1963), 「[신정국문]에 관한 연구」, 아세아 연구 IV-1, 고려대

김민수(1968), 「주시경의 국어 운동」, 이숭녕 박사 송수 기념 논총, 을유문화사,
　　『주시경 연구』(1977)에 재록

김민수(1968), 「주시경의 국어 연구」, 조선학보 48, 조선학회(일본), 『주시경 연
　　구』(1977)에 재록

김민수(1968), 「[국어문법]·[말의 소리]」, 한국의 명저, 현암사, 『주시경 연구』
　　(1977)에 재록

김민수(1971), 「주시경의 초기 연구」, 아세아 연구 XIV-4, 고려대

김민수(1977), 「[대한 국어문법] 해제」, 아세아 연구 XX-1, 고려대, 『주시경 연
　　구』(1977)에 재록

김민수(1977), 『주시경 연구』, 탑출판사

김민수(1979), 「유인 [고등 국어문전]에 대하여」, 어문논집 19·20(월암 박성의
　　박사 환갑 기념 논총), 고려대, 『주시경 연구』(1986)에 재록

김민수(1978), 「주시경 저 유인 [소리갈]에 대하여」, 관악어문 3, 서울대, 『백사
　　전광용 박사 환갑 기념 논총』, 『주시경 연구』(1986)에 재록

김민수(1978), 「주시경의 초고 [말]에 대하여」, 아세아연구 61, 고려대, 『주시경
　　연구』(1986)에 재록

김민수(1981), 「주시경의 생애」, 『주시경 전서』6(1992)에 재록

김민수(1982), 「국문 연구소 유인 [국문 연구안]에 대하여」, 아세아연구 63, 고려
　　대, 『주시경 연구』(1986)에 재록

김민수(1983), 「[말모이]의 편찬에 대하여」, 동양학 13, 단국대, 『주시경 연구』에
　　(1986) 재록

김민수(1983), 「국문 동식회에 대하여」, 난대 이응백박사 환갑 기념 논문집, 보
　　진재, 『주시경 연구』(1986)에 재록

김민수(1986), 『증보판 주시경 연구』, 탑출판사

김민수(1988), 「주시경 [국어문법](역주)」, 주시경학보 1, 탑출판사

김민수(1988), 「주시경 [국문(國文)] (역주)」, 주시경학보 2, 탑출판사

김민수(1992)(편), 『주시경 전서』 1~6, 탑출판사

김민수(1998), 「주시경 연보」, 주시경학보 1, 탑출판사, 『주시경 전서』6(1992)에
    재록

김백련(1966), 「주시경의 품사 이론」, 어문 연구 4(평양)

김석득(1976), 「주시경 선생의 사상과 학문」, 한글 새소식 52, 한글학회

김석득(1979), 『주시경 문법론』, 형설출판사

김석득(1988), 「한힌샘 주시경에 대한 연구-통어론」, 한힌샘 연구 1, 한글학회

김선기(1923), 「한글학의 선구, 주시경 선생」, 동광4-7, 동광사

김성수(1994), 「주시경의 '낫내'」, 우리말 연구 4, 우리말 연구회

김세한(1955), 「한글 연구의 선구자, 주시경 스승」, 배재사, 배재중학교

김세한(1965), 「백천(白泉) 주시경 선생의 약전」, 배재 80년사, 배재학당

김세한(1974), 『주시경전』, 정음사

김수곤 · 이광호(1980), 「주시경의 한글 전용 주장에 대한 배경 이론 연구」, 어학
    7, 전북대 어학 연구소

김수곤(1982), 「주시경의 한글 전용 주장에 대한 배경 이론 연구」, 연구결과 요
    약서 6, 재단법인 산학 협동 재단

김영문(1989), 「주시경의 우리글 적기 연구」, 동아대 대학원 석사 논문

김영아(1983), 「주시경의 음학에 대하여」, 홍익어문 2, 홍익대 국어교육과

김영환(1991), 「주시경의 학술 용어론」, 한힌샘 주시경 연구 4, 한글학회

김윤경(1932), 「주시경 선생」, 한글 1-3, 조선어학회

김윤경(1936), 「주시경 선생」, 한글 4-10, 조선어학회

김윤경(1958), 「주시경론」, 사조 1-2, 사조사, 『한결 김윤경 전집』 7(1985)에 재록

김윤경(1958), 「주시경(편) : 국어학의 앞잡이」, 희망 8-3, 희망사

김윤경(1960), 「고 주시경 선생 전기」, 한글 126, 한글학회, 『나라사랑』4, 『한결
    김윤경 전집』 7(1985)에 재록

김윤경(1961), 「주시경과 Modernization of Hangul」, Korea Journal. 유네스코 한국위
    원회

김윤경(1961), 「세종 임금의 훈민정음과 주시경 선생의 국어학」, 경향신문 제 4857호,『한결 김윤경 전집』4(1985)에 재록

김윤경(1962), 「주시경 선생 : 과학적 국어학의 앞잡이」, 사상계 10-8, 사상계사

김윤경(1965), 「'배재'가 낳은 위대한 국어학자 주시경의 학설」, 배재 26, 배재중 고등학교,『한결 김윤경 전집』4(1985)에 재록

김윤경(1965), 「한힌샘 주시경론-우리말의 근원을 찾아」, 세대 3-3(4월호), 세대사

김윤경(1965), 「국어학의 개척자 주시경」, 한양 4-4, 한양대

김윤경(1965), 「한글 중흥의 스승, 주시경」, 인물 한국사 V, 박우사

김종해(1971), 「한힌샘 주시경 선생 해적이」, 나라사랑 4, 외솔회

김추례(1964), 「조선어의 문법적 단위들과 토에 대한 주시경의 견해」, 조선어학 6(평양)

김태익(1986), 「한글 중시조 주시경 선생」, 조선일보 제20221호, 조선일보사

김희숙(1985), 「주시경 저 [국어문법] 이론과 텍스트」, 국어교육 53・54, 한국 국어교육 연구회

남기심(1989), 「[조선어문법(주시경)]과 [깁더 조선말본(김두봉)]의 '씨'에 대한 비교・검토」, 한힌샘 연구 2, 한글학회

리만규(1958), 「인민 속의 주 선생」, 말과 글 6(평양)

리의도(1986), 「'부름만'과 그 계승・발전에 대하여」, 국제어문 6・7, 국제어문학 연구회,『미원 우인섭 선생 화갑 기념 논문집』,『주시경 선생에 대한 연구 논문 모음(1)』(1987)에 재록

리의도(1986), 「주시경 말본에서 '부름만'의 위치」, 논문집 23, 건국대 대학원

리의도(1987), 「주시경의 토씨 연구에 대한 고찰」, 건국어문학 11・12, 건국대 국어국문학 연구회,『부암 김 승곤 박사 환갑 기념 논문집』,『주시경 선 생에 대한 연구 논문 모음(1)』(1987)에 재록

문효근(1971), 「주시경 선생의 후계 학자 김윤경 선생」, 나라사랑 4, 외솔회

문효근(1989), 「김윤경의 말본 연구와 '월'을 쪼가르는 논리-한힌샘 학문의 계 승・발전의 측면에서-」, 한힌샘 연구 2, 한글학회

백남규(1929), 「주시경 선생을 추억함」, 신생 2-9, 신생사

박선우(1990), 「주시경 [국문 연구안(제2회)(역주)」, 주시경학보 6, 탑출판사

박의성(1956), 「문자 개혁에 대한 주시경 선생의 사상」, 조선어문 6(평양)

박수남(1936), 「주시경 선생을 추모함」, 정음 17, 조선어연구회

박영준(1991), 「정렬모, "주 선생과 그 주위의 사람들"(역주)」, 주시경학보 7, 탑출판사

박영준(1992), 「주시경, [국문 연구안](제9~10회) (역주)」, 주시경학보 9, 탑출판사

박영환(1982), 「주시경 선생의 품사 전성론」, 한남어문학 7·8, 한남대, 『주시경 선생에 대한 연구 논문 모음(1)』(1987)에 재록

박영환(1982), 「주시경의 문법론」, 청림 25, 숭전대

박영환(1983), 「주시경의 구문론」, 한남어문학 9·10, 한남대, 『주시경선생에 대한 연구 논문 모음(1)』(1987)에 재록

박영환(1994), 「주시경의 음운론」, 어문논지 4·5, 충남대, 『주시경 선생에 대한 연구 논문 모음(1)』(1987)에 재록

박종갑(1994), 「주시경의 [국어문법]연구 (1)」, 영남어문학 27, 영남어문학회

박종갑(1994), 「주시경의 [국어문법]연구 (2)」, 한글 225, 한글학회

박종갑(1995), 「주시경의 [국어문법]연구 (3)」, 국어학 25, 국어학회

박종갑(1994), 「주시경과 최현배의 문법 모형 비교 연구 (1)」, 우리말 연구, 우골탑

박종갑(1995), 「주시경과 최현배의 문법 모형 비교 연구 (2)」, 영남어문학 28, 영남어문학회

박지홍(1978), 「주시경의 국어문법」, 한글 161, 한글학회, 『주시경 선생에 대한 연구 논문 모음(1)』(1987)에 재록

박지홍(1983), 「주시경의 우리말 씨가름」, 부산한글 2, 한글학회 부산지회, 『주시경 선생에 대한 연구 논문 모음(1)』(1987)에 재록

박지홍(1985), 「주시경 선생의 한평생」, 한글 새소식 160, 한글학회

박지홍(1988), 「한힌샘 주시경에 대한 연구-국어 정책론」, 한힌샘 연구 1, 한글학회

박지홍(1996), 「[한글모 죽보기]에 대하여」, 한힌샘 주시경 연구 9, 한글학회

박태권(1976), 「주시경 선생과 국문 연구소」, 한국어문논총(우촌 강복수 선생 환갑 기념 논문집), 형설출판사

박태권(1977), 「주시경의 학설 연구」, 문리과대학 논문집 15, 부산대

박태권(1978), 「주시경 지은 [대한 국어문법]의 국어학사적 위치」, 눈뫼 허웅 박사 환갑 기념 논문집, 과학사, 『주시경 선생에 대한 연구 논문 모음(1)』 (1987)에 재록

박태권(1980), 「주시경 지은 [국어문전음학]의 어학사적 위치」, 국어국문학 17, 부산대, 『주시경 선생에 대한 연구 논문 모음(1)』(1987)에 재록

박태권(1986), 「주시경의 '짬듬갈'에 대하여」, 백민전재호 박사 환갑 기념 논문집, 형설출판사

박태권(1986), 「주시경의 학설과 그 어학사적 위치 : [국어문법(1910)]을 중심으로」, 부산한글 5, 한글학회 부산지회, 『주시경 선생에 대한 연구 논문 모음(1)』(1987)에 재록

박태권(1986), 「주시경 지은 [국어문법] 학설 재고」, 언어연구 9, 부산대 어학연구소 북한 과학원 언어문학 연구소(1957)(편), 주시경 유고집, 과학원 출판사(평양)

서윤범(1985), 「탁월한 국어학자 주시경 선생」, 말과 글 6 (평양)

서태길(1992), 「[조광]지 "명가의 후손을 찾아서"(역주)」, 주시경학보 10, 탑출판사

서태길(1993), 「주시경 [말] 역주」, 주시경학보 11, 탑출판사

손남익(1993), 「[조선어 문법 : 주시경 선생 유고] 장지영의 "서문" (역주)」, 주시경학보 11, 탑출판사

손남익(1994), 「주시경의 [말] (역주)(변체학)」, 주시경학보 13, 탑출판사

손인수(1985), 「주시경 선생의 교육 활동」, 한글 새소식 160, 한글학회

손인수(1990), 「주시경의 민중 교육 사상」, 한힌샘 연구 3, 한글학회

시정곤(1992), 「신영철, "주시경 선생을 추모하며"(역주)」, 주시경학보 9, 탑출판사

시정곤(1992), 「쥬상호 "말" 역주」, 주시경학보 10, 탑출판사

신구현(1956), 「주시경 선생의 생애와 활동」, 조선어문 6(평양)

신명균(1927), 「한글과 주시경 선생」, 한글(조선어문 잡지) 1, 조선어학회

신명균(1929), 「조선어의 학적 체계와 주시경 선생의지위」, 신생 2-9, 신생사

신명균(1933), 『주시경 선생의 유고』, 중앙인서관

신생 편집실(1929), 「주시경 선생의 일기」, 신생 2-9, 신생사

신영철(1936), 「주시경 선생을 추모하며」, 한글 4-10, 조선어학회

신용하(1976), 「주시경의 애국 계몽 사상 연구」, 한국사회학연구 1, 서울대 사회
    학 연구회, 『한국 현대 사회사상』(1984)에 재록

신용하(1976), 「주시경 스승의 사회 사상」, 한글 새소식 52, 한글학회

신용하(1977), 「주시경 선생의 사회 사상」, 문예진흥 24, 한국 문화예술 진흥원

신용하(1985), 「주시경 선생의 애국 계몽 사상」, 한글 새소식 160, 한글학회

신용하(1996), 「'독립 신문'과 국문 동식회」, 한힌샘 주시경 연구 9, 한글학회

신채호(1908), 「문법의 선통일」, 기호흥학회 월보 5

신채호(1908), 「역사와 애국심과의 관계」, 대한협회 월보 2

신태화(1945)(발행), 주시경 선생 유고, 삼문출판부

오동춘(1996), 「주시경의 상동 청년 학원과 하기 국어 강습소」, 한힌샘 주시경
    연구 9, 한글학회

외솔회(1971)(편), 나라사랑 4, 정음사

이강로(1971), 「교육자로서의 주시경 선생」, 나라사랑 4, 외솔회

이광정(1983), 「주시경 문법의 구문연구」, 관동어문학 2, 관동대, 『주시경 선생에
    대한 연구 논문 모음(1)』(1987)에 재록

이기문(1970), 「주시경」, 한국 근대 인물 백선(신동아 1월호 부록), 동아일보사

이기문(1976)(편), 『주시경 전집』상·하, 아세아 문화사

이기문(1976), 「주시경 학문에 대한 새로운 이해」, 한국학보 5, 일지사, 『주시경
    선생에 대한 연구 논문 모음(1)』(1987)에 재록

이기문·이병근(1979), 「주시경 학문을 다시 생각한다」, 한국학보 16, 일지사

이기문(1981), 「한힌샘의 언어 및 문자 이론」, 어학 연구 17-2, 서울대, 『주시경

선생에 대한 연구 논문 모음(1)』(1987)에 재록

이남순(1982), 「주시경의 의미 이론」, 관학어문 7, 서울대

이능화(1929), 「구한국 시대의 국문연구회를 회고하면서」, 신생 2-9, 신생사

이덕주(1991), 「주시경의 종교 행적과 신앙」, 한힌샘 주시경 연구 4, 한글학회

이미혜(1987), 「전기 '주시경 선생' 지도에 대하여」, 배달말 가르침 11, 경상대 국어교육과

이병근(1977), 「최초의 국어사전 [말모이]」, 언어 2-1, 한국언어학회, 『주시경 선생에 대한 연구 논문 모음(1)』(1987)에 재록

이병근(1978), 「애국 계몽주의 시대의 국어관 : 주시경의 경우」, 한국학보 12, 일지사

이병근(1979), 「주시경의 언어 이론과 늣씨」, 국어학 8, 국어학회, 『주시경 선생에 대한 연구 논문 모음(1)』(1987)에 재록

이병근(1980), 「[말의 소리]에서 [조선말본]으로」, 연암 현평효 박사 회갑 기념 논총, 형설출판사, 『주시경 선생에 대한 연구 논문 모음(1)』(1987)에 재록

이병근(1982), 「국어 사전 편찬고」, 백영 정병욱 박사 환갑 기념 논총, 신구문화사

이병근(1985), 「주시경」, 국어 연구의 발자취(Ⅰ), 서울대 출판부

이병근(1986), 「조선 광문회 (편) [말모이]」(자료 소개), 한국문화 7

이병기(1929), 「주시경 선생 인상기」, 신생 2-9, 신생사

이병기(1936), 「한힌샘 스승(시조)」, 한글 1-3, 조선어학회, 『나라사랑 4』에 재록

이윤재(1935), 「한글 운동의 선구자 주시경 선생」, 삼천리 7-10, 삼천리사

이윤표(1989), 「주시경 "국어와 국문의 필요" · "必尙自國文言" (역주)」, 주시경학보 4, 탑출판사

이은상(1974), 「겨레의 역사와 함께 : 한힌샘 주시경 선생 60돌 기일에」, 한글 새소식 24, 한글학회

이은상(1976), 「주시경 스승의 생애」, 한글 새소식 52, 한글학회

이준석(1989), 「백남규의 "주시경 선생을 추억함"(역주)」, 주시경학보 4, 탑출판사

이현복(1988), 「한힌샘 주시경에 대한 연구-말소리 연구」, 한힌샘 연구 1, 한글학
    회

이현희(1986), 「주시경, [국어문법]의 정본 수립에 대하여」, 주시경, [국어문법],
    탑출판사

이현희(1988), 「쥬상호 "국문론" (역주)」, 주시경학보 1, 탑출판사

이현희(1988), 「주시경 연구 논저 목록」, 주시경학보 1, 탑출판사,『주시경 전서』
    6(1992)에 재록

이현희(1989), 「쥬시경 [대한국어문법] (역주)」, 주시경학보 3, 탑출판사

이호성(1932), 「주시경 선생」, 한글 1-3, 조선어학회

일기자(一記者)(1926), 「주시경씨의 유족 방문기」, 별건곤 1, 별건곤사

일기자(一記者)(1937), 「(고) 주시경 선생의 후손」, 조광 3-5, 조광사

임   규(1936), 「주시경론」, 정음 15, 조선어학 연구회

임영관(1985), 「주시경의 언어관」, 단국대 석사학위 논문

임홍빈(1988), 「청춘본 "주시경 선생 역사" (역주)」, 주시경학보 1, 탑출판사

임홍빈(1988), 「"주시경 선생 역사"의 필자에 대하여」, 주시경학보 2, 탑출판사

장지영(1930), 「한글날에 추모되는 주시경 선생」, 11월 19일자 조선일보, 조선일
    보사

장지영(1971), 「지금도 눈앞에 뵈옵는 듯-주시경 선생을 회고하며-」, 나라사랑 4,
    외솔회

장지영(1984), 「주시경 선생」, 중학 국어 1-1, 문교부

전수태(1989), 「[국어문법] '짬듬갈'의 의미 연구」, 주시경학보 3, 탑출판사

전정례(1989), 「[국어문법]의 "듬"과 격 범주」, 주시경학보 4, 탑출판사

정렬모(1929), 「주시경 선생과 그 주위의 사람들」, 신생 2-9, 신생사

정렬모(1956), 「조선어 문법에 대한 주시경 선생의 견해」, 조선어문 6 (평양)

정렬모(1956), 「한힌샘 주시경 략전」, 주시경 유고집(평양)

정렬모(1961), 「탁월한 언어학자 주시경 선생」, 말과 글 12(평양)

정인승(1971), 「나라말의 선구자 -한힌샘 주시경 특집에 붙여-」, 나라사랑 4, 외
    솔회

정인승(1974), 「주시경 선생을 추모함」, 한글 새소식 24, 한글학회

정진원(1984), 「랑그와 언어능력-주시경의 '본음'과 관련하여-」, 홍익어문 3, 홍
    익대 국어교육과

정태진(1946), 「주시경 선생(1)」, 한글 12-1, 조선어학회

정태진(1946), 「주시경 선생(2)」, 한글 12-3, 조선어학회

조용상(1986), 「[우리말본]의 '소리갈'에 대하여-주로 [말의 소리]와 비교하여-」,
    홍익어문 5, 홍익대

조일영(1991), 「주시경, [국문 연구안](제7~8회)(역주)」, 주시경학보 8, 탑출판사

주경혜(1988), 「주시경의 구문 도해에 대한 의미론적 연구」, 고려대 대학원 석사
    논문

주시경 연구소(1988~1994)(편), 주시경학보 1~14, 탑출판사

주시경 연구소(1988), 「한힌샘 관계 자료 : 주시경 연보, 한힌샘 서거에 관한 새
    자료, 주시경 추모 일지, 주시경 연구 논저 목록」, 주시경학보 1, 탑출판사

주시경 연구소(1988), 「한힌샘 관계 자료 : 리승만 "상동 청년회에서 학교를 설
    립홈", [국문정식]의 인본 원형인 [대한 국문]에 대하여, "주시경 연보" 정
    정과 추본, 북한의 한힌샘 연구 ①」, 주시경학보 2, 탑출판사

주시경 연구소(1989), 「한힌샘 관계 자료 : 十六行反切과 諺本의 板本, 북한의 한
    힌샘 연구 ②」, 주시경학보 3, 탑출판사

주시경 연구소(1989), 「한힌샘 관계 자료 : 윤치호 "조선국문"외, 쥬상호(주시경)
    의 [말]에 대하여, 북한의 한힌샘 연구 ③」, 주시경학보 4, 탑출판사

주시경 연구소(1990), 「자료 발굴과 소개 : 쥬상호, "사롬의 지혜와 권력", 북한
    의 한힌샘 연구 ④」, 주시경학보 5, 탑출판사

주시경 연구소(1990), 「자료 발굴과 소개 : 북한의 한힌샘 연구 ⑤」, 주시경학보
    6, 탑출판사

주시경 연구소(1991), 「자료 발굴과 소개 : 북한의 한힌샘 연구 ⑥」, 주시경학보
    7, 탑출판사

주시경 연구소(1991), 「자료 발굴과 소개 : 한힌샘의 자작 동요와 "조선어 강습
    원"의 각종 증서, 상동 청년학원 관련 신문 기사 몇 점, 북한의 한힌샘 연

구 ⑦」, 주시경학보 8, 탑출판사

주시경 연구소(1991), 「주시경 선생의 사상과 학문에 대한 학술 발표(요지)」, 주
시경학보 8, 탑출판사

주시경 연구소(1992), 「자료 발굴과 소개 : 북한의 한힌샘 연구 ⑧」, 주시경학보
9, 탑출판사

주시경 연구소(1992), 「자료 발굴과 소개 : 북한의 한힌샘 연구 ⑨」, 주시경학보
10, 탑출판사

주시경 연구소(1993), 「자료 발굴과 소개 : 북한의 한힌샘 연구 ⑩」, 주시경학보
11, 탑출판사

주왕산(1946) (발행), 조선어문법 : 주시경 선생 유고, 정음사

지춘수(1974), 「한글 맞춤법과 주시경 선생」, 한글 새소식 23, 한글학회

진말득(1980), 「주시경 선생의 통어론에 관한 연구」, 국문 교육논집 4, 부산대 국
어교육과

진말득(1984), 「주시경 선생의 통어론에 관한 연구 : 변형 생성 문법적 분석을
통하여」, 부산대 석사학위 논문,『두메 박지홍 선생 환갑 기념 논문집』,
『주시경 선생에 대한 연구 논문 모음(1)』(1987)에 재록

채련강(1979), 「주시경 문법서에 대한 비교 연구」, 성대문학 20, 성균관대

최규동(1936), 「위대한 그 인격」, 한글 4-10, 조선어학회

최규수(1992), 「주시경 문법서에서 굴곡 가지의 처리」, 우리말 연구 2, 우리말 연
구회

최규수 · 서민정(1996), 「주시경의 부호에 반영된 문법적 인식」, 우리말 연구 6,
우리말 연구회

최규수(1996), 「주시경의 토를 다루는 방식과 그 계승」, 한글 232, 한글학회

최규수(1997), 「주시경 통어론의 계승 관계」, 우리말 연구 7, 우리말 연구회

최규수(1997), 「주시경 문법의 통어론적 특징」, 한글 238, 한글학회

최낙복(1983), 「겻씨의 설정과 그 계승」, 진주문화 4, 진주 문화권 연구소

최낙복(1984), 「주시경의 씨 '잇기' 설정과 그 계승」, 두메 박 지홍 선생 환갑 기념
논총, 문성출판사,『주시경 선생에 대한 연구 논문 모음(1)』(1987)에 재록

최낙복(1985), 「주시경 문법의 씨 '임씨' 설정과 그 계승」, 국어국문학 논문집 6, 동아대 국어국문학과

최낙복(1985), 「주시경 문법의 씨 '끗기' 설정과 그 계승」, 부산한글 4, 한글학회 부산지회, 『주시경 선생에 대한 연구 논문 모음(1)』(1987)에 재록

최낙복(1986), 「주시경 문법의 씨 '억씨' 설정과 그 계승」, 부산한글 5, 한글학회 부산지회

최낙복(1986), 「주시경 문법의 '언씨' 설정과 그 계승」, 청천 강용권 박사 송수 기념 논총, 태화출판사

최낙복(1987), 「주시경 문법의 '엇씨'의 설정과 그 계승」, 부산한글 6, 한글학회 부산지회,『주시경 선생에 대한 연구 논문 모음(1)』(1987)에 재록

최낙복(1987), 「주시경 문법의 '움씨' 연구 : 그 설정과 계승을 중심으로」, 국어 국문학 논문집 7, 동아대 국어국문학과, 『주시경 선생에 대한 연구 논문 모음(1)』(1987)에 재록

최낙복(1988), 「한힌샘 주시경에 대한 연구-'씨' 설정」, 한힌샘 연구 1, 한글학회

최낙복(1989), 「주시경 말본의 9씨 설정 기반과 그 영역」, 지산 김재문 교수 화 갑 기념논문집, 제일출판사

최낙복(1989), 「주시경 말본의 형태론 연구」, 동아대 대학원 박사 학위 논문

최낙복(1991), 『주시경 문법의 연구』, 문성출판사

최낙복(1993), 「주시경 문법의 높임법 연구」, 국어국문학 12, 동아대 국어국문학과

최낙복(1994), 「주시경 문법의 때매김법」, 한글 225, 한글학회

최낙복(1998), 「주시경 문법의 [말]에 나타난 낱말 만들기」, 방언학과 국어학(청 암 김영태 박사 화갑 기념 논문집), 태학사

최낙복(1998), 「주시경의 [국어문법]에 나타난 조어법」, 부산한글 17, 한글학회 부산지회

최낙복(1998), 「주시경 문법의 조어법 연구」, 한글 242, 한글학회

최낙복(2000), 「주시경 문법의 월성분 연구」, 부산한글 19, 한글학회 부산지회

최낙복(2000), 「주시경 문법의 월구조 연구」, 동남어문논집 11, 동남어문학회

최낙복(2000), 「국어학사의 관점에서 본 주시경 문법의 월성분」, 신라학연구 4, 위덕대학교 부설 신라학 연구소

최낙복(2001), 「주시경 문법의 통어론 연구」, 한글 254, 한글학회

최남선(1926), 「주시경 선생전」, 신민 13, 신민사

최동규(1936), 「위대한 그 인격」, 한글 4~10, 조선어학회

최명옥(1978), 「주시경의 '소리갈' 영인 및 해제」, 국어국문학연구 18, 영남대

최명옥(1979), 「주시경의 '소리갈'에 대하여」, 진단학보 44, 진단학회, 『주시경
　　　선생에 대한 연구 논문 모음(1)』(1987)에 재록

최현배(1929), 「한힌샘 스승을 그림」, 신생 2-9, 신생사

최현배(1936), 「조선어의 은인 주시경 선생」, 조광 2-1(1월호), 조광사, 『나라사
　　　랑』4(1971)에 재록

최현배(1947), 「주시경 스승과 나」, 한글의 투쟁, 정음사

최현배(1952), 「나의 존경하는 교육자 주시경 선생」, 나라 건지는 교육, 정음사,
　　　『나라사랑』4(1971) 재록

최현배(1964), 「주시경-한글을 중흥시킨 겨레의 스승-」, 20세기 강좌, 20세기의
　　　인물 7, 박우사

최현배(1971), 「겨레의 스승」, 나라사랑 4, 외솔회

최현배(1971), 「묘비명」, 나라사랑 4, 외솔회

최호연(1971), 「한힌샘 스승을 위한 외솔 선생의 정성」, 나라사랑 4, 외솔회

최호철(1988), 「[별건곤]지 "명사의 유족 방문기(주시경)(역주)」, 주시경학보 2, 탑
　　　출판사

최호철(1989), 「주시경에 관한 신명균의 글(역주)」, 주시경학보 3, 탑출판사

최호철(1989), 「주시경과 19세기의 영어문법」, 주시경학보 4, 탑출판사

최호철(1991), 「주시경, [국문연구안](제3~6회)(역주)」, 주시경학보 7, 탑출판사

최호철(1994), 「정태진의 "주시경 선생 (1) : 그의 생애와 인격"(역주)」, 주시경학
　　　보 13, 탑출판사

최호철(1994), 「주시경의 [말](역주)」, 주시경학보 14, 탑출판사

최호철(1994), 「정태진의 "주시경 선생 (2) : 우리 어문학계에 끼친 그의 공적"(역
　　　주)」, 주시경학보 14, 탑출판사

하동호(1976), 「[고등 국어문전]에 대하여」, 한글 158, 한글학회

한글학회(1987)(편), 「주시경 선생에 대한 연구 모음(1)」, 한글학회

한글학회(1988~2002)(편), 「한힌샘 주시경 연구 1~15」, 한글학회

허남갑(1989), 「주시경 말본의 형태론에 대한 고찰-그 성립과 다듬기와 계승에
　　　대하여-」, 한힌샘 연구 2, 한글학회

허　웅(1959), 「우리 문화의 명맥 주시경 선생의 생애와 업적」, 사상계 66, 사상
　　　계사, 『이삭을 줍는 마음으로』(1987)에 재록

허　웅(1965), 「주시경 선생」, 한국의 인간상 4, 신구문화사

허　웅(1971), 「주시경 선생의 학문」, 동방학지 12, 연세대, 『우리말과 글의 내일
　　　을 위하여』(1974), 『우리말과 글에 쏟아진 사랑』(1979), 『주시경 선생의 생
　　　애와 학문』(1980), 『주시경 선생에 대한 연구 논문 모음(1)』(1987)에 재록

허　웅(1971), 「학자로서의 주시경 선생」, 나라사랑 4, 외솔회

허　웅(1973), 「주시경」, 인물로 본 한국사(월간 중앙 1월호 부록), 중앙일보사

허　웅(1974), 「주시경 선생을 추모하며」, 한글 새소식 23, 한글학회

허　웅(1974), 「주시경 선생 전기」, 한글 새소식 23, 24, 25, 한글학회

허　웅(1975), 「주시경-위대한 한글학자-」, 월간 중앙 83(2월호), 중앙일보사, 『우
　　　리말과 글에 쏟아진 사랑』(1979)에 재록

허　웅(1976), 「주시경 선생 나신 지 100년을 맞는다」, 한글 새소식 41, 한글학회,
　　　『이삭을 줍는 마음으로』(1987)에 재록

허　웅(1976), 「주시경 선생의 학문과 나라사랑 운동」, 한글 새소식 52, 한글학회

허　웅·**박지홍**(1982), 『주시경 선생의 생애와 학문』, 과학사

허　웅(1984), 「주시경 선생의 생애와 학문」, 세종학보(세종대 신문) 329, 세종대

허　웅(1984), 「한힌샘 주시경 선생」, 한글 새소식 141~143, 한글학회

허　웅(1985), 「주시경 선생의 학문」, 한글 새소식 160, 한글학회

허　웅(1988), 「한힌샘 주시경에 대한 연구-변동규칙과 맞춤법」, 한힌샘 연구 1,
　　　한글학회

홍양추(1980), 「주시경의 국어문법론」, 어문교육 2·3, 부산 국어교육학회, 『주시
　　　경 선생에 대한 연구 논문 모음(1)』(1987)에 재록

황부영(1962), 「주시경 선생의 과학적 리론과 견해」, 조선어학 1(평양)

필자 미상(1914), 「주시경 선생의 역사」, 청춘 창간호, 청춘사

필자 미상(1927), 「주시경 선생의 약력과 진영」, 한글(동인지) 5-1, 한글사

필자 미상(1932), 「주시경 선생」, 한글 1-3, 조선어학회

필자 미상(1936), 「주시경 선생」, 한글 4-10, 조선어학회

필자 미상(1940), 「추모 주시경 선생」, 한글 4-10, 조선어학회

필자 미상(1941), 「주시경 선생 회갑 기념식」, 한글 5-1, 조선어학회

찾아보기

ㄱ

가상시 70
가지 30, 89, 90, 125, 126, 148, 149
가지결(붙이결) 30, 31, 35
간때 65, 67, 68, 70, 71, 72, 73, 74, 75,
  76, 78, 80, 81, 82
간때맞음 71
간때표 72, 73
간올 때 72, 73, 74
갈 14, 15, 94, 136, 149, 156, 157, 158
갖은기움말 33
갖은부림말 32, 33
갖은월조각 33
갖은임자말 32, 33
갖은풀이말 33
같음 95, 96, 99, 100, 102, 103, 104, 105,
  106, 108, 109, 112, 113, 115, 118
객체높임 104, 113, 118
거짓 뜻하는 때 70, 74
거짓 맞은때 72, 73
거짓 맞을 때 72
격(格) 25, 26
겹월 40, 43, 44, 45, 46, 47, 48, 49, 50,
  51, 52, 53, 54, 55, 56, 57, 58
겹침구조 45

곁기(토씨)의 합성 164
곁기의 몸 161, 163, 164, 167
곁씨의 높임 110, 113, 114
계속과거 79
과거 63, 65, 67, 72, 79, 104, 105, 135,
  136, 157, 158
과거가상시 72, 73
과거장래 72, 73, 74
과거지속 78
구비성분 21, 33
굴곡현상 77
금이 27, 29, 30, 31, 44
금이드 46, 54
금이듬 29, 30
기 15, 16, 17, 20, 34
기 뜻박굼 146, 147, 149, 164, 165
기 몸박굼 146, 147, 150, 152, 155, 159,
  161, 164, 165
기 몸헴 146, 161, 162, 163, 164, 165,
  167
기난 39
기난갈(씨갈, 품사론) 22, 146
기몸박굼 89, 90, 93, 164
기움말(보어) 21, 22, 34
끗기 64, 65, 66, 67, 68, 69, 71, 72, 73,
  76, 78, 79, 80, 81, 82, 83, 88, 95, 98,

104, 117
끗기(맺음씨)의 높임 98
끗기(맺음씨)의 때 65
끗기의 **序分** 98, 99, 100, 101, 102, 104,
　　106, 107, 108, 114, 115, 117, 118

ㄴ

남움 147, 152, 153
남움직씨 23, 41, 51, 55, 146, 154, 155,
　　166
남이 18, 19, 21, 22, 23, 24, 25, 26, 27,
　　28, 29, 30, 31, 32, 34, 44, 49, 50, 66,
　　67, 68, 69, 70, 71
남이금 27, 28, 29, 30, 31, 32, 34, 42
남이듬 25, 26, 28, 29, 32, 34, 40, 41, 56
남이붙이 31, 32, 33, 34
남이빗 21, 24, 25, 26, 29, 30, 31, 32,
　　34, 48, 49
낫몸 161,162,163,164
낮음 99, 100, 101, 102, 103, 106, 108,
　　112, 113, 114, 115, 118
녹은겹씨 162
높음 95, 96, 97, 98, 100, 101, 102, 103,
　　104, 105, 106, 108, 112, 113, 114,
　　115, 118
높임의 등분 95, 96, 104, 105, 107, 108,
　　109, 111, 112, 118, 119
늣씨 16, 64

ㄷ

다 15, 16, 17, 19, 20, 34
다된 다 17, 18, 40, 41
다된 마듸 48

다른 도움토 127, 128
다만 16, 27, 33, 92, 96, 109, 111, 112,
　　113, 126, 136, 148
다만임자겻 110, 111, 112, 113
다만토 111, 112
다못일운 마듸 48
단속 72
단속상 72
단순(기본) 때매김 65, 73, 74, 75
단순시 78
단순어 123, 161, 162, 163, 164
단순한 월 40, 41, 57
대등적 구조 162
대목 18, 20, 21
대우(**待遇**) 106, 107
덩이 95, 97, 98
독립성분 21
동본 135, 136, 138
동본명본동의동작 129, 130, 140
동본명본반격동작 129, 130, 140
동본명호 124, 125, 139
동본형명 132, 140
동본형성 137, 141
동본형성본동작 129
동작 68, 71, 73, 80, 81, 124, 125, 126,
　　129, 130
동작(움직씨) 만들기 129
동형성 126, 149
되는때 66
두 기능법 45, 58
드 15, 19, 20, 31, 34
듬 14, 25, 26, 31, 34
듬난 39
따옴마디 56, 58
딸림관계 54, 58

딸림보기월 39
딸림이은겹월 40, 47, 52, 53, 54
때매김 63, 64, 65, 66, 67, 68, 69, 70,
    71, 72, 73, 74, 75, 77, 78, 79, 80, 81
때매김법 64, 66, 71, 73, 79, 83

ㅁ

마디 17, 19, 20, 46, 48, 49, 52, 53, 58
마땅함법 54, 56
만이결 30, 31
말 15, 16, 20, 34
말듬 15, 39
맞아잇음 68
맞아지남 71, 74
맞은 드 19
매김마디 44, 45, 46, 47, 56, 58
매김말 6, 14, 15, 16, 17, 18, 19, 20, 22,
    41, 45, 47, 95, 133, 126
매인이름씨 41
맺씨 109, 113, 114, 118, 119
명동본명호 124, 125, 139
명본동본형성본동작 129, 140
명본동작 129, 140
명본명호 124, 125, 139, 140
명본형명 131, 132, 140, 141
명본형본형성본동작 129, 140
명본형용 127, 140
명형본명호 124, 125, 139
명호 124, 125, 126, 127, 128, 129, 130,
    133, 134, 135, 136
명호(이름씨) 만들기 124
모잇 18
모힌몸 161, 162, 163, 164, 167
못맞은 드 7, 19

무형의 형태소 66, 67, 73, 75, 80, 81,
    101
물음 102, 103, 106, 113, 114, 118
물자 22, 23
뭇금이임 44, 45
뭇남이금 42
뭇남이드 50, 55
뭇씀이드 51
뭇임이드 50
미 15, 20, 21, 34
미래 63, 65, 69, 70, 73, 74, 77, 78, 80,
    81, 105, 136, 158

ㅂ

반반대 106, 107, 108, 119
발화 20
발화시 63, 65, 66, 67, 69
버금본드 39
벌임(대등)관계 55, 57
벌임이은겹월 40, 47
변이형태 76, 80, 81
병렬합성어 162, 163, 164, 167
보기월 25, 26, 27, 29, 33, 39, 40, 43,
    48, 52, 54, 57, 100, 114
복합 때매김 65, 68, 70, 73, 74, 75, 79,
    80, 81, 82
복합시 78
본드 39
부름 111, 112
부름임자겻 110, 111, 112, 113
부름토 111, 112
부림말(목적어) 21, 23
부림자리토씨 23, 24, 44, 55, 56
부속성분 21, 26, 30, 31, 34, 35, 40, 43

붙이 31, 33, 34
비통어적 합성어 123
빗 21, 22, 24, 25, 26, 29, 30, 31, 34
빠져나간 매김마디 44, 45, 46, 55, 56

ㅅ

사건시 63, 65, 67
삭제변형 42
상 66, 69, 70, 73, 78, 81
상대 106, 107, 119
상대높임 100, 101, 104, 105, 106, 107,
    108, 109, 113, 114, 115, 116, 117,
    118, 119
서분 91, 92, 95, 96, 97, 98, 99, 100,
    102, 104, 117, 118
서분표 91, 93, 95
설자 23
성장부 138, 141
속뜻 20, 42, 45, 47, 55, 57, 58
수의적 성분 26, 27
시간 66
시김 102, 103, 113, 114, 118
실질형태소 68, 76, 81
심층구조 41, 42, 43, 44, 45, 46, 47, 48,
    49, 50, 51, 52, 53, 54, 55, 56
씀이 21, 22, 23, 24, 25, 26, 27, 28, 29,
    30, 31, 32, 34, 56, 147, 162
씀이금 27, 28, 29, 30, 31, 32, 34
씀이듬 22, 25, 26, 28, 29, 32, 34, 42
씀이붙이 31, 32, 33, 34
씀이빗 21, 24, 25, 26, 28, 30, 31, 32, 34
씨(품사) 16, 17, 69, 73
씨가름 23, 25, 64, 72, 76, 77, 81, 89,
    93, 97, 98, 114, 118, 119, 137, 140,
    141, 152, 154
씨갈(품사론, 형태론) 16
씨끝 14, 24, 26, 29, 30, 42, 44, 46, 47,
    48, 49, 52, 55, 56, 57, 58, 64, 91, 95,
    96, 100, 115, 125, 134, 136, 138, 148
씨난갈 89
씨난의 틀 16

ㅇ

아주낮춤 106, 107, 115, 118, 119
아주높임 101, 107, 106, 115, 118, 119
안고 이은겹월 54, 57
안은겹월 40, 43, 44, 45, 46, 47, 56, 57,
    58
알이 17, 39
앞가지 68, 69, 76, 77, 81, 97
양상 63
양태 63
어미월 46
어찌말 26, 27, 28, 29, 30, 31, 32, 42, 93
억기(어찌씨)의 높임 91
억기(어찌씨)의 파생 159
억드 46, 54
억몸 147, 152, 153, 160
억본움 152
언기(매김씨)의 파생 155
언단 105
언드 46
언몸 147, 148, 149, 155, 156, 162
언본임 147, 148
언붙이임 41
언어형식 14, 15, 16, 17, 18, 19, 20, 34,
    39
언체의 변법 124, 127, 129

엇기 64, 66, 73, 81, 92, 94, 97, 109, 165
엇기(그림씨)의 파생 150
엇기(그림씨)의 합성 163
엇기의 몸 161, 163, 164, 167
엇더함이결 30
엇몸 147, 150, 151, 152, 155, 160
엇본억 93, 159, 160
엇본언 155
엇본임 90, 147
엇억(겻)본엇 150, 151
엇억본움 152
엇임(겻)본엇 150
예사낮춤 106, 107, 109, 113, 115, 118,
    119
예사높임 101, 106, 107, 108, 109, 113,
    115, 118, 119
올 때 65
올때됨 70, 74
올때표 72, 73
올적마침 73
완결추정법 73
완료지속 68
완전한 매김마디 46
움기 14, 22, 64, 66, 68, 69, 71, 72, 73,
    76, 77, 78, 81, 91, 94, 97
움기(움직씨)의 파생 152
움몸 147, 148, 152, 153, 156, 160
움본억 93, 159, 160
움본언 155, 156
움본임 90, 91, 147, 148
움씨의 높임 109, 113, 114
움억(겻)본움 152, 153
움억본움 152, 153
움의 바꿈 109
움임(겻)본움 152, 153

원형성 129, 130
원형성본동작 129, 140
월갈(문장론, 통어론) 13
월성분 13, 17, 20, 21, 22, 25, 26, 27,
    28, 30, 31, 34, 35, 41, 43, 49, 54,
    134, 137, 141, 154, 159, 161, 166,
    167
융합합성어 162
웃듬결 30, 31, 34
이 담때 69, 70, 74, 77, 78, 80
이 〔語〕 22, 25, 26
이때 65, 66, 67, 68, 73, 74, 75, 80, 81,
    82
이때맞음 68
이름 14, 15, 20, 23, 27, 29, 32, 39, 41,
    44, 45, 50, 95, 99, 102, 103, 113,
    118, 147
이은겹월 40, 47, 49, 50, 51, 52, 53, 57,
    58, 150, 152, 163, 165
이은말 17, 18, 19, 20, 34
이음 49, 50, 53, 55, 56
임이붙이 31, 32, 34
이제마침 68
임기(이름씨)의 높임 89
임기(이름씨)의 파생 147
임기(이름씨)의 합성 162
임기의 몸 161, 162, 163, 164, 167
임기의 성류 89
임몸 147, 148, 149, 150, 152, 153, 156
임본언 155, 156
임본엇 150
임본움 152
임시적 기능변화 90, 92, 94, 95, 117
임엇본임 147
임엇억본움 152, 153

임움본임 147, 148
임움억본움 152, 153
임이 18, 19, 21, 22, 23, 24, 25, 26, 28,
    29, 30, 31, 32, 34, 47, 50
임이금 27, 28, 29, 30, 31, 32, 34
임이듬 22, 25, 26, 28, 29, 32, 34, 40, 41
임이빗 21, 24, 25, 26, 28, 29, 30, 31,
    32, 34
임자겻 111, 112
임자말(주어) 21
입음도움움직씨 155
잇기 19, 48, 49, 53, 55, 64, 73, 75, 76,
    77, 78, 79, 80, 81, 82, 83, 88, 95, 96,
    97, 98, 104, 110, 114
잇기(이음씨)의 높임 95
잇기(이음씨)의 때 74
잇기의 마듸 19
잇기의 序分 95, 96, 101, 104, 105, 118
잇의 갈래 97

ㅈ

자격변동법 89, 90, 91, 118, 146
자립형태소 123
잡이 39, 45, 49, 50, 52, 54, 67, 75, 76,
    77, 78, 79, 89, 91, 95, 96, 99, 101,
    162, 163
장유존비 98, 99, 118
접두사 123
접미사 123, 125, 126, 128, 139, 140,
    141, 149, 154, 155, 157, 158, 166
접미파생어 123
제움 147, 152, 153
제움직씨 55, 146, 154, 155, 166
조어법 91, 123, 141, 145, 146, 147, 161,
    162, 163, 164, 167
존대 105, 106, 107, 119
존비 98, 99, 100, 118
존칭(尊稱) 98
주성분 17, 19, 21, 22, 23, 24, 25, 26,
    27, 28, 29, 30, 31, 33, 34, 35, 40, 41,
    43, 57
주자 22
주체높임 91, 96, 97, 100, 101, 104, 105,
    106, 110, 113, 114, 115, 116, 118
줄기 14, 18, 23, 26, 28, 30, 34, 91, 96,
    114, 125, 126, 134, 135, 138, 139,
    148, 149, 150, 151, 152, 154, 159,
    160, 161, 165, 166
줄기겻(웃듬겻) 31, 34
줄여 없앰 49, 50
중대 106, 107, 108, 119
지난적 68, 71, 79
지난적 마침 71
직권표 24, 29
짠말 15, 18
짬 14
짬듬갈 14, 15, 20, 22, 34, 36, 39, 40,
    43, 48, 52, 54, 57, 59, 146

차대 105, 106, 107, 119
차례벌임 52
체재 105
층사토 105, 106, 107, 108
층절 105

ㅌ

통어적 합성어 123

특별 변법 124, 127, 129, 131, 137

ㅍ

파생법 123, 126, 130, 141, 142, 145,
  146, 147, 149, 150, 152, 153, 155,
  159, 161, 164, 165, 166, 168
파생 앞가지 68
파생어 123, 126, 138, 139, 141, 145,
  148, 149, 154, 158, 159, 161, 166,
  168
평대 105, 106, 107, 119
평칭 99
품사 분류론 89
표 91
표지 24, 25, 29, 30, 78
표층구조 42, 43, 44, 45, 46, 48, 49, 50,
  51
풀이말(서술어) 21, 23, 26, 40

ㅎ

하대 105, 106, 107, 108, 119
하칭 99
한가지 도움토 128
합성법 123, 145, 146, 150, 161, 163,
  164, 165, 167
합성어 42, 47, 123, 126, 127, 133, 134,
  140, 141, 145, 148, 149, 158, 159,
  161, 162, 163, 164, 166, 167
현재 63, 65, 66, 67, 68, 73, 74, 75, 78,
  79, 80, 81, 105, 135
형명 124, 125, 126, 127, 131, 132, 133,
  134, 135, 136
형명(매김씨) 만들기 131
형명체 134, 135, 136
형본 128, 130, 134, 135, 136, 138
형본명본독의형용 127, 128, 140
형본명본동의형용 127, 128, 140
형본명본반격형용 127, 128, 140
형본명호 124, 125, 139
형본형명 132, 140
형본형성 137, 141
형본형성본동작 129, 140
형성 13, 30, 31, 42, 124, 126, 130, 138,
  139, 146
형성(어찌씨) 만들기 137
형성체 129, 130, 137, 138, 139
형용 124
형용(그림씨) 만들기 127
형용자 134
형태소 15, 16, 30, 44, 64, 66, 67, 68,
  69, 70, 71, 72, 73, 75, 76, 77, 78, 79,
  80, 81, 89, 90, 91, 92, 93, 94, 96, 97,
  98, 100, 101, 104, 105, 106, 110, 114,
  115, 116, 117, 118, 128, 138, 141,
  152, 154
홀로 22, 41, 98, 102, 103, 128
홀로도움토 128
홑월 40, 41, 42, 57
회상 때매김 75, 78, 79, 80, 81

■□■ 지은이 소개 ■□

최낙복

경남 산청군에서 태어남
동아대학교 문리과대학 국어국문학과 졸업
동아대학교 대학원 국어국문학과 수료(문학박사)
현재 : 동아대학교 인문과학대학 한국어문학부(국어국문학 전공) 교수

저서 및 논문
주시경 문법의 연구(1)(1991)
국어학 사전(1995, 같이 엮음)
한국어문학입문(1998, 같이 엮음)
「주시경 말본의 형태론 연구」외 45편

주시경 문법의 연구(2)

인 쇄 2003년 08월 15일
발 행 2003년 08월 18일
저 자 최 낙 복
펴낸이 이 대 현
편 집 안현진 · 장은미 · 박윤정 · 오희복
펴낸곳 도서출판 역락 / 서울 성동구 성수2가 3동 301-80
         (주)지시코별관 3층(우 133-835)
TEL 대표 · 영업 3409-2058 편집부 3409-2060 FAX 3409-2059
E-MAIL youkrack@hanmail.net / yk3888@kornet.net
등 록 1999년 4월 19일 제2-2803호
ISBN 89-5556-232-2-93710

정가 15,000원

** 잘못된 책은 교환해 드립니다.*